I0126693

Dr. John Coleman

LAS GUERRAS DEL PETRÓLEO

El imperialismo estadounidense es un producto fatal de la evolución económica. No tiene sentido intentar convencer a nuestros vecinos del norte de que no sean imperialistas, no pueden evitarlo, por muy buenas intenciones que tengan...

El Universal, Ciudad de México, octubre de 1927

John Coleman

John Coleman es un autor británico y antiguo miembro del Servicio Secreto de Inteligencia. Coleman ha realizado varios análisis del Club de Roma, la Fundación Giorgio Cini, el Forbes Global 2000, el Coloquio Interreligioso por la Paz, el Instituto Tavistock, la Nobleza Negra y otras organizaciones afines al tema del Nuevo Orden Mundial.

LAS GUERRAS DEL PETRÓLEO

HISTORIA DE LAS GUERRAS DEL PETRÓLEO EN ESTADOS UNIDOS

WE FIGHT FOR OIL
A history of US Petroleum Wars

Traducido del inglés y publicado por Omnia Veritas Limited

www.omnia-veritas.com

La historia de las guerras del petróleo de Estados Unidos es una obra en curso que comenzó cuando el presidente Wilson desembarcó las tropas estadounidenses en Tampico. Los historiadores del futuro tendrán que rellenar las lagunas. La historia de la participación de Estados Unidos en Persia (actual Irán) y Mesopotamia (actual Irak) se centra en la búsqueda y el control del petróleo como recurso natural indispensable. Teniendo esto en cuenta, el lector puede llegar a la conclusión de que la información procedente de fuentes estadounidenses (y británicas) debe tomarse con un gran grano de sal.

La diplomacia del petróleo se rige por consideraciones comerciales y posiblemente militares. Así, todos los presidentes estadounidenses desde Woodrow Wilson han formulado la política exterior de Estados Unidos teniendo en cuenta los intereses del petróleo. El presidente McKinley declaró que "el aislamiento ya no es posible", y el presidente Wilson se hizo eco de este sentimiento al afirmar: "Somos partícipes, nos guste o no, de la vida del mundo. Los intereses de todas las naciones son también nuestros intereses. Somos socios de otros".

Por lo tanto, este libro toca o debería tocar a todos los estadounidenses, ya que el poder internacional moderno es económico, al igual que todas las guerras tienen un origen económico. Recuerden esto la próxima vez que sus hijos e hijas sean llamados a luchar por la patria. Si Irak no contuviera enormes recursos petrolíferos, ¿estaría Estados Unidos inmerso hoy en ese país? El temor a la escasez de petróleo en el país parece ser la fuerza motriz. La lucha estadounidense por los recursos extranjeros se ha convertido en el principal factor de los asuntos internacionales. Estas son las cuestiones que se examinan en este libro, que debería leer todo estadounidense interesado en el futuro de su país.

CAPÍTULO 1

La búsqueda de petróleo de la industria petrolera

Sin duda, necesitamos una guía clara, concisa y fácil de entender sobre el antiguo "conflicto" con las naciones petroleras. El 16 de abril de 1855, Benjamin Stillman, de la Universidad de Yale, y George Bissell ofrecieron "petróleo de roca" a los inversores tras recibir informes sobre un lodo espeso, negro y viscoso en ciertas zonas de Titusville, Pensilvania. Rusia había mencionado anteriormente hallazgos similares en Bakú. Bissell ordenó inmediatamente a Edwin ("Coronel") Drake que perforara en busca de petróleo en Titusville.

A nadie le servía el "barro", excepto a John D. Rockefeller, que era el único propietario de la empresa comercial de Cleveland que vendía el producto. Más tarde se le unió un socio, Henry Flagler, en una empresa de productos, que lo vendía como aceite para lámparas, y lo envasaba de otra manera, como cura para el cáncer. La empresa creció rápidamente hasta alcanzar un valor de 450.000 dólares, una suma astronómica en aquella época. De hecho, fueron John D. Rockefeller y su Standard Oil, en todas sus innumerables variantes, los que se convirtieron en una amenaza, no sólo en Estados Unidos, sino en todo el mundo. Standard Oil simplemente absorbió o destruyó a gran parte de su competencia en Cleveland, Ohio, y luego en el resto del noreste de Estados Unidos.

Rockefeller se ganó el apodo de "el mercader de la luz" en parte porque su producto llamado "Brite" encendía lámparas en todos los hogares estadounidenses, pero también como una astuta referencia a su pertenencia a la sociedad más secreta del mundo, los Illuminati, que incluía a la llamada "élite" mundial.

El 27 de agosto de 1859, Drake encontró petróleo en su perforación. Con el respaldo de la financiación de Kuhn Loeb y del gigante bancario francés Paribas, controlado por Rothschild, Standard Oil (1870-1911) poseía o controlaba el 95% de todas las refinerías de petróleo de Estados Unidos en 1870, año en que se fundó Standard Oil, y en 1879 Standard Oil poseía y controlaba el 90% de la capacidad de las refinerías estadounidenses.

En 1863, John D. Rockefeller conoció a un químico llamado Samuel Andrews que había inventado un atajo para refinar la parafina. Andrews firmó como socio y más tarde se le unió Flagler en una sociedad llamada Rockefeller, Andrews & Flagler.

En 1906, el gobierno de EE.UU. trató de disolver la Standard Oil Trust de Rockefeller porque tenía el monopolio de la mercancía estratégica del petróleo. La opinión pública la vio como una empresa nefasta y se produjeron ataques legales por parte de un estado y una revelación de Ida Tarbell en 1904 (*The History of Standard Oil*). El Senado solicitó la ayuda del Departamento de Justicia de EE.UU. y en 1909 se presentó una demanda en un tribunal federal en la que se afirmaba que Standard había incurrido en los siguientes métodos que equivalían a prácticas monopolísticas:

> Rebajas, preferencias y otras prácticas discriminatorias a favor de la asociación ferroviaria, restricción y monopolización mediante el control de los oleoductos, prácticas desleales contra los oleoductos competidores, contratos con los competidores para restringir el comercio, métodos de competencia, como la reducción de los precios locales en los puntos, cuando sea necesario para suprimir la competencia, la explotación de falsas empresas independientes y el pago de descuentos sobre el petróleo con el mismo fin.

El 5 de mayo de 1911, el Tribunal Supremo ordenó la disolución del monopolio Standard Oil Trust. Los jueces dijeron:

> Siete hombres y una maquinaria corporativa han conspirado contra sus conciudadanos. Por la seguridad de la República, decretamos ahora que esta peligrosa conspiración debe terminar antes del 15 de noviembre.

La exposición del pulpo en su seno por el relato de Ida Tarbell sobre John D., publicado en 1904 en 24 números de la *revista McClures*, había alarmado a demasiada gente y parecía que por fin iba a producirse una acción decidida contra el Rockefeller Trust. Pero, por desgracia, esto era sólo una ilusión. Sin dejarse intimidar por una nimiedad como un decreto del Tribunal Supremo en su contra, Rockefeller se limitó a dividir el gigante en empresas separadas, conservando una mayoría del 25% en cada una. En realidad, esta división enriqueció a Rockefeller, especialmente después de que William Burton, de Standard, desarrollara un proceso de craqueo térmico que aumentaba el rendimiento de la gasolina a partir del crudo.

El estado corporativo había llegado a un punto en el que el fascismo corporativo sería ahora el órgano de control de todas las decisiones importantes de política exterior, incluso la más importante de todas, la guerra y la paz. México fue el primero en sentir el látigo del imperialismo estadounidense poco después del descubrimiento, en 1910, de grandes yacimientos de petróleo en la costa del Golfo, centrados en Vera Cruz y Tampico.

Todo comenzó cuando el presidente Wilson, actuando en favor de los intereses de la Standard Oil, envió tropas a Vera Cruz con el más endeble de los pretextos. Estados Unidos no pretendía apoderarse de México, sino asegurarse de que el petróleo mexicano siguiera bajo el control de las empresas estadounidenses.

Fomentando una revolución tras otra, Estados Unidos mantiene a México en un estado de agitación mientras los intereses de la Standard y los británicos saquean su petróleo con impunidad. John D. había vuelto a hacer caso omiso de los que temían su "peligrosa conspiración".

Los intereses británicos fueron asumidos por Lord Cowdrey (Weetman Pearson), cuya fortuita escala retrasada en Laredo en 1901 le permitió obtener petróleo mexicano a través de la Mexican Eagle Petroleum Ltd, que fundó en 1910. Tras la primera "revolución" mexicana, Weetman Pearson vendió todas sus participaciones petrolíferas en México a la multinacional de origen anglo-holandés Royal Dutch Shell. Shell estaba destinada a convertirse en una "supergrande" compañía petrolera.

La guerra en Europa dio un respiro a México y permitió al presidente Carranza, debidamente elegido, redactar una constitución nacional aprobada en 1917. En contra de lo que afirman los chacales de los medios de comunicación estadounidenses, el general Venustiano Carranza no era un revolucionario salvaje, sino un hombre culto y bien educado de familia acomodada. Fue legislador estatal y vicegobernador y fue, según todos los indicios, un verdadero patriota de México. El punto negro para Standard y los barones del petróleo es el párrafo 27, que otorga a la nación "la propiedad directa de todos los minerales, el petróleo y todos los hidrocarburos, sólidos, líquidos o gaseosos". Ahora, la única forma de que los extranjeros hagan negocios en México era firmar un acuerdo para respetar y obedecer completamente la ley mexicana. Por desafiar a Estados Unidos (Rockefeller), Carranza fue asesinado en 1920.

Siguió una campaña difamatoria de desinformación que alcanzó el más alto nivel de depravación, con el fin de arrebatar el control del petróleo mexicano a sus legítimos propietarios. Pero cuando eso fracasó, todas las grandes compañías petroleras occidentales boicotearon el petróleo mexicano durante los siguientes 40 años.

El Comité de los 300[1] entró en juego cuando los Rothschild franceses (Alphonse y Edmond) y la compañía sueca Nobel dirigieron su atención a Rusia en 1870 creando una compañía petrolera llamada The Far East Trading Company. Pero los

[1] Cf, *The Hierarchy of Conspirators, A History of the Committee of 300*, John Coleman, Omnia Veritas Ltd, www.omnia-veritas.com.

hermanos Nobel habían vencido a todos los competidores por el petróleo en Bakú, donde se habían establecido. Ludwig Nobel fue apodado "el rey del petróleo de Bakú".

La Casa Británica de Windsor y la Casa Holandesa de Huis Oranje (Casa de Orange) se unieron para entrar en el negocio y en 1903 llegaron a un acuerdo con Shell Oil para formar la Asiatic Petroleum Company. Los esfuerzos por aliviar las tensiones en los campos petrolíferos de Bakú entre Standard Oil, Rothschild-Nobel y algunas pequeñas empresas rusas no tuvieron éxito.

La Royal Dutch Shell Petroleum Company se creó para explotar el petróleo en Sumatra, Indonesia y otros lugares de Extremo Oriente. Su pertenencia a los "300" les abrió todas las puertas.

El "Comité de los 300" puso el negocio diario en manos de Marcus Samuel, de Hill Samuel, y en 1897-1898 el prospector y perforador Mark Abrahams, contratado por Marcus Samuel, encontró petróleo en Borneo. El banco mercantil londinense y su empresa comercial afiliada, Samuel Montague, se asocian con Edmond y Alphonse Rothschild y fundan la Asiatic Petroleum Company. Los Rothschild no se quedaron y vendieron sus acciones a Royal Dutch Shell. En 1892, Shell envió petróleo crudo desde los Mares del Sur a las refinerías europeas a través del Canal de Suez.

No cabe duda de que Royal Dutch Shell, del "Comité de los 300", es una de las empresas petroleras más antiguas y de mayor tamaño de las que operan actualmente en el mundo. Su facturación en 2005 fue de 306.730 millones de dólares. La difunta Reina Juliana de los Países Bajos, Lord Victor Rothschild, el Príncipe Nasi de África, Sir Ernest Oppenheimer, los Samuels de Londres y la Casa de Windsor son los mayores accionistas de Royal Dutch Shell. A la muerte de Juliana, sus acciones fueron transferidas a la Casa de Orange (Países Bajos).

El relato histórico de la industria petrolera nos lleva por los vericuetos de la "diplomacia" (mentiras, falsas promesas, chantajes, dobles tratos, presiones políticas, intimidaciones y robos injustos) de la tierra y el petróleo iraquíes, codiciados por todas las naciones, pero especialmente por una Gran Bretaña imperialista, Gran Bretaña, industrializada y privada de petróleo, que ha interferido en los asuntos internos de Iraq e Irán durante casi un siglo, seduciendo, engatusando y extrayendo concesiones, una tras otra, sobre la base de promesas incumplidas y bajo la amenaza de un puño de hierro oculto en un guante de terciopelo.

Con el descubrimiento de ricos yacimientos de crudo en Irak e Irán, se ha prolongado el estado de conflicto con Estados Unidos y ambos países durante los últimos 95 años.

CAPÍTULO 2

Una visión de los buques de guerra propulsados por petróleo Sir Edward Grey fomenta la Primera Guerra Mundial

Justo antes de la Primera Guerra Mundial, se produjo una reacción en cadena que desencadenó el interés por el petróleo a raíz del informe de un oficial de la marina británica, el capitán Fisher, que afirmaba que el futuro de la armada estaba en los buques de guerra propulsados por petróleo. Más tarde se convirtió en Lord Fisher, el primer Lord del Almirantazgo, lo suficientemente astuto como para ver las posibilidades que ofrecía el espeso líquido negro descubierto en 1882 en Titusville (Pensilvania) y Bakú (Rusia). John D. Rockefeller vio su potencial como nuevo combustible para las lámparas de aceite y lo llamó "Brite".[2] A continuación, creó la Standard Oil Company para explotar este nuevo descubrimiento.

En 1904, el capitán Fisher quería que la Marina británica cambiara los buques de guerra galos que quemaban carbón por los que quemaban petróleo. Su idea no era nueva, probablemente inspirada en el hecho de que desde 1870 los barcos rusos del Mar Caspio quemaban "lodos de petróleo" llamados "fuel oil". El barón Julius de Reuter (el patriarca de Reuter's News Service) también se percató de este hecho:[3] . En 1872, de Reuter obtuvo una concesión de cincuenta años para explorar y perforar en

[2] "Brillante", Ndt.

[3] La famosa agencia de noticias Reuters.

busca de petróleo en Irán. Llamó a su empresa Anglo-Persian Company y en 1914, por consejo del almirante Fisher, pasó a llamarse British Petroleum Company (BP).

El control de los mares era vital para que Gran Bretaña asegurara sus largas rutas comerciales y el almirante Fisher suplicó a los Lores del Almirantazgo que los buques de guerra británicos estuvieran equipados con motores de petróleo, lo que creía que les daría una ventaja considerable sobre el poder naval alemán. En 1870, Alemania amenazó con suplantar la supremacía comercial británica. Los líderes británicos, como Sir Edward Grey, consideraron que se trataba de un "crimen" que acabaría conduciendo a la guerra. El capitán Fisher señaló que se tardaría mucho menos que las 4-9 horas que tardan los barcos de carbón en alcanzar la plena potencia; los barcos de petróleo podrían lograr la misma disponibilidad en 30 minutos y alcanzar la plena potencia en sólo 5 minutos. El gran problema es que Gran Bretaña no tiene reservas conocidas de crudo. Tendría que importar su petróleo de Estados Unidos y Rusia, lo que no es un problema en tiempos de paz, pero en tiempos de guerra podría ser más peligroso.

Más tarde (1912), Churchill, que sucedió a Fisher como Primer Ministro, dijo:

> "...si lo necesitáramos (el petróleo), tendríamos que transportarlo por mar en tiempos de paz y de guerra desde países lejanos".

No obstante, Fisher persiguió su sueño, señalando que mientras que 500 hombres tardarían cinco días en "carbonizar" un acorazado, el uso de petróleo sólo llevaría 12 horas a 12 hombres para realizar la tarea. Además, la autonomía de un buque de guerra alimentado con petróleo sería hasta cinco veces mayor que la de un buque alimentado con carbón. Pero los señores del Almirantazgo consideraban a Fisher un mero soñador, hasta que en 1904 Fisher fue reconocido y ascendido a Primer Lord del Almirantazgo después de que el Servicio Secreto Británico (MI6) enviara notas al gobierno destacando la importancia del nuevo crudo. Fisher fue autorizado a formar y dirigir una

Comisión Real en 1912 y a formar un comité para estudiar y hacer recomendaciones sobre cómo Gran Bretaña podría asegurar mejor sus futuras necesidades de petróleo.

Lord Palmerston dio a conocer su opinión: las antiguas intenciones de Gran Bretaña hacia los países con recursos petrolíferos se basarían en un nuevo credo: ya no teníamos principios permanentes, sino intereses permanentes que perseguíamos con exclusión de todos los demás. Esta es una actitud que apoyará plenamente Winston Churchill, que añade:

> "Tenemos que convertirnos en los propietarios, o al menos en los controladores de la fuente de al menos una parte del petróleo que necesitamos. "

Jackie Fisher, que presidió la Comisión Real, había ascendido desde sus humildes orígenes hasta convertirse en Primer Ministro del Almirantazgo. Nació en 1841 en Ceilán y fue bautizado como John Arbuthnot Fisher. Se incorporó a la Royal Navy en 1854 y se concentró en los desarrollos técnicos. Se le considera generalmente como uno de los más grandes almirantes de la Royal Navy, lo suficientemente astuto como para supervisar la construcción del súper acorazado "Dreadnaught". Fisher es visto como un hombre de gran estatura, con una actitud de superioridad que no agrada a sus colegas. El Comité Fisher recomienda que el MI6 asuma un papel destacado en Rusia y los Balcanes, por lo que Sydney Riley (Sigmund Georgjevich Rosenblum), uno de sus principales agentes, es enviado a Bakú para conseguir importantes contratos petroleros para Gran Bretaña. A Riley también se le encomendó la tarea de negociar con un australiano poco conocido, de origen británico, llamado William D'Arcy Cox, que parecía tener contratada una parte importante de los recursos minerales de Persia. William Knox D'Arcy (11 de diciembre de 1849 - 1 de mayo de 1917) nació en Newton Abbott, un pequeño pueblo inglés. Su padre era abogado y en 1866 la familia emigró a Australia, estableciéndose en Rockhampton, Queensland. La familia D'Arcy estaba directamente emparentada con Lord D'Arcy de Knayth, presidente del Tribunal Supremo y gobernador en jefe de Irlanda en el siglo XIV.

William comenzó su carrera uniéndose al bufete de abogados de su padre, pero se dedicó a la especulación de tierras. Se asoció con una empresa que tuvo la suerte de encontrar oro. La sociedad financió el descubrimiento de oro abriendo una mina llamada Mount Morgan Gold Mining Company. William Cox hizo una importante fortuna antes de regresar a Inglaterra en 1889. En 1900, decidió unirse a Wolff, Kitabgi y Cotte y viajar a Persia en busca de petróleo. En 1901 inició las negociaciones con el Sha de Irán, Reza Khan Pahlavi.

D'Arcy obtuvo un "firman" (contrato) del Shah que le daba

> "plenos poderes para sondear, perforar y perforar a voluntad en suelo persa, como resultado de lo cual todos los productos subpetrolíferos buscados, sin excepción, seguirán siendo de su propiedad".

Un equipo de perforación dirigido por George B. Reynolds fue enviado a Persia y D'Arcy comenzó su investigación. Se formó una empresa, a la que D'Arcy aportó 500.000 dólares de su propio dinero.

A cambio, D'Arcy pagaba la suma de 20.000 dólares más un 16% de derechos de autor al Sha Reza Khan Pahlevi anualmente. Pero las cosas no fueron bien y, en 1904, D'Arcy se vio obligado a recurrir a la Burmah Oil Company, que puso a su disposición 100.000 dólares para permitir la continuación de las perforaciones. En 1907, sin éxito, la perforación se trasladó a Masjid-I-Sulaiman, donde comenzó en 1908. En abril, cuando la empresa estaba a punto de fracasar, se descubrió petróleo a 11.800 pies, el primer hallazgo que convertiría a Persia (Irán) en el mayor país productor de petróleo del mundo. En 1909, un oleoducto conectó el campo petrolífero con una refinería construida en Abadán. William Knox D'Arcy dio un golpe que sacudió a la Standard Oil hasta sus cimientos.

Con gran persistencia, Reilly encontró y se reunió con D'Arcy, justo cuando estaba a punto de firmar un contrato con el gobierno francés organizado por los Rothschild de París. Por cualquier medio (y fueron considerables), Reilly engatusó de alguna manera a D'Arcy para que firmara un contrato con el gobierno británico (en nombre de la Casa de Windsor) justo cuando D'Arcy estaba a punto de firmar con los franceses.

En 1909 se creó una empresa, la Anglo-Persian Oil Company, cuyos principales accionistas eran la Casa de Windsor, la Casa de Orange y el barón de Reuter, con D'Arcy como director. El contrato británico fue un golpe maestro de Reilly, y le valió una posición de especial autoridad cuando se lanzó la revolución bolchevique. Se encargó de obtener contratos del gobierno bolchevique para minerales y metales estratégicos. Antes de este trascendental acontecimiento (1902), el geólogo de la reina Victoria había certificado la existencia de vastos yacimientos de petróleo en Mesopotamia (rebautizada como Irak por el mandato británico), que formaba parte del Imperio Turco Otomano desde 1534.

La reina Victoria jugó su carta de la "diplomacia de las cañoneras" estacionando buques de guerra británicos en el fondo de la vía fluvial de Shaat al Arab durante el reinado del corrupto Mubarak al-Sabah, que había llegado al poder asesinando a sus dos hermanastros en 1896, e informó a Turquía de que el territorio (más tarde llamado Kuwait) era ahora un protectorado británico.

El siguiente paso para asegurar la zona para el gobierno británico fue la firma por parte del jeque al Sabah de un acuerdo con el "Gobierno Imperial Inglés" para la concesión de petróleo. El acuerdo se consolidó mediante un "arrendamiento a perpetuidad". A esto le siguió un segundo acuerdo firmado con el jeque al-Sabah, según el cual "ninguna persona distinta de las designadas por el Gobierno británico" recibiría una concesión. Parece que el suministro de petróleo a la marina británica está ahora garantizado. En todo esto se olvidó el hecho indiscutible de que la tierra llamada "Kuwait" pertenecía a Irak, como lo había hecho durante los últimos cuatrocientos años, y que la "frontera" norte de Kuwait pasaba por los campos petrolíferos más ricos del mundo en ese momento, el campo petrolífero de

Rumaila, que pertenecía a Irak.

Así, se pirateó una gran cantidad de petróleo de la antigua nación de Mesopotamia, que se convirtió en Irak cuando los británicos acuñaron el nombre para su nuevo mandato tras la Primera Guerra Mundial. Por lo tanto, la Armada alemana no tenía ninguna forma conocida de abastecerse de petróleo para alimentar sus buques de guerra, cuya conversión había comenzado en 1909, antes que los buques de guerra británicos "Dreadnaught", propulsados por petróleo. Los planes del almirante Fisher para la reconversión de la Armada británica dejaron de ser los sueños de un soñador y los primeros buques de la nueva clase "Dreadnaught" fueron encargados por Winston Churchill, que sucedió a Fisher como Primer Lord.

En 1911, Churchill instó a su gobierno a reconocer que una fuerte presencia en el Golfo Pérsico era esencial para que la Armada británica siguiera "dominando los mares". En 1912, el Parlamento británico creó una Comisión Real sobre el Petróleo y el Motor de Petróleo, presidida por Lord Fisher. Se reconoció que el petróleo desempeñaría un papel decisivo en la guerra que se avecinaba. Este fue el comienzo de una pérfida conducta, también conocida como "diplomacia del petróleo", que continuaría hasta hoy. Al mismo tiempo, Gran Bretaña se propuso obtener petróleo para su armada y se adentró en los campos petrolíferos de México y Oriente Medio para lograr este objetivo. La política petrolera imperial británica fue descrita en un memorando secreto escrito por Sir Arthur Hirtzel:

> "Lo que queremos poner en marcha, lo que deberíamos haber creado en su momento, es una administración con instituciones árabes que podamos dejar en marcha con seguridad mientras tiramos de los hilos nosotros mismos; algo que no cueste mucho y que el gobierno laborista pueda tragar de acuerdo con sus principios, pero bajo el cual nuestros intereses económicos y políticos estarán asegurados.
>
> Si los franceses se quedan en Siria, hay que evitar darles la excusa de crear un protectorado. Si se van, o si parecemos

> reaccionarios en Mesopotamia, siempre existe el riesgo de que el rey Faisal anime a los estadounidenses a apoderarse de ambos países... "

Esta política imperial solapada se ha contagiado a Estados Unidos, que la ha asumido con gran celeridad. No puede haber mucha gente con conocimiento real del embrollo de Afganistán e Irak que no sepa que la única razón de la presencia de las fuerzas armadas estadounidenses en estos dos países es el Santo Grial del petróleo y otros hidrocarburos. En condiciones de alto secreto, el gobierno británico compró una participación mayoritaria en la Anglo-Persian Oil Company, a pesar de que en ese momento estaba al borde de la quiebra por la falta de éxito en la búsqueda de petróleo en Irán. Hoy en día, la empresa se llama British Petroleum (BP) y es una de las empresas emblemáticas del Comité de los 300.

Alarmado por la creciente pujanza industrial y la expansión del comercio internacional de que gozaba Alemania, el rey Jorge, que había sucedido a la reina Victoria, realizó el 14 de abril de 1914 una inusual visita a París, acompañado de su secretario de Asuntos Exteriores, Sir Edward Grey. Hijo del teniente coronel George Grey, Sir Edward se había educado en el Balliol College de Oxford y había sido nombrado Secretario de Asuntos Exteriores por William Gladstone en 1892. El objetivo de la misión era persuadir a Francia para que se uniera a Inglaterra en una alianza militar secreta contra Alemania y Austria.

El Rey no le dijo al gobierno francés que su país estaba en bancarrota, pues de lo contrario no se habría concluido ninguna alianza como resultado de esta visita. De hecho, el estado de bancarrota quedó registrado en un memorando del Tesoro Británico al Canciller Lloyd George, fechado el 12 de mayo de 1914, que expone el hecho en términos claros.

(El mismo subterfugio se utilizó en 1939.) Grey hizo de la defensa de Francia contra la expansión comercial alemana el principal impulso de la política exterior británica. El hecho de que las promesas a Francia se negociaran en secreto causó mucha preocupación entre los miembros de la oposición del

Parlamento, entre ellos Charles Trevelyn, que dimitió enfadado, George Cadbury, E.D. Morel y Ramsay McDonald. Sus dudas resultaron fundadas cuando, en vísperas de la Primera Guerra Mundial, Grey dijo al Parlamento que no tenía "más remedio que cumplir las obligaciones de Gran Bretaña con Francia" participando en la guerra de Francia contra Alemania. Esta fue la "diplomacia del engaño"[4] en su forma más horrible y la causa directa de la Primera Guerra Mundial, con sus horribles masacres, la enorme pérdida de vidas y la destrucción gratuita de propiedades. Puede que algún día la historia demuestre que, sin Edward Grey, la Primera Guerra Mundial no se habría producido. Había que frenar el imperdonable pecado de la expansión comercial alemana y su deseo de crear su propio sistema comercial y mecanismo de intercambio, al menos en opinión de Lord Grey.

El pacto franco-británico, basado únicamente en la política exterior de Sir Edward Grey, concluido en secreto, preparó el terreno para la Primera Guerra Mundial, la más sangrienta jamás conocida. El 28 de julio de 1914, apenas tres meses después de la firma del acuerdo militar franco-británico, el archiduque Francisco Fernando de Austria fue asesinado en Sarajevo. La política de Grey exigía que Alemania fuera prácticamente aniquilada y que Gran Bretaña obtuviera los recursos naturales que necesitaba para lograr el objetivo de un nuevo orden mundial. La necesidad de asegurar el suministro de petróleo desde el principio era una parte esencial del plan, el único detalle que destaca en todos los documentos de Sir Edward.

En agosto de 1914, Europa ardió en las llamas de la Primera Guerra Mundial, la más brutal y horrible de nuestro tiempo, con decenas de millones de víctimas que desafían la comprensión humana. El asesinato del archiduque Fernando mientras visitaba Sarajevo, en Serbia, fue el segundo uso descarado de muchas "situaciones inventadas" que se iban a crear para provocar

---

[4] Véase *Diplomacy by Lying - An Account of the Treachery of the Governments of England and the United States*, John Coleman, Omnia Veritas Ltd, www.omnia-veritas.com.

guerras, y no fue la "incivilizada" Alemania, sino la "civilizada" Gran Bretaña, y más tarde Estados Unidos, los autores y planificadores de esta terrible estrategia. A lo largo de la Primera Guerra Mundial, el petróleo iba a desempeñar un papel clave en la persecución del imperialismo británico, que había comenzado con las guerras del opio en China y continuado con la guerra anglo-boer (1899-1903). En 1917 apenas había una nación industrializada que no fuera plenamente consciente de la importancia del petróleo, y se recuerda el llamamiento urgente del presidente Clemenceau a Wilson para que enviara "petróleo" a Francia:

> *La seguridad de los aliados pende de un hilo. Si los aliados no quieren perder la guerra, en el momento de la gran ofensiva alemana, no deben dejar que Francia se quede sin el combustible que es tan necesario como la sangre en las batallas de mañana.*

El 6 de septiembre de 1914, los periódicos londinenses estaban llenos de noticias sobre la armada de taxis parisinos del general francés Joseph Gallieni que se ponían en servicio para transportar tropas al frente. Sin la "gasolina" para la armada motorizada de taxis y autobuses que requisó, Francia habría sido derrotada a los pocos meses del inicio de las hostilidades. En este punto de la historia, empezamos a entender por qué el rey Jorge y Eduardo Grey firmaron un pacto con Francia.

Esto fue para dar a Gran Bretaña la excusa indirecta de "acudir en ayuda de Francia" para atacar a Alemania. John D. se apresuró a responder a la llamada de Clemenceau en busca de "petróleo" y envió amplios suministros estadounidenses a las fuerzas francesas en un momento en que Alemania estaba aislada de su antigua fuente rumana, que había sido completamente destruida en 1916 por el coronel "Imperio" Jack Norton para evitar que Bakú cayera en manos alemanas. Como dijo Lord Curzon, el Secretario de Asuntos Exteriores británico, en un discurso pronunciado en la cena de la victoria el 21 de noviembre de 1918, diez días después de la firma del armisticio:

> *Los aliados fueron llevados a la victoria por una avalancha*

> *de petróleo. Sin petróleo, ¿cómo habrían podido garantizar la movilidad de la flota, el transporte de sus tropas o la fabricación de explosivos?*

Como pronto descubrirían las naciones que poseían petróleo bajo la superficie de su suelo, el petróleo ya no sería una ventaja, sino una maldición gracias a las rapaces potencias imperiales. Sin que el mundo lo supiera, la Sociedad de Naciones era un vehículo apenas disimulado para el acaparamiento masivo de tierras, siendo una de sus primeras víctimas Palestina. Rusia no iba a ser un socio, un hecho que se descubrió en noviembre de 1917, cuando los bolcheviques encontraron un alijo de documentos secretos que mostraban que Gran Bretaña y Estados Unidos habían formalizado un plan para dividir el Imperio Otomano y repartirlo entre ellos y unas pocas potencias "aliadas" seleccionadas. El acuerdo secreto se había hecho en febrero de 1916, en plena guerra, de la que el ejército ruso era la principal víctima.

La conducta traicionera de la Gran Bretaña imperial y de Estados Unidos continuó hasta 2006, cuando Estados Unidos, dirigido por un presidente del llamado Partido Republicano conservador, G.W. Bush, afirmó que él, y sólo él, podía ordenar un "primer ataque" contra una nación que no había hecho ningún daño a Estados Unidos, en total y deliberada desobediencia a las leyes estadounidenses, a la Constitución y al "derecho de gentes" de Vattel, así como a todos los Convenios de Ginebra y a los Protocolos de Nuremberg. Este libro es un relato de la agresión imperial apenas disimulada de dos de las naciones más poderosas, Estados Unidos y Gran Bretaña, con la ayuda de sus cómplices, que sondearon las profundidades de la depravación y el engaño para alcanzar el rico premio del petróleo. "La verdad es más extraña que la ficción" y el imperialismo petrolero estadounidense, que arraigó en la política oficial en 1917, estuvo a la altura de este tópico. Harold Ickes era el coordinador de petróleo para la defensa nacional en diciembre de 1942 cuando el Departamento de Estado publicó lo siguiente:

> "Creemos firmemente que el desarrollo de los recursos petrolíferos de Arabia Saudí debe considerarse a la luz del

interés nacional general. "

Fue la primera vez que la seguridad nacional de Estados Unidos se vinculó a una nación extranjera lejos de sus costas. Supuso un gran paso adelante en las acciones imperialistas de Estados Unidos, que pasó de ser un Estado pasivo a uno activo. Irak confirma la validez de esta premisa. Estados Unidos ha comenzado a desempeñar el mismo papel en el petróleo iraquí que desempeñó Gran Bretaña en el siglo pasado. A lo largo de los últimos noventa y cinco años hemos visto cómo Gran Bretaña y sus aliados imperialistas no han dudado nunca en rebajarse a la más elemental depravación con tal de obtener el codiciado y anhelado primer premio del petróleo.

La historia de Gran Bretaña es un relato de una nación rica y poderosa que conspira para desposeer a naciones más pequeñas, pobres y débiles, y es una lectura muy dolorosa. Cada vez se parece más a una repetición de la guerra británica contra los bóers en 1899. En aquel entonces, el conflicto era por la negativa de la nación bóer a entregar su oro. En la actualidad, el "conflicto" tiene que ver con la negativa de Irak a entregar su "oro negro".

El desarrollo petrolífero de Irak ha evolucionado con un telón de fondo de situaciones inventadas, acuerdos secretos, engaños, injerencias políticas y luego la última "diplomacia" de todas, el cañón de la pistola. Escrito desde mi perspectiva de economista e historiador cualificado, agente sobre el terreno, y respaldado por 25 años de investigación, este libro confunde a los burdos propagandistas que han apoyado a los barones del petróleo. Le aseguro que el "conflicto" con Irak tendrá un aspecto muy diferente una vez que lea este libro informativo, basado en archivos históricos secretos no accesibles al público, en los papeles privados y personales de los ricos y en el infame relato de las guerras de agresión imperialistas de Estados Unidos para asegurarse el suministro de crudo.

Una cosa que aprenderemos rápidamente es que durante los últimos 100 años, Estados Unidos ha seguido una política de agresión contra todas las naciones que tienen petróleo como recurso natural, con intensos esfuerzos para socavarlas a través de la inestabilidad y los actos de injerencia directa en sus asuntos internos, como ha ocurrido en el caso de México, en total contradicción con el derecho internacional y la Constitución de Estados Unidos. La industria petrolera ha dictado la política exterior de Estados Unidos a un costo para el pueblo estadounidense de miles y miles de millones de dólares, desde la intervención de los marines estadounidenses en Tampico por orden del presidente Wilson.

Esta política ha recibido recientemente una sorprendente confirmación de que el mundo ha pasado de ser una "conspiración" a una "conspiración abierta". A mediados de 2006, el autor John Perkins publicó un sorprendente libro titulado *Confesiones de un sicario económico*,[5] , que confirma gran parte de lo que ya había escrito con cierto detalle desde 1971, sobre cómo actúa Estados Unidos para derribar a los gobiernos que no le gustan y que no cumplen con sus exigencias. Cito el libro de Perkins:

> En los últimos 30-40 años, los sicarios de la economía hemos creado el primer imperio mundial real (Estados Unidos), y lo hemos hecho principalmente a través de la economía, con el ejército como último recurso.

Así que se hizo de forma bastante secreta. La mayoría de los estadounidenses no tienen ni idea de que creamos este imperio y, de hecho, en todo el mundo se hizo de forma muy discreta, a diferencia de los antiguos imperios, en los que los militares entraban a saco; era evidente. Así que creo que la importancia de esto, el hecho de que más del 80% de la población de América del Sur haya votado recientemente por un presidente antiamericano y lo que está sucediendo en la Organización Mundial del Comercio, y también. De hecho, la huelga de tránsito aquí en Nueva York es que la gente está empezando a entender que la clase media y las clases bajas de todo el mundo

[5] Cf, *Confesiones de un asesino financiero*, John Perkins, ARIANE, 2016.

están siendo terriblemente, terriblemente explotadas por lo que yo llamo la aristocracia corporativa, que realmente dirige este imperio, los Estados Unidos.

Perkins pasa a explicar lo que significa ser un sicario económico:

> Lo que hemos hecho... utilizamos muchas técnicas, pero probablemente la más común es que vamos a un país que tiene recursos que nuestras empresas codician, como el petróleo, y organizamos un enorme préstamo a ese país a través de una organización como el Banco Mundial o una de sus hermanas, pero casi todo el dinero va a las empresas estadounidenses, no al propio país. Empresas como Bechtel y Haliburton, General Motors, General Electric, ese tipo de organizaciones, y construyen enormes proyectos de infraestructura en este país; centrales eléctricas, autopistas, puertos, parques industriales y cosas que sirven a los muy ricos y nunca llegan a los pobres. De hecho, los pobres sufren porque hay que devolver los préstamos, y son préstamos enormes, y devolver estos préstamos significa que los pobres no tendrán acceso a la educación, la sanidad y otros servicios sociales, y el país se queda con una deuda enorme, todo a propósito.
>
> Volvemos, los sicarios económicos, a este país, y les decimos: "Mira, nos debes mucho dinero. No puedes pagar tus deudas, así que danos una libra de carne. Vendan a nuestras compañías petroleras su petróleo barato o voten con nosotros en la próxima votación de la ONU o envíen tropas para apoyar a nuestras tropas en algún lugar del mundo, como Irak". Y de esta manera hemos conseguido construir un imperio mundial con muy poca gente sabiendo lo que hemos hecho.

Al explicar cómo funciona el sistema y cómo se utilizó, Perkins reveló que primero fue reclutado por la Agencia de Seguridad Nacional (NSA).

Pero Perkins fue rechazado alegando que tenía "una serie de debilidades en mi carácter", por lo que fue enviado a trabajar a una empresa privada, empezando por Charles T. Main, una gran consultora de Boston, donde empezó como economista con veinte personas. Main, una gran consultora de Boston, donde empezó como economista con unas 20 personas.

> Mi trabajo consistía en convencer a esos países de que aceptaran esos grandes préstamos, conseguir que los bancos los concedieran y establecer las transacciones para que el dinero fuera a parar a las empresas estadounidenses. El país acabaría con una deuda enorme, y entonces yo iría con uno de mis chicos y le diría: "Mira, sabes que nos debes este dinero. No puedes pagar tus deudas. Danos esta libra de carne".
>
> La otra cosa que hacemos, y lo que está ocurriendo en Sudamérica ahora mismo, es que en cuanto uno de estos presidentes antiamericanos es elegido, como Evo Morales (de Bolivia), uno de nosotros va y dice: "Eh, felicidades, señor presidente. Ahora que eres presidente, sólo quiero decirte que puedo hacerte a ti y a tu familia muy ricos. Tenemos varios cientos de millones de dólares en este bolsillo si juegas a nuestro modo. Si decides no hacerlo, en este bolsillo tengo una pistola con una bala con tu nombre, por si decides cumplir tus promesas de campaña y echarnos".
>
> Puedo hacer que este hombre gane mucho dinero, él y su familia, a través de contratos, a través de diversos medios cuasi legales. Si no lo acepta, le pasará lo mismo que a Jamie Roldos en Ecuador, o a Omar Torrijos en Panamá y a Allende en Chile, y lo intentamos con Chávez en Venezuela y lo seguimos intentando. Enviaremos gente para derrocarlo, como hicimos recientemente con el presidente de Ecuador.
>
> En la década de 1970, Torrijos hizo mucho ruido y ocupó titulares en todo el mundo porque exigió que el Canal de Panamá fuera devuelto a los panameños. Me enviaron a Panamá para convencerle de que debía jugar a nuestra manera. Y me invitó a un pequeño bungalow en las afueras de la ciudad de Panamá y me dijo: "Mira, sabes, conozco este juego y si lo juego a tu manera me haré muy rico, pero eso no es importante para mí. Lo importante es que ayude a mis pobres". Torrijos no era un ángel, pero estaba muy comprometido con sus pobres. Así que me dijo: "Puedes

jugar a mi manera o abandonar este país".

Hablé con mis jefes y todos decidimos que debía quedarme. Pero sabía que todo el mundo estaba pendiente de Torrijos por el tema del Canal de Panamá y que si no cambiaba de opinión, era probable que entraran los chacales. No sólo perderíamos a Panamá, sino que daría un ejemplo que otros podrían seguir. Así que estaba muy preocupado. A mí me gustaba Torrijos, y una de las razones por las que quería que se subiera a bordo no era sólo porque era mi trabajo, sino porque quería verle sobrevivir, y como no jugaba, le asesinaron.

El avión se estrelló en un incendio y después no hubo duda de que le habían dado una grabadora cuando subió al avión y que contenía una bomba. Conozco a las personas que llevaron a cabo la investigación posterior, y está bastante bien documentada en muchos lugares, y yo estaba personalmente al tanto de lo que ocurrió. Nuestra línea oficial fue que, por supuesto, eso no fue lo que ocurrió. El avión simplemente chocó con una montaña. Pero no había dudas y esperábamos que sucediera.

También intentamos hacerlo con Saddam Hussein. Cuando no cooperó, los sicarios económicos intentaron hacerle entrar en razón. Intentamos asesinarle. Pero eso era lo interesante, porque tenía una seguridad bastante leal, y además tenía un montón de dobles, y lo que no quieres ser es el guardaespaldas de un doble, y crees que es el presidente y coges un montón de dinero para asesinarle y asesinas al doble, porque si haces eso, entonces tu vida y la de tu familia no vale mucho, así que no pudimos llegar a Saddam Hussein, y por eso enviamos a los militares.

Saddam Hussein estuvo en el bolsillo de Estados Unidos durante muchos años, pero queríamos un acuerdo definitivo, similar al que hicimos con Arabia Saudí. Queríamos que Saddam se alineara realmente con nuestro sistema, y se negó a hacerlo. Aceptó nuestros aviones de combate, nuestros tanques y nuestras fábricas químicas que utilizaba para producir armas químicas... Aceptó todo eso, pero no quiso alinearse con nuestro sistema para que pudiéramos traer

> enormes organizaciones de desarrollo para reconstruir su país, como hicieron los saudíes a imagen y semejanza de Occidente. Y eso es lo que intentamos convencerle de que hiciera y también de que garantizara que siempre cambiaría el petróleo por dólares estadounidenses, en lugar de euros, y que mantendría el precio del petróleo dentro de unos límites aceptables para nosotros. No cumplió con estas exigencias. Si lo hubiera hecho, aún sería presidente.

Perkins explica mucho sobre cómo funciona el "imperio", pero creo que le he dado a usted, el lector, lo suficiente para convencerle de cómo tratan a los países extranjeros los que siguen la política imperialista de Estados Unidos. Otro ejemplo destacado revelado por Perkins es el Plan Marshall. Tras el final de la Segunda Guerra Mundial, se puso en marcha el Plan Marshall, aparentemente para acelerar la recuperación de Europa, especialmente de Alemania. Lo que es menos conocido es que la mayor parte de la financiación del Plan Marshall, miles de millones de dólares, se destinó a empresas estadounidenses para comprar y asegurar el suministro de petróleo para Estados Unidos que no tenía nada que ver con la recuperación de Alemania. Los registros del Departamento de Estado muestran que hasta el 10% de los fondos del Plan Marshall fueron a parar a la Standard Oil de Nueva Jersey (EXXON) Soon-Vacuum (Mobil), la Standard Oil de California, (Chevron) Texaco y Gulf Oil.

Se les dijo que se desplegaran en Ecuador, Venezuela, Bakú, Perú, Irak, Irán y Filipinas, todos ellos países que habían sido atacados por el imperialismo estadounidense. Tras la Segunda Guerra Mundial, se inició un movimiento anticolonial en la India y se extendió por todo el mundo, ya que las naciones decidieron que no tolerarían más el acaparamiento de sus recursos naturales por los que se les pagaba una miseria. Pero este movimiento no logró detener la marcha del fascismo corporativo, que continuó casi sin interrupción.

Ahora, en 2008, asistimos al asalto a Irak, Irán y la región del Mar Caspio, en el marco de una guerra imperial para hacerse con el control total de los recursos de crudo. Hemos escuchado los falsos clamores de George Bush, de los que se hace eco el adulador Blair, de que Irán es una amenaza para la paz mundial, cuando una reciente encuesta a gran escala de la Unión Europea mostró que los europeos ven al presidente Bush y a Estados Unidos como la verdadera amenaza para la paz mundial. Así que aquí tenemos otra serie de políticos que ponen sus falsos mensajes en el aire. Durante los últimos diecisiete años (desde 1991), cuando el ex presidente Bush llevó a esta nación a una guerra imperialista, inconstitucional e ilegal contra Irak, y no consiguió hacerse con el control del segundo mayor productor de petróleo del mundo, el pueblo de Estados Unidos ha sido sometido a un constante bombardeo de propaganda contra Irak. Esto nos recuerda lo que el líder bolchevique Bakunin dijo en 1814 cuando advirtió contra el tipo de propaganda escandalosa dirigida al pueblo estadounidense por los barones del petróleo:

> Mentir a través de la diplomacia. La diplomacia no tiene otra misión. Cuando un Estado quiere declarar la guerra a otro Estado, empieza por emitir un manifiesto dirigido no sólo a sus propios súbditos, sino también a todo el mundo.
>
> En este manifiesto declara que el derecho y la justicia están de su parte, y se esfuerza por demostrar que sólo la mueve el amor a la paz y a la humanidad, y que, imbuida de sentimientos generosos y pacíficos, ha sufrido durante mucho tiempo en silencio hasta que la creciente iniquidad de su enemigo la obligó a deponer la espada. Al mismo tiempo, jura que, desdeñando toda conquista material y sin buscar el aumento del territorio, pondrá fin a esta guerra tan pronto como se restablezca la justicia. Y sus antagonistas responden con un manifiesto similar, en el que por supuesto el derecho, la justicia, la humanidad y todos los sentimientos generosos están de su lado.
>
> Estos manifiestos, mutuamente opuestos, están escritos con la misma elocuencia, respiran la misma justa indignación, y uno es tan sincero como el otro, es decir, ambos son descarados en sus mentiras, y sólo los tontos se dejan engañar por ellos. Las personas sensatas, todas las que tienen alguna experiencia política, ni siquiera se molestan en leer esos

manifiestos.

Una de las mayores y más repetidas mentiras del manifiesto de la junta petrolera de Bush-Cheney es que Irak ha "gaseado a su propio pueblo". Esta afirmación, repetida muchas veces por Blair, se refiere al gaseado de los habitantes de un pueblo kurdo. Resultó que los cohetes con gas nervioso que impactaron en la aldea fueron disparados por Irán, lo que la Oficina de Inteligencia Naval (ONI) confirmó posteriormente, señalando que el tipo de gas tóxico utilizado (gas nervioso somalí espesado) no procedía del arsenal iraquí.

Pero eso no impidió que la mentira se repitiera una y otra vez, para convencer al pueblo de Estados Unidos de que la guerra de la junta petrolera de Cheney contra Irak era una "guerra justa en lugar de una búsqueda imperialista por el control del petróleo de Irak". Lo que sigue está extraído del *informe World In Review Insider* de abril de 1991, volumen I:

> La verdad es que los gobiernos estadounidense y británico han traicionado a los kurdos. Después de los palestinos, son los kurdos los que han visto rotas las promesas más solemnes de compromisos por parte de Londres y Washington. Hasta hace poco, el pueblo estadounidense no tenía ni idea de quién era el pueblo kurdo ni de dónde vivía. Al igual que la nación iraquí, los kurdos eran una nación desconocida para los estadounidenses.

En 1991 se produjo la guerra imperial contra Irak, que tuvo como resultado el genocidio de la nación iraquí y la devastación de su tierra. Tras esta guerra, el gobierno británico, que tiene un largo historial de represión de los kurdos, prometió a Bush rearmar a las guerrillas kurdas para utilizarlas como mercenarios estadounidenses para derrocar al presidente Hussein. Pero el complot se ejecutó prematuramente y fracasó, lo que llevó a Bush a distanciar apresuradamente a su administración de los kurdos traicionados. Una breve historia del pueblo kurdo podría ayudar a situar las cosas en su justa medida. Situado en el extremo noroeste de Irak (y nótese que se trata de IRAQ), el Kurdistán ha sido siempre el único estado semiautónomo de la región.

En 1900, como resultado de la amplia intervención británica en los asuntos de Turquía y Persia, Gran Bretaña se hizo con el control de amplias zonas de la región que quedaron fijadas por un tratado firmado en 1907. Persia no estaba satisfecha con este acuerdo y envió una delegación a la Conferencia de Paz de París, celebrada en Versalles, para exigir la derogación del tratado de 1907, que otorgaba el Transcaspio, Merv, Khiva, Derbent, Erivan y el Kurdistán a los británicos, pero éstos consiguieron bloquear la demanda de derogación. En 1919, los británicos invadieron Bagdad. En 1922, los británicos celebraron un acuerdo militar con Irak. En junio de ese mismo año, los kurdos se rebelaron y lucharon contra las fuerzas británicas durante todo un año. Los británicos utilizaron fuertes bombardeos aéreos y gas venenoso para reprimir la rebelión. Un informe dirigido al Primer Ministro británico afirmaba que el gaseado tuvo un efecto "saludable".

CAPÍTULO 3

Gran Bretaña gana poder sobre el petróleo persa Bush impulsa la guerra en Oriente Medio

El petróleo se descubrió en Irán en 1908, en el yacimiento de Masji-i-Suleman. Este acontecimiento cambiaría por completo el destino de Oriente Medio, del mismo modo que el descubrimiento de oro en Sudáfrica condenaría a la nación bóer. Se descubrieron otros yacimientos de petróleo en la provincia de Mosul (distrito de Irak) y en Basora. Los británicos enviaron expertos en petróleo disfrazados de arqueólogos de la Sociedad de Exploración de Palestina para espiar los campos petrolíferos en desarrollo. Los espías llegaron a Mosul y ayudaron a establecer la Compañía Turca de Petróleo en 1912, que fue reconocida en una reunión del Ministerio de Asuntos Exteriores en Londres en marzo de 1914, a la que asistieron delegados británicos y alemanes y representantes de bancos alemanes y holandeses. Aunque parecía ser una empresa con participación turca, en realidad Turquía no formaba parte de ella.

Con el estallido de la guerra, Churchill declaró que el petróleo era de suma importancia para Gran Bretaña. Esta afirmación se vio reforzada por un memorándum de Sir Maurice Hankey, Secretario del Gabinete de Guerra británico, a Arthur Balfour, en el que declaraba que el control del petróleo iraní e iraquí era un "objetivo de guerra británico primordial". El ejército británico invadió Irak en 1915 para lograr este "principal objetivo bélico británico", sin tener en cuenta la soberanía iraquí, tomando la ciudad petrolera de Basora, la capital de Bagdad y Mosul en

1917. Pero las fuerzas británicas quedaron empantanadas y tuvieron que ser rescatadas por una fuerza expedicionaria del ejército indio. El 9 de agosto de 1919, Sir Percy Cox firmó el Acuerdo Anglo-Persa, que otorgaba a Gran Bretaña una gran influencia sobre el petróleo persa. Posteriormente, el Majlis (Asamblea) se negó a ratificar el acuerdo. En febrero de 1920, Reza Khan y 3000 cosacos marcharon sobre Teherán. Reza Khan abandonó el tratado unificado y en diciembre firmó un tratado de amistad con Turquía.

Ninguno de los grupos minoritarios (incluidos los kurdos) está representado o es consultado por Persia o Turquía, y nunca por Gran Bretaña. Como resultado, los kurdos se sintieron traicionados y comenzaron una larga serie de revueltas. De lo anterior se desprende que el "problema" kurdo comenzó décadas antes del advenimiento del presidente Hussein de Irak. El primer ministro británico Blair, que ha dicho repetidamente al mundo que "Sadam está gaseando a su propio pueblo", no ha dicho nada, convenientemente, sobre el papel demostrado de la Royal Air Force en el gaseo de civiles kurdos. El Instituto Tavistock es bueno para distorsionar los hechos de la historia y ha logrado ocultar este acto a los británicos y a los estadounidenses, que han seguido luchando por el petróleo, al igual que ocultaron los campos de concentración que albergaban a las mujeres y niños bóers, que murieron como moscas, por el empeño del gobierno británico en robar el oro que era propiedad de la nación bóer.

En Irak, el objetivo del gobierno británico era claro: utilizar a los kurdos para desestabilizar toda la región, de modo que las vastas regiones petroleras pudieran quedar bajo su total dominio. Gran Bretaña no estaba satisfecha con la solidez de las concesiones petroleras otorgadas a D'Arcy en 1901. También pretendía debilitar al gobierno iraquí, que había sido plenamente reconocido como Estado independiente por Persia el 11 de agosto de 1929.

El petróleo era el objetivo de los imperialistas británicos y estadounidenses. Los británicos y su aliado estadounidense deberían haber adoptado el eslogan "Estamos luchando por el petróleo" y si fueran honestos lo habrían hecho. Por el contrario, Lord Curzon declaró sin rodeos que la política del Gobierno de Su Majestad hacia Mosul no tenía que ver con el petróleo, sino que se basaba en la sagrada obligación de cumplir con su deber de proteger al pueblo kurdo. A la luz de la sorprendente participación británica en las luchas por el petróleo en Mosul, las palabras de Lord Curzon fueron el colmo del cinismo.

Los británicos utilizaron a los kurdos de forma descarada y despiadada en 1921 y 1991 para que sirvieran a sus intereses, al igual que hicieron en 1899 al obtener la llamada "franquicia de extranjeros" en las repúblicas bóer de Sudáfrica, cuando el control del oro bóer era su principal preocupación. Hoy, en 2008, la única diferencia es que los británicos son superados por los Estados Unidos. Estados Unidos ha asumido el manto del imperialismo británico.

En la Conferencia de Lausana (noviembre de 1922-febrero de 1923), los turcos acordaron respetar los derechos de las minorías, incluidos los kurdos, pero nunca lo hicieron. El editorial del *New York Journal of Commerce* de julio de 1923 decía:

> Lausana era todo lo que una conferencia internacional no debería ser. Fue el sacrificio de todas las cuestiones humanas y humanitarias a la conveniencia.

El Tratado de Lausana, resultado de la conferencia, ha pasado a la historia como un tratado que cambió el curso de los acontecimientos y sentó las bases del siglo XX. La serie de tratados de paz concluidos al final de la Primera Guerra Mundial y la creación de la Sociedad de Naciones pretendían aparentemente traer la "libertad" al mundo, pero lejos de traer la libertad, trajo una nueva ola de imperialismo y la muerte del Imperio Otomano. El Tratado de Lausana se firmó el 24 de julio de 1823 y entró en vigor el 6 de agosto de 1924 tras ser ratificado por Gran Bretaña, Italia, Francia y Turquía.

El *New York Times* publicó un editorial sobre la conferencia:

> Mosul y la libertad nos dan una oportunidad en la carrera del petróleo que ha sido objeto de todas las negociaciones. Pero

> EE.UU. podría estar mejor ocupado hoy en día que velando por los intereses de los reyes del petróleo. Podemos hablar de paz y civilización en público, pero en privado hablamos de petróleo, porque están en juego los territorios donde estarán los futuros concesionarios, que intentan asegurar sus derechos.

Aunque no fue evidente en la conferencia, lo que ocurría entre bastidores era una lucha constante por las posiciones de las grandes compañías petroleras para hacerse un hueco en las zonas inexploradas de Irak donde se sabía que existían grandes vilayets (un gran depósito de petróleo). Una de estas zonas, de 150 millas de largo, se encuentra al norte de Kirkuk, en Irak, en tierras ocupadas por los kurdos. En octubre de 1927, los perforadores de Baba Gurgur encontraron petróleo y un enorme chorro incontrolado inundó la tierra circundante con petróleo durante nueve días, mientras una gruesa columna de gas flotaba en el aire. El yacimiento de Kirkuk, con unas reservas de 2.150 millones de toneladas de crudo, estuvo a la altura de las expectativas, tanto por la magnitud del enorme descubrimiento como por el daño que causó a todo Oriente Medio debido a la intransigente codicia de las compañías petroleras británicas y estadounidenses, que aún hoy se deja sentir. El sorprendente brote de "Dad" Joiner en el este de Texas tres años más tarde (octubre de 1930), aunque fue un descubrimiento importante, se minimizó en gran medida porque las compañías petroleras estaban muy invertidas en el petróleo de Oriente Medio y no querían que se desarrollaran los yacimientos estadounidenses. El "Gigante Negro" de Papa Joiner fue vendido al magnate del petróleo H.L. Hunt (1889-1974) en circunstancias muy dudosas.

Tras unas elecciones indecisas en mayo de 1930, los kurdos vieron su oportunidad y se rebelaron contra el nuevo gobierno turco dirigido por su líder, Ali Fehti Bey. El levantamiento tuvo lugar en las cercanías del monte Ararat y fue reprimido brutal y sangrientamente por las fuerzas británicas.

El 10 de junio de 1961, el gobierno iraquí aceptó el nuevo desafío del líder kurdo al-Barzani, apoyado por Estados Unidos y Gran Bretaña, y los kurdos volvieron a ser atacados. En abril de 1965, volvieron a tomar las armas contra el gobierno iraquí. Exigen "una zona claramente definida y un ejército kurdo". En marzo de 1966, estallaron nuevos combates que duraron tres meses. Un gran contingente de fuerzas británicas participó en la acción. La rebelión terminó cuando Irak prometió conceder a los kurdos autonomía regional, promesa que nunca se cumplió del todo.

En marzo de 1969, los kurdos rebeldes volvieron a tomar las armas, lo que dio lugar a los combates más violentos del periodo. Se puso en marcha un plan de acción secreto con los kurdos y durante un tiempo pareció que el deseo del presidente Bush de derrocar al presidente Hussein se iba a hacer realidad. Debo añadir que, en virtud del acuerdo de alto el fuego (que los iraquíes firmaron, pero EE.UU. no), se prohibió al ejército iraquí volar aviones de combate en su propio territorio. Desafiando los términos del alto el fuego, los aviones estadounidenses atacaron y derribaron dos veces aviones iraquíes para evitar que atacaran a la guerrilla kurda. Mientras la administración Bush afirmaba actuar en interés de los kurdos, el verdadero objetivo era el petróleo bajo las arenas de Mosul. El gobierno de Bush actuaba efectivamente bajo la bandera imperialista de "luchamos por el petróleo", aunque con otros pretextos, ya que el verdadero objetivo de la Guerra del Golfo era hacerse con el control de las enormes reservas de petróleo de Iraq. Todo lo demás puede considerarse pura filosofía de Immanuel Kant.

Los kurdos recibieron la peor parte del ataque de los helicópteros de combate iraquíes. Aguantaron un rato. Tras sufrir un incidente de este tipo durante la guerra entre Irak e Irán, los kurdos se derrumbaron y huyeron. El pánico ciego se apoderó de ellos y los hizo huir hacia las fronteras de Irán y Turquía. Los peores temores del Primer Ministro Ozul se hicieron realidad. Tras permitir la entrada de un pequeño número de refugiados, Turquía cerró sus fronteras a los kurdos no deseados. Ozul propuso entonces a Europa Occidental que aceptara la mayoría de ellos, pero la sugerencia fue rechazada. Los kurdos quedaron en una especie de tierra de nadie y quedaron atrapados en el fuego cruzado de la guerra entre Irán e Irak. Unos 50 kurdos fueron asesinados con armas químicas, concretamente con gas nervioso

Somane espesado, del tipo que Irak no poseía, pero los iraníes sí.

Dado que todas las víctimas kurdas del ataque murieron por un gas nervioso concreto, es más que probable que el ejército iraní sea el responsable de sus muertes. Desde el inicio de la operación encubierta organizada por Bush contra Irak por April Glaspie, el número de kurdos muertos por armas químicas ha aumentado de 50 a 50.000.

De la misma manera que los británicos utilizaron a los kurdos para conseguir sus propios fines, la administración Bush los utiliza descaradamente para fomentar el odio hacia Irak, con lo que espera convertir todo Oriente Medio en un pantano de países desestabilizados. En todo esto, es fácil perder de vista el objetivo de Bush, que es avanzar bajo la bandera imperialista de "luchamos por el petróleo". Esto es México de nuevo.

Este informe, escrito y publicado en 1991, se demostró correcto, pero aquí estamos de nuevo con la familia Bush sumiendo al mundo en una nueva guerra contra Irak con la misma "promesa" de un "estado palestino justo" que Blair, con la aprobación de G.W. Bush, está colgando ante el mundo árabe. Los estadounidenses que apoyaron ciegamente el genocidio contra Irak en 1991 están descubriendo que su fe ciega estaba totalmente equivocada. Están descubriendo que la Guerra del Golfo es sólo el principio, no el final, de un drama sin final a la vista. Al sembrar la semilla de la guerra contra Irak, el presidente Bush también ha sembrado la semilla de futuras guerras en la región, que podrían acabar en una guerra de 30 años.

Los objetivos del presidente Bush y sus colaboradores estaban muy claros: destruir la nación iraquí mediante un estrangulamiento económico que llevaría a la peste, la enfermedad y la hambruna. Pero no funcionó, así que el genocidio contra Irak tomó la forma de una invasión estadounidense. Lo que estamos presenciando hoy es sólo una pausa, un preludio de lo que vendrá.

Irak se convertirá en un segundo Vietnam. Millones de personas están destinadas a morir a manos de la administración Bush bajo el lema "luchamos por el petróleo". Jordania, Siria, Líbano y Libia seguirán la estela de la destrucción de la nación iraquí, combatida por una causa justa: "Luchamos por el petróleo". Siria será la primera en caer. Los amigos de Estados Unidos descubrirán que la forma más rápida de perder su soberanía es convertirse en aliados de Estados Unidos. Egipto aún no ha aprendido esta lección, que llegará muy pronto.

Aunque "lee mis labios" Bush se esforzó en negarlo, el estacionamiento de tropas estadounidenses en Arabia Saudí de forma permanente es, en efecto, el objetivo. Este acuerdo ya está en vigor desde hace cinco años. Estados Unidos mantendrá una fuerza permanente de 150.000 soldados en Arabia Saudí. ¿Cuál será su papel? Atacar a cualquier nación musulmana que se desvíe del camino recto. En resumen, Estados Unidos se convertirá en la nueva "Legión Extranjera" en Oriente Medio, un objetivo imperialista para controlar todo el petróleo de Oriente Medio. Las dos naciones productoras de petróleo, Argelia y Libia, ya han sido tomadas por los imperialistas estadounidenses y británicos. La segunda invasión de Irak por parte de las fuerzas militares estadounidenses tuvo lugar en 2003. Irán está prácticamente asediado. Una cosa de la que podemos estar seguros es que un George Bush "más amable y gentil" no estará satisfecho hasta que todo el petróleo de Oriente Medio esté bajo el control imperial estadounidense. La culpa de la difícil situación de los kurdos la tiene el presidente Saddam Hussein. Teniendo en cuenta el destino de los hermanos Diem, del general Somoza, de Ferdinand Marcos, de Torrijos, de Noriega y del Sha de Irán, estaría absolutamente fuera de lugar que la administración Bush no invadiera Irak por segunda vez. Los informes de prensa ya habían echado por tierra la credibilidad de la ex embajadora de Estados Unidos en Irak al explicar que April Glaspie no estaría a la altura de las circunstancias si alguna vez fuera interrogada en profundidad por un fiscal competente. Ahora, la confirmación de la operación de picadura viene de otra fuente. Dennis Kloske, un alto funcionario del Departamento de Comercio, declaró ante un subcomité de la Cámara de Representantes el 8 de abril de 1991 que, hasta la invasión de

Kuwait, la administración Bush había hecho todo lo posible por proporcionar a Iraq "alta tecnología".

Kloske acusó al Departamento de Estado de ignorar sus advertencias y recomendaciones para detener el flujo de tecnología estadounidense a Irak. Ni el Departamento de Comercio ni el de Estado quisieron escucharle, dijo Kloske ante la Comisión de Asuntos Exteriores de la Cámara de Representantes. Por su culpa, Kloske fue despedido por un George Bush "más amable y gentil". En el caso de Irak, "la verdad no saldrá a la luz" y nunca se permitirá que aflore. ¿Cuál es esta verdad? Estamos librando una guerra imperialista por la posesión del petróleo iraquí.

Por eso Bush y su hijo han mantenido el ritmo de la agresión contra Irak. Si Irak no tuviera petróleo, nuestras relaciones con él serían dulces. Un EE.UU. imperial no tendría problemas con Irak o Irán. No violaríamos el derecho internacional ni la Constitución de Estados Unidos, como hemos hecho miles de veces desde 1991. La familia Bush ha llevado a cabo una campaña de abuso violento de la Constitución en su búsqueda de petróleo.

Cuando Bush dejó el cargo tras escapar de los esfuerzos de destitución del representante Henry González, inspiró a su hijo George a seguir sus pasos y a perseguir lo que debería haber sido el lema de la familia: "Luchamos por el petróleo". Por prestidigitación, el Tribunal Supremo de Estados Unidos eligió a G.W. Bush desbancando a Al Gore de las elecciones. Esto supuso una sorprendente contravención de la Constitución estadounidense, ya que las elecciones son estatales y no están sujetas a la jurisdicción federal, pero no provocó una crisis constitucional. Tan pronto como asumió el cargo, Bush retomó el estribillo anti-Hussein hasta convertirlo en un tambor de odio; ¡la lucha por el petróleo se lanzó con fuerza! Bush hijo disfrutó de un apoyo más amplio que el de su padre, pero no del pueblo estadounidense, más de 160 millones que no votaron o votaron en su contra, sino de figuras supuestamente "conservadoras", hábilmente disfrazadas, que lograron engañar permanentemente a la opinión estadounidense con su falsa sinceridad. El líder de este notable golpe de propaganda fue un tal Irving Kristol. Este hombre se convirtió en el abanderado de una nueva ronda de ataques contra Irak, como principal representante de Richard Murdoch, el magnate de los medios de comunicación que engaña constantemente al pueblo estadounidense.

Murdoch, Kristol, Perle y Wolfowitz sabían cómo manejar los circuitos, para conseguir el apoyo de la junta petrolera de Bush/Cheney. Llamarse a sí mismo "neoconservador" fue un golpe maestro. A los estadounidenses les encantan las etiquetas. Murdoch puso el dinero para financiar un periódico llamado *The Weekly Standard*. Esta publicación es una fachada de los intereses petroleros de Rothschild-Rockefeller, en los que el deseo de apoderarse del petróleo iraquí está omnipresente. No hay nada como la sed de aceite para hacer fluir la sangre. Kristol se ha unido ahora a los imperialistas estadounidenses, mientras se hace pasar por "conservador".

La "banda de los cuatro" multimillonarios se puso rápidamente en marcha para promover una presidencia imperial. Estados Unidos estaba a punto de pasar de ser una República a un Imperio, dirigido por un Emperador. La transición, posibilitada por el "big bang" del 11-S, fue notablemente rápida. De la noche a la mañana, la Constitución fue pisoteada y relegada a un lugar sin importancia. La "banda de los cuatro" más culpable de la caída de la Constitución de los Estados Unidos provenía de las filas de los trotskistas de los que William Buckley era miembro.

Vigilado por la CIA, Kristol padre, comunista de toda la vida, comenzó a penetrar en las filas conservadoras y a mediados de los años 50, bajo el liderazgo del "conservador" William Buckley, se había hecho con el control de casi todas las instituciones conservadoras. Los trotskistas estaban listos para su golpe incruento y su gran oportunidad llegó cuando Richard Perle y Paul Wolfowitz recibieron puestos vitales en el círculo íntimo de Bush. El escenario estaba ahora preparado para el gran empuje, la gran ofensiva en el actual drama por el control del petróleo mundial. Profundizando en los antecedentes "conservadores" de William Kristol, descubrimos lo siguiente: El ex secretario de Estado Henry Kissinger se asoció con Kristol y sus editoriales, *National Affairs* y *The National* Interest. Más tarde hubo una tercera publicación llamada *The Public Interest*. ¿De dónde procede la financiación de estas "revistas"? Lo proporcionó la Fundación Lynde y Harry Bradley y parece que esta rica fundación también financió el American Enterprise Institute de Kristol, otra organización "conservadora".

Otros "conservadores" en el juego con Kristol fueron William Bennett, Jack Kemp y Vin Weber, todos ellos nominalmente republicanos "conservadores", aunque podemos estar seguros de que hombres como el gran Daniel Webster y Henry Clay habrían hecho poco de esa afirmación. Desgraciadamente, hoy no tenemos hombres del calibre de Clay y Webster en la política. Kristol y sus hombres consideraban que su tarea era la destrucción de Iraq. Ése era su objetivo, y en su deseo de dejarlo claro al público estadounidense, reclutaron para su causa a algunos de los llamados "televangelistas" más fanáticos. Uno de ellos salió hace poco en la televisión afirmando que "el anticristo está vivo en Alemania, Francia y Rusia". Con líderes como esta persona, no es de extrañar que tantos cristianos estadounidenses estén completamente confundidos.

Con la llegada del 11 de septiembre, había llegado el momento de Kristol, Perle, Wolfowitz, Cheney y Rumsfeld. Ahora tenían la causa célebre, el "big bang", el "Pearl Harbor" que necesitaban para impulsar sus planes. Puede que nunca sepamos toda la verdad sobre el 11-S, pero una cosa es segura, nuestros controladores lamentan el día en que permitieron el acceso público a Internet. Mientras que en ausencia de cualquier medio de comunicación, excepto los medios controlados, Pearl Harbor permaneció en secreto durante casi tres décadas, ya se están produciendo debates serios sobre el 11-S, y se están planteando muchas dudas sobre la afirmación del gobierno de que no tenía ningún aviso de lo que iba a ocurrir. Ahora hay una duda abierta y creciente sobre esta afirmación. David Broder, columnista del *Washington Post*, tituló su artículo del 17 de marzo "El 11 de septiembre lo cambió todo para Bush". Este titular es muy profundo, ya que hizo que Bush pasara de ser un hombre pequeño y tranquilo a un hombre lleno de confianza repentina hasta el punto de ser autoritario. En una palabra, el 11-S "transformó" a George Bush. Esto es algo de lo que escribió Broder:

> Fue un largo camino hasta ese momento de decisión sobre Irak, pero la inevitabilidad del destino estaba clara. Cuando los historiadores tengan acceso a los memorandos y diarios de los miembros de la administración Bush, descubrirán que el presidente Bush había fijado su objetivo de eliminar a Saddam Hussein del poder poco después de los ataques terroristas del 11 de septiembre, si no antes. Todo lo que el presidente ha dicho públicamente, todo lo que el vicepresidente Cheney ha repetido en sus entrevistas televisivas de los domingos, confirma que los atentados contra el World Trade Center y el Pentágono fueron para justificar la determinación de Bush de desarmar a cualquier dirigente que pudiera colaborar plausiblemente en un ataque similar o peor. Y para él, desarmar significa claramente apartar del poder a ese potencial atacante. La primavera pasada, el presidente anunció y su nuevo equipo de seguridad amplió rápidamente una nueva doctrina que sustituía la política de contención de la Guerra Fría por una nueva política de anticipación.

El discurso de Bush en West Point y el subsiguiente Libro Blanco declararon que Estados Unidos y sus aliados actuarían enérgicamente contra cualquier nación o fuerza que reuniera armas de destrucción masiva que pudiera amenazar la seguridad de Estados Unidos, y que no esperarían pasivamente a que se produjera el ataque. Pronto quedó claro que Irak había sido elegido como prueba de la nueva doctrina.

Nos preguntamos por qué. Supongamos que Irak no tuviera petróleo, ¿habría sido entonces tan vital "desarmar" a la nación? El caso contra Corea del Norte era mucho más fuerte.

Corea del Norte ha admitido abiertamente que posee armas nucleares, pero todavía no ha sido tocada por Estados Unidos y Gran Bretaña porque, como sugiere la lógica, ¡no tiene petróleo!

Entonces, ¿en qué consiste Irak? ¿Se trata de "desarmar" a Irak o de apoderarse de sus ricos campos petrolíferos? Nos aventuramos a sugerir que el 90% del mundo optaría por esto último como la verdadera razón por la que Gran Bretaña y Estados Unidos querían aplastar a Irak.

Posteriormente, el Presidente utilizó las decisiones pendientes de la ONU para persuadir a la mayoría de los miembros del Congreso de que respaldaran la doctrina del derecho preferente como política estadounidense y la aplicaran a Irak. Y una vez apoyado por el Congreso, fue capaz de persuadir al Consejo de Seguridad de la ONU para que emitiera lo que equivalía a un ultimátum unánime a Saddam Hussein: desarmarse o ser desarmado.

¿Qué hay de malo en eso?

Lo que está mal es que todo este sistema es 100% inconstitucional y, sin embargo, Bush pudo salirse con la suya porque el pueblo estadounidense no conoce su Constitución, y mucho menos a sus representantes en la Cámara y el Senado.

Nunca ha habido un Congreso de los Estados Unidos que haya sido tan lamentablemente ignorante de la Constitución. Por lo tanto, Bush fue capaz de ir de farol a la guerra sin una declaración formal, lo que es un delito impepinable. Lo que sí sabemos es que la inminente perspectiva de una guerra preventiva contra Irak ha dañado las relaciones de Estados Unidos con gran parte del mundo, abriendo brechas con importantes socios comerciales como Alemania, Francia y China. El hecho es que Bush rompió mucha vajilla antes de que se produjera el primer disparo. Es imposible evaluar o juzgar los efectos secundarios en los países vecinos de Canadá, México y Oriente Medio.

Así que ahora llegamos a una de las peores parodias de la justicia que ha sufrido esta nación: íbamos a atacar Irak sin una causa justa.

La Constitución de EE.UU. establece que EE.UU. no puede entrar en guerra contra una nación a menos que ésta haya cometido actos beligerantes verificables contra EE.UU. Ni siquiera Perle y Wolfowitz pudieron afirmar que Irak había cometido actos beligerantes contra Estados Unidos. No había ninguna razón constitucional para un "ataque preventivo". Fue un acto ilegal e inconstitucional que no tiene cabida en la política de una nación cuya Constitución es la ley suprema del país.

CAPÍTULO 4

El imperialismo británico y la diplomacia de la fuerza estadounidense

¿Cómo pasó Estados Unidos del legado que dejaron los Padres Fundadores y la generación que les siguió, a la actual creencia inconstitucional de que puede atacar a cualquier nación que se perciba como una amenaza? Lo que ha ocurrido es que Estados Unidos se ha transformado en una potencia imperialista en busca de petróleo. Los angloamericanos se entrometen en los asuntos exteriores de las naciones. Podríamos llamar a esta lucha "diplomacia del petróleo" porque está entrelazada con cuestiones comerciales y militares. No siempre se revelan porque a veces es preferible el secreto. La economía moderna es una cuestión de poder. La nación que controle el petróleo dominará el mundo. Esta es la política imperialista adoptada por el gobierno estadounidense.

La separación política del legado de sabiduría que dejaron los Padres Fundadores de Estados Unidos fue violada por la Guerra Hispanoamericana. "El aislamiento", como lo llamaban los que pretendían internacionalizar América, "ya no es posible", pregonaba McKinley, un estribillo del que se hizo eco Woodrow Wilson:

> Nos guste o no, participamos en la vida del mundo. Los intereses de todas las naciones son también nuestros intereses. Somos socios de los demás. Lo que afecta a las naciones de Europa y Asia también es asunto nuestro.

La adopción del socialismo internacional fue el principio del fin de la América de los Padres Fundadores. Esto condujo al "libre comercio" y a la eliminación por parte de Wilson de las barreras comerciales que habían hecho de Estados Unidos una gran nación. Wilson ignoró por completo la advertencia de George Washington de que Estados Unidos no debía involucrarse ni enredarse en intrigas extranjeras. Pero al librar guerras imperiales por el petróleo, esto resultaría imposible. Ninguna nación puede desafiar las exigencias imperialistas de Washington y vivir, como está comprobando ahora Irak. Los pueblos del mundo desprecian ampliamente en lo que se ha convertido Estados Unidos bajo la familia Bush, padre e hijo. Han alienado a todo el mundo musulmán al aferrarse con avidez al petróleo.

El contralmirante Plunkett comentó en enero de 1928:

> La pena por la eficiencia comercial e industrial es inevitablemente la guerra; si leo correctamente la historia, este país está más cerca de la guerra que nunca, porque su posición comercial nos pone ahora en competencia con otras grandes naciones comerciales. Si se sustituye la palabra "petróleo" donde corresponda, empezamos a hacernos una idea.

Como dijo el Primer Ministro francés Clemenceau:

> El petróleo es tan necesario como la sangre en las batallas del mañana.

Henri Berringer, diplomático francés y lugarteniente de Clemenceau, escribió un memorando que vale la pena citar:

> El que posea el petróleo poseerá el mundo, pues gobernará los mares por medio de aceites pesados, el aire por medio de aceites ultra refinados y la tierra por medio de gasolina y aceites iluminadores. Además, gobernará a sus semejantes en un sentido económico, debido a la fantástica riqueza que obtendrá del petróleo, esa maravillosa sustancia que es más buscada y más valiosa que el propio oro.

El presidente McKinley dijo:

> El aislamiento ya no es posible ni deseable.

El Presidente Wilson dijo:

> Participamos, nos guste o no, en la vida del mundo.

Hablan como verdaderos imperialistas, sobre todo si se recuerda que en aquella época Estados Unidos tenía menos del 12% de las reservas mundiales de petróleo. Alrededor del 70% se encontraba en países cuya debilidad invitaba a las grandes potencias a invadir el terreno económico y político. Y en la época de Wilson, esto se aplicaba a Oriente Medio, la cuenca del Caribe y el Golfo de México y Rusia. Las naciones con grandes yacimientos de petróleo defendieron sus activos aprobando leyes que otorgaban derechos sobre el subsuelo a sus pueblos y gobiernos y adoptando barreras restrictivas, reglamentos y elevadas tasas de derechos. Las grandes potencias imperiales, Gran Bretaña y Estados Unidos, calificaron esta autodefensa de "desafío" y ejercieron presión diplomática para derribar estas barreras. Y cuando eso fracasó, recurrieron a la intervención armada.

Téngalo en cuenta y piense en esas palabras la próxima vez que oiga a Bush y Cheney pregonando lo necesario que era "desarmar a Sadam" y entonces empezaremos a entender que estamos en Irak por su petróleo. El 11 de septiembre fue una situación artificial, al igual que Pearl Harbor, y las "armas de destrucción masiva" no fueron más que una pista falsa arrastrada por el camino del petróleo.

Lord Curzon, tras la terrible tragedia de la Primera Guerra Mundial, dijo la verdad cuando afirmó:

> Los aliados flotaron hacia la victoria en una ola de petróleo.

Todas las demás razones que dio Bush son cada vez menos válidas a medida que se analizan los problemas. Como he dicho, cerca del 70% del petróleo mundial se encuentra en países económica y nacionalmente débiles. Por su propia debilidad, invitan a Estados Unidos y al Reino Unido a interferir en sus asuntos nacionales. El ejemplo de Irak está ante nosotros; Venezuela acaba de sobrevivir a una embestida de los Estados Unidos que actúan detrás de apoderados. Cualquier nación con reservas de petróleo decentes está ahora amenazada por el imperialismo estadounidense y británico y caerá, una por una.

La autodefensa de estas naciones para proteger a sus pueblos y preservar sus bienes de la rapiña de los magnates petroleros estadounidenses y británicos se califica de "intransigencia" o "reivindicación", a la que se responde primero con "presión diplomática" y luego con la fuerza de las armas. La familia Bush ha seguido este dudoso camino y hemos visto que su política ha culminado con un brutal ataque a Irak, una nación que tiene la mitad del tamaño de California.

Gran Bretaña y Estados Unidos ya se han hecho con el control de la mayor parte de las reservas de petróleo del mundo. Lo que no puedan ganar a través de la diplomacia, lo ganarán mediante oleadas masivas de bombarderos, misiles de crucero y cohetes, mientras se abandona la pretensión y el fingimiento de ser naciones buenas y cristianas. La lucha que se libra hoy en el mundo enfrenta a las naciones con poco o ningún petróleo con la "única superpotencia" del mundo, o mejor aún, con el "imperialismo", Estados Unidos. Rusia lucha por conservar su lugar en el mundo del petróleo, mientras que Gran Bretaña y Estados Unidos intentan derrocarla. Así, la lucha por el petróleo desembocará en una gran batalla cataclísmica entre Estados Unidos y Rusia, y ese día no está tan lejos. En un futuro próximo, los hijos e hijas de Estados Unidos serán llamados a luchar por el petróleo en una guerra mundial total.

El Departamento de Estado de EE.UU. generalmente se pliega a las exigencias de las grandes compañías petroleras. Esto se ve respaldado por una política petrolera agresiva por parte de Estados Unidos, tal y como declaró A.C. Bedford, presidente de la Standard Oil de Nueva Jersey en 1923. Debido a esta política fija, los cónsules estadounidenses en el extranjero siempre siguen la línea del petróleo cuando se trata de cuestiones de política exterior. En 1923, la Comisión Federal de Comercio apoyó esta política oficial del gobierno estadounidense. Todas las embajadas y misiones diplomáticas de Estados Unidos recibieron el siguiente memorando el 16 de agosto de 1919:

> *Señores: La importancia vital de asegurar un suministro adecuado de petróleo mineral, tanto para las necesidades presentes como futuras de los Estados Unidos, ha sido señalada fuertemente a la atención del Departamento (el Departamento de Estado). Los nacionales de varios países y las concesiones de derechos de petróleo mineral están siendo perseguidos agresivamente en el desarrollo de campos de exploración probados en nuevas áreas en muchas partes del mundo. Es conveniente disponer de la información más completa y actualizada sobre estas actividades, ya sean realizadas por ciudadanos estadounidenses o por otros.*

Charles Evans Hughes testificó ante el Congreso de EE.UU. y la junta petrolera de Coolidge:

> "... La política exterior de la administración, expresada en la frase "puerta abierta" y llevada a cabo sistemáticamente por el Departamento de Estado, ha promovido inteligentemente nuestros intereses estadounidenses en el extranjero y ha salvaguardado adecuadamente las necesidades de nuestro pueblo. "

La lucha por el petróleo en Oriente Medio comenzó en serio con la llegada de un australiano llamado William K. D'Arcy y del estadounidense Almirante Colby Mitchell Chester (1844-1932). D'Arcy y el estadounidense, el almirante Colby Mitchell Chester (1844-1932). En 1901, D'Arcy obtuvo una concesión del Sha de Persia que abarcaba cinco sextas partes del Imperio Persa por un periodo de 60 años. D'Arcy pagó 20.000 dólares en efectivo y aceptó pagar un 16% de regalías sobre todo el petróleo producido. El almirante Chester no consiguió nada y D'Arcy volvió a Londres para organizar la Anglo Persian Company. Regresó a Oriente Medio para intentar hacerse con el campo petrolífero de Mosul, en Persia. En 1912 se creó la Turkish Petroleum Company, compuesta por la petrolera británica-holandesa Shell y el Deutsche Bank de Berlín, para explotar Mosul.

Sir Henri Deterding (conocido como el "Napoleón" de la industria petrolera), de la Royal Dutch Shell Company, fue uno de los principales protagonistas de las intrigas en torno a las naciones propietarias de petróleo. El gobierno británico actuó en la persona de E.G. Prettyman, Lord Civil, que se aseguró de que el capital británico mantuviera la línea de la Turkish Petroleum Company, que D'Arcy amenazó con vender a los franceses. En 1913, Deterding declaró ante la Cámara de los Lores que controlaba el petróleo en Rumanía, Rusia, California, Trinidad y México. Según Deterding, estaba exprimiendo a Persia, que era una región prácticamente virgen de inmenso tamaño y llena de petróleo.

Sir Thomas Browning dijo a los Lores que la Royal Dutch Shell era mucho más agresiva en materia de petróleo que la Standard Oil Trust de Estados Unidos. Deterding tenía el control exclusivo de la organización más poderosa del mundo para la producción de una fuente de energía. En la batalla por el petróleo estaba Winston Churchill, entonces Primer Lord del Almirantazgo y recién llegado de sus experiencias en la Guerra de los Boers. Churchill dijo a la Cámara de los Lores que creía que ... deberíamos convertirnos en los propietarios, o en todo caso en los controladores en origen, de al menos parte del suministro natural de petróleo que necesitamos.

CAPÍTULO 5

Nueva doctrina: México bajo presión

La política imperialista de Estados Unidos había entrado en una nueva fase, una fase de "ataque preventivo", según la terminología de Bush. El gobierno británico estaba ocupado en hacerse con el petróleo de Mosul, en lo que ahora es el norte de Irak. Los británicos compran una cuarta parte de las acciones de la Compañía Turca de Petróleo, y los alemanes y turcos tienen las demás.

En tres meses, gracias a la "diplomacia del engaño", los británicos controlaron tres cuartas partes de las acciones y los turcos fueron expulsados por completo de su propia empresa. Los kurdos, propietarios de las tierras petrolíferas por encima de Mosul, no recibieron ni un céntimo. Turquía, que controlaba el terreno en torno a Mosul, también quedó al margen.

Eso fue sólo el principio. El gobierno británico compró entonces la participación mayoritaria de Anglo Persian por 12 millones de dólares, que debía durar 48 años. Pronto quedó claro que no sólo el petróleo ganaba guerras, sino que las guerras se libraban a causa del petróleo.

Si se observa la historia de la Primera Guerra Mundial, esto queda claro, como reconocería más tarde Clemenceau. Las guerras no terminaron con la Primera Guerra Mundial. Por el contrario, Gran Bretaña y Estados Unidos aplicaron una política imperialista agresiva contra Persia (Irak) y Turquía en un intento de socavar el dominio de los elementos nacionalistas. En mayo de 1920, el Departamento de Estado emitió un memorando en el que se indicaba que Gran Bretaña se estaba preparando discretamente para apoderarse de todos los campos petrolíferos de Mosul. La política petrolera continuó siendo noticia en Estados Unidos, con el presidente Harding declarando en un discurso:

> "Después de la agricultura y el transporte, la industria petrolera se ha convertido en el complemento más importante de nuestra civilización y bienestar. "

El gobierno de Wilson se vio envuelto en una lucha por el control del petróleo en México tras el anuncio del descubrimiento de grandes reservas de petróleo en el Golfo de México. Cuando los mexicanos mostraron signos de resistencia a la explotación, se enviaron buques de guerra estadounidenses a Tampico. Wilson dijo

> "... la única intención de Estados Unidos es preservar la democracia en México. "

Estados Unidos también está ocupado en otras áreas, negociando con Gran Bretaña una participación en la Compañía Turca de Petróleo, con los campos petrolíferos de Mosul como prestigioso premio. Turquía está siendo expulsada por completo de su propia empresa. Pero el principal objetivo de Estados Unidos eran los campos mexicanos, que Edward Doheny había conseguido en la Hacienda del Tulillo a través de su amigo el presidente Díaz. Doheny pronto obtuvo otros campos, incluyendo Potrero del Llano y Cerro Azul. Pero Díaz superó a Doheny y permitió a Weetman (Lord Cowdrey) entrar en la escena petrolera mexicana.

La lucha por el petróleo provocó disturbios entre los "aliados" cuando Estados Unidos tomó la decisión de derrocar al presidente Díaz, que llevaba 35 años en el poder.

Como es habitual en estos casos, se enviaron operaciones de inteligencia y "sicarios" económicos estadounidenses para provocar problemas en las filas de Díaz. Estados Unidos provocó directamente el derrocamiento de Díaz, como confirmaron posteriormente los testimonios ante el Comité de Relaciones Exteriores de Estados Unidos.

Lawrence Converse, un oficial del Estado Mayor estadounidense, testificó:

> El propio señor Madero me dijo que en cuanto los rebeldes hicieran una buena demostración de fuerza, varios grandes banqueros de El Paso estaban dispuestos a adelantarle -creo que la suma era de 100.000 dólares-; y estos mismos hombres (el gobernador González y el secretario de Estado Hernández) también me dijeron que los intereses de la Standard Oil los apoyaban y habían comprado bonos del Gobierno Provisional de México. Dijeron que los intereses de la Standard Oil les apoyaban en su revolución.

La Standard Oil iba a recibir una alta tasa de interés y había un acuerdo provisional para una concesión petrolera en los estados del sur de México. Madero fue depuesto y ejecutado, y el general Huerta tomó el poder. Cuando el presidente Wilson llegó al poder, se opuso abiertamente a Huerta, diciendo que Estados Unidos no podía... tener ninguna simpatía por aquellos que pretendían hacerse con el poder del gobierno para promover sus intereses o ambiciones personales. Al mismo tiempo, Wilson concedió el reconocimiento a un gobierno revolucionario en Perú.

Los intereses petroleros, en la persona de Albert Fall, comenzaron a exigir que Estados Unidos enviara fuerzas armadas a México para "proteger" los intereses estadounidenses y "ayudar a restablecer el orden y mantener la paz en ese desafortunado país y poner las funciones administrativas en manos de ciudadanos mexicanos capaces y patrióticos". Cuando Wilson llegó al poder, se lo planteó al Congreso de esta manera:

> La situación actual en México es incompatible con el cumplimiento de las obligaciones internacionales de México, con el desarrollo civilizado del propio país y con el mantenimiento de condiciones políticas y económicas tolerables en Centroamérica.

Wilson se preparaba ahora para una intervención armada con el argumento de que los estadounidenses estaban "amenazados" en México. Este era el tipo de estribillo que más tarde escucharíamos de George Bush en sus interminables quejas sobre el presidente Hussein, y, al igual que con Wilson, tenían el sonido de la falta de sinceridad.

El pueblo norteamericano, tan fácil de engañar que era una tragedia nacional e histórica, se convenció de que México era una "amenaza" para ellos, lo que allanó el camino para que Wilson enviara una carta a los cónsules norteamericanos en México con la directiva de que debían advertir

> "las autoridades que cualquier intimidación o maltrato a los estadounidenses es probable que plantee la cuestión de la intervención".

Aquí tenemos un caso claro de un presidente imperial estadounidense buscando una excusa para inmiscuirse en los asuntos internos de México, conducta que repitió la familia imperial Bush, padre e hijo buscando una excusa para apoderarse del petróleo de Irak y encontraron la endeble excusa de que Irak tenía "armas de destrucción masiva". Armado con el conocimiento de que había engañado al pueblo estadounidense haciéndole creer que sus ciudadanos estaban siendo maltratados en México y que un "horrible dictador estaba en el poder y debía ser eliminado" (¿pueden escuchar el estribillo "Saddam Hussein" aquí?), Wilson se volvió más audaz:

> Estoy convencido de que es mi deber inmediato exigir la destitución de Huerta del gobierno mexicano y que el gobierno de los Estados Unidos debe utilizar ahora los medios necesarios para lograr este resultado.

Ecos de "Saddam debe dimitir o las fuerzas armadas estadounidenses lo harán", que seguía siendo lanzado por el Presidente como si tuviera derecho a actuar como un bandido y un bandido, al igual que Wilson tenía ese derecho. Tanto Wilson como Bush se salieron con la suya con una brutal agresión contra el estado soberano de México e Irak respectivamente, porque el pueblo estadounidense no conoce su Constitución. ¿Nadie desafió a la administración Bush en los tribunales para que presentara pruebas de la Constitución de EE.UU. que demostraran de dónde procedía este asombroso poder?

¿De dónde procede este asombroso poder reservado habitualmente a los emperadores sobre sus imperios? Desde luego, no procede de la Constitución estadounidense ni del derecho internacional. Se puso bajo la égida del imperialismo y, aparentemente, al marchar a este tambor bajo esa bandera, ¡se hizo legal que Estados Unidos interfiriera en los asuntos soberanos de un Estado soberano!

Hasta que el pueblo estadounidense conozca su Constitución, los tiranos pueden salirse con la suya interfiriendo en los asuntos soberanos de Estados soberanos (como México e Irak), y hasta que el conocimiento de la Constitución sustituya a la ignorancia, seguiremos viendo cómo la política exterior estadounidense crea estragos en el mundo. Como el pueblo estadounidense no conoce su Constitución, ya no tiene Constitución. El pueblo estadounidense permitió que Wilson se saliera con la suya con nuevos actos de imperialismo en México y que la administración Bush arrasara Irak después de que sus planes de asesinar a Hussein no pudieran llevarse a cabo.

En noviembre de 1912, Wilson dio la siguiente orden sorprendente, porque sus comandantes militares deberían haber conocido la Constitución de memoria y, por lo tanto, sabían que lo que estaba ordenando era inconstitucional y que deberían haber desobedecido las órdenes.

> Cortarle (a Huerta) la simpatía y la ayuda extranjera y el crédito nacional, ya sea moral o material, y obligarlo a salir... Si el general Huerta no se retira por la fuerza de las armas, será deber de los Estados Unidos utilizar medios menos pacíficos para destituirlo.

Wilson se envalentonó y continuó en el camino de la tiranía imperial, interfiriendo con el estado soberano de México, amenazando a su líder y a su pueblo, y peor aún, declarando que era el "deber" de los Estados Unidos expulsar a su líder elegido si no renunciaba. Incluso César, en su majestad imperial, nunca habló así.

Incluso hoy, todos estos años después, la audacia de Wilson sigue provocando asombro. ¿Y cuál fue la respuesta del pueblo estadounidense a las amenazas de Wilson? ¡Exactamente nada! De hecho, el pueblo estadounidense, con su silencio, animó a Wilson a hacer lo correcto y a violar su Constitución. De repente, bajo una bandera imperial, Estados Unidos se arrogó el derecho de pacificar México. En respuesta a la propuesta británica de permitir la renuncia de Huerta, el Secretario Bryan escribió otra sorprendente misiva:

> El presidente pretende deshacerse de Huerta dando ayuda estadounidense a los líderes rebeldes. Las perspectivas de paz, seguridad de la propiedad y pronto pago de las obligaciones extranjeras son más prometedoras si se deja a México en manos de las fuerzas que ahora luchan allí. Por lo tanto, él (Wilson) tiene la intención de eliminar, casi inmediatamente, la prohibición de la exportación de armas y municiones de los Estados Unidos.

Esto ocurrió justo después de que Huerta fuera reelegido en unas elecciones pacíficas y justas. Décadas más tarde, el pueblo estadounidense volvería a hacerse a un lado y permitiría a su gobierno infligir estragos políticos imperiales en Irak y Afganistán, todo ello alegando que todo era legal en virtud de la Constitución estadounidense. La realidad es que Bush, padre e hijo, deberían haber sido impugnados, destituidos y juzgados por traición. Sin embargo, parece que esto nunca sucederá y que el pueblo estadounidense merece perder su Constitución, porque ha dado su consentimiento a los líderes de la industria petrolera para que la pisoteen sin siquiera un murmullo de protesta.

No es de extrañar que la nación esté en problemas cuando permitimos que un supuesto "comandante en jefe", que no ha sido llamado al servicio, lleve a esta nación a una guerra, que no tiene derecho a librar, porque el Congreso no ha declarado la guerra, para permanecer en el cargo y causar el desperdicio criminal de vidas humanas y miles de millones de dólares de nuestro tesoro nacional. Nos merecemos lo que nos pase por nuestro espantoso abandono de la Constitución.

La perspectiva de una injerencia estadounidense en México alarmó mucho a Chile, Argentina y Brasil, que decidieron intervenir para ayudar a México con una oferta de conciliación. Cuando estos tres países avanzaron con una oferta de conciliación, Wilson intentó bloquear la conferencia Argentina-Brasil-Chile cuando se reunió en las cataratas del Niágara. Al igual que la familia Bush en 1991 y 2002, Wilson no quería la paz; quería expulsar a Huerta con violencia por interponerse en el camino de los que avanzaban bajo la bandera del imperialismo petrolero. Wilson mostró su verdadera cara y su desprecio por la Constitución de los Estados Unidos al intervenir directamente en México mientras saboteaba los esfuerzos por un acuerdo pacífico.

Wilson aisló al gobierno de Huerta mediante maquinaciones financieras y un bloqueo de armas y municiones para sus fuerzas gubernamentales. Al mismo tiempo, suministró armas y dinero a los líderes rebeldes, Carranza y Villa. Inventó el incidente de la bandera en Tampico como excusa para la ocupación de Vera Cruz. Cuando el general Huerta se disculpó por el incidente de la bandera, Wilson, como el falso caballero de Princeton que era y traidor hasta la médula, se negó a aceptarlo.

En esta conducta deplorable, vemos actos y acciones similares en la forma en que la familia Bush trató a Saddam Hussein. En ambos casos, el del general Huerta y el del presidente Hussein, vemos a los petroleros moviéndose en la oscuridad como cucarachas, negándose a pagar sus impuestos en México y ayudando a Carranza en todo momento. El pueblo estadounidense nunca pudo saber qué presidente imperial era Wilson, y pagó el precio de su ignorancia cuando, violando la Ley Dick, envió a sus hijos del ejército nacional a morir en los campos de batalla de Francia, a pesar de que su fiscal general Wickersham le dijo repetidamente que no tenía autoridad constitucional para enviar a las fuerzas militares nacionales a luchar fuera de Estados Unidos. Debido a que el pueblo estadounidense se ha permitido estar tan desprotegido, sus hijos están una vez más en los campos de batalla fuera de los Estados Unidos, violando la Constitución, y una vez más el pueblo estadounidense permite a los violadores, la familia Bush, pisotear la Constitución y escapar de las consecuencias de su violencia, todo ello en una búsqueda imperial de petróleo que es propiedad nacional de otras naciones.

Ante el Comité de Relaciones Exteriores del Senado en 1919, Doheny se jactó de que todas las compañías petroleras estadounidenses habían participado en la eliminación de Huerta, al igual que más tarde todos los ejecutivos de las compañías petroleras iban a participar en el debilitamiento del Sha de Irán y en su destitución. La lucha por el petróleo continuó, el ejército imperial estadounidense marchó bajo la bandera de las compañías petroleras, mientras cantaban su himno de guerra:

> "Soldados cristianos adelante, marchando como en la guerra, con la bandera de la industria petrolera, avanzando".

Hubo muchas noches de sorbos de champán por la destitución de Huerta en las oficinas de Standard Oil. Pero los ejecutivos del petróleo cometieron un error de cálculo. Carranza trató de hacer pasar la revolución como algo del pueblo y renegó de las concesiones petroleras que había dado a las compañías petroleras estadounidenses. Cuando el general Obregón llegó al poder, todo México se vio sumido en la confusión debido a las maquinaciones del lobby petrolero estadounidense, totalmente apoyado por el Departamento de Estado y el secretario de Estado Hughes.

Hughes afirmó que la acción de Wilson al enviar tropas estadounidenses y dos buques de guerra a Tampico estaba "moralmente justificada". Eran palabras vacías, que no se encontraban en la Constitución estadounidense, y que pretendían impresionar a un mundo profundamente preocupado por la injerencia imperialista de Estados Unidos en los asuntos internos de su vecino. En una declaración al Comité Nacional Republicano en 1924, Hughes mantuvo su tono "moral":

> La revuelta de Huerta no fue una revolución con las aspiraciones de un pueblo oprimido. Era un esfuerzo por apoderarse de la presidencia: significaba la subversión de todo procedimiento constitucional y ordenado. Negarse a ayudar al gobierno establecido habría arrojado nuestra influencia moral del lado de quienes desafiaban la paz y el

orden en México...

Años más tarde, en 1991 y en 2006, escucharíamos los mismos estribillos de la familia Bush, padre e hijo, de que sus ataques a Irak eran "morales".

En realidad, no había nada de "moral" en ello: se trataba simplemente de una agresión imperialista abierta contra una nación más pequeña y débil en pos de los intereses petroleros; Hughes y Wilson no luchaban por la moralidad, sino que marchaban bajo la bandera del imperialismo petrolero. Los petroleros estadounidenses siguieron interfiriendo en México durante toda la administración Coolidge, y un corresponsal *del New York World* escribió un artículo desde México que resumía la situación:

> Es un hecho imperial, por ejemplo, que en el pasado reciente la asociación personal de los funcionarios de los Estados Unidos no era con el gobierno ante el que estaban acreditados, sino con esa clase de mexicanos, entre los que se encontraba la gente rica, culta y a veces encantadora que financia y provoca la rebelión. No es menos conocido que muchos de los abogados y representantes de las compañías petroleras no se limitaron a hacer valer sus reclamaciones en virtud del derecho internacional, sino que utilizaron abierta y persistentemente toda la influencia que poseían para socavar al gobierno mexicano.

Este notorio comportamiento se ha extendido a Venezuela, Irak e Irán, donde los agentes estadounidenses, los petroleros y sus aliados de la CIA, han hecho todo lo posible para derrocar a los gobiernos de estas naciones y sustituirlos por regímenes títeres favorables a los que operan bajo la bandera del imperialismo petrolero. Este comportamiento belicoso ha continuado durante más de 90 años, hasta hoy, cuando hemos visto a los perpetradores casi lograr el derrocamiento del líder electo de Venezuela, el derrocamiento del Sha de Irán y ahora la participación en una guerra total en Irak para tomar el control de Mosul y otros campos petrolíferos iraquíes largamente buscados. Las tendencias imperialistas de quienes detentan el poder desenfrenado y operan entre bastidores en Washington han sido bien expuestas por *El Universal*, el periódico de la Ciudad de México:

> El imperialismo estadounidense es un producto fatal de la evolución económica. No tiene sentido intentar convencer a nuestros vecinos del norte de que no sean imperialistas; no pueden evitar serlo, por muy buenas intenciones que tengan.

Estudiemos las leyes naturales del imperialismo económico, con la esperanza de encontrar un método por el cual, en lugar de oponernos ciegamente a ellas, podamos mitigar sus acciones y convertirlas en nuestra ventaja.

CAPÍTULO 6

El petróleo, y no las armas de destrucción masiva, desencadena la invasión de Irak

Ya no es posible negar que el imperialismo fatal se ha extendido por todo Estados Unidos, tras haber recibido carta blanca de la familia Bush y sus partidarios, Richard Cheney, Kristol, Perle, Wolfowitz y los fundamentalistas cristianos. Este imperialismo rastrero de Bush no terminará con Irak, cuando hayamos sumergido esa nación, sino que continuará hasta que los imperialistas de Bush, en total desafío a la Constitución de Estados Unidos, hayan sumergido todas las naciones productoras de petróleo de Oriente Medio y hayan desposeído a los árabes de su patrimonio de recursos naturales.

Y en el proceso, las naciones de Oriente Medio están siendo robadas a ciegas. Por ejemplo, el acuerdo anglo-persa comprado por 12 millones de dólares. Winston Churchill dijo que Gran Bretaña ganó 250 millones de dólares con este acuerdo entre 1921 y 1925. El hecho es que la codicia de los barones del petróleo por hacerse con los yacimientos de Mosul, en Irak, fue la causa de la Primera Guerra Mundial.

El impío lío de Oriente Medio fue causado directamente por la injerencia de los petroleros británicos y el imperialismo estadounidense. El traicionero acuerdo Sykes-Picot no condujo más que a la discordia y al derramamiento de sangre en Palestina, que continúa hasta hoy.

Es curioso leer la historia de este periodo y darse cuenta de que lo que pasaba por política nacional en aquella época (1912-1930) no era más que una sucia política petrolera. Es realmente aleccionador leer la historia de este periodo, por el que se sacrificaron innecesariamente millones de vidas en ambos bandos de la lucha. Después de que los británicos derrotaran a los turcos en 1916 (en gran parte gracias a los árabes de Lawrence de Arabia a cambio de las promesas de darles Palestina, que nunca se cumplieron), el acuerdo Sykes-Picot ofreció apoyo a las reivindicaciones francesas sobre Siria y Mosul a cambio de la ayuda francesa en Oriente Medio. La ofensiva británica contra Bagdad tuvo éxito en la primavera de 1917. Pero el colapso de sus aliados rusos zaristas impidió a los británicos llegar a Mosul.

El armisticio eliminó al ejército germano-turco que defendía Mosul. No fue más que una maniobra y contramaniobra de las naciones occidentales, especialmente Gran Bretaña y Estados Unidos, para asegurarse los codiciados campos petrolíferos de Mosul. Las naciones de la región ni siquiera fueron consultadas. Era la diplomacia imperial de la lucha por el petróleo en su máxima expresión.

Para calmar el alboroto causado por las rapiñas de las compañías petroleras, se celebró una conferencia en Lausana, Suiza, en noviembre de 1922, pero antes de este evento, las tropas británicas dirigieron un empuje hacia Mosul, mientras el Secretario de Estado Hughes declaraba que Estados Unidos no reconocería la reclamación británica sobre Mosul, ya que no era válida. Los británicos creían tener Mosul "en el bolsillo" gracias a la ocupación y el corresponsal *del London Times* no podía ocultar su alegría:

> Los británicos tenemos la satisfacción de saber que tres enormes yacimientos muy próximos entre sí, capaces de abastecer las necesidades de petróleo del Imperio durante muchos años, son explotados casi en su totalidad por una empresa británica. Los geólogos de Turkish Petroleum han confirmado la existencia de tres grandes yacimientos en la concesión de Mosul. El campo noreste va desde Hammama Ali, pasando por Kirkuk y Tuz Kharmati, hasta Kind-I-shrin. Una segunda se extiende al sur de Mosul desde Khaiyara

> hasta Jebej Oniki Imam pasando por Kifri. Otra cuenca comienza al suroeste de Mosul y se extiende hacia Bagdad a lo largo del río Tigris hasta el paso de Fet Haha y Mandali.

Fue para apoderarse de este rico trofeo por lo que George Bush padre atacó Irak en 1991 tras "no conseguir que Hussein volviera a las andadas", parafraseando a John Perkins. Podemos ignorar la retórica política sobre el pueblo iraquí que vive bajo un dictador. Podemos olvidar los tópicos piadosos sobre la contribución de la democracia en Irak. Podemos olvidar las mentiras que salieron de la Casa Blanca en 1991 y olvidar las mentiras que salen de la boca de la junta petrolera en 2008. Lo que sí podemos captar es la sólida evidencia de que lo que los magnates del petróleo están haciendo hoy en Irak, y lo que han estado haciendo desde 1914, es simplemente una continuación de su búsqueda imperialista de petróleo. Este afán imperial por el petróleo nunca quedó tan abiertamente expuesto como con el ataque con misiles de crucero a Bagdad el 20 de marzo de 2003. En violación de todos los principios del derecho internacional y sin una pizca de autoridad de la Constitución de Estados Unidos, por no mencionar el hecho de que la ONU no dio a la junta petrolera de Bush-Cheney el visto bueno para atacar a Irak, se inició un bombardeo de Bagdad.

Los tópicos piadosos de George Bush Jr. pueden ser arrojados al basurero de la historia, ya que la familia imperial Bush no representa al pueblo estadounidense. G.W. Bush fue elegido para el poder por el Tribunal Supremo de Estados Unidos. Es justo decir que si el Tribunal Supremo no hubiera elegido a George Bush, hoy no habría guerra del petróleo, pues es un hecho conocido que Al Gore había declarado abiertamente que, si ganaba las elecciones, no habría un ataque a Irak, y que el pueblo estadounidense no se vería obligado a pagar precios exorbitantes por la gasolina en el surtidor.

Lo que sigue debería mostrar lo poco que les importa el pueblo a los imperialistas y a sus antecedentes, lo huecas que son las palabras de George Bush Jr. cuando declaró su amor por el pueblo iraquí, encarnado en su deseo de deshacerse de

"Saddam", que lo oprimía. El contexto de este relato de la saga de las guerras del petróleo es que Estados Unidos rechazó despiadadamente los derechos de los armenios sobre Mosul y actuó como si los más de un millón de armenios no importaran en absoluto.

Vahan Cardashian, abogado de la delegación de la República de Armenia, trató de poner de relieve este descuido de los derechos armenios en una solicitud de audiencia e investigación en el Senado. En su carta del 14 de marzo de 1928 al senador Borah, afirmaba que si el Comité de Relaciones Exteriores no actuaba a su petición, pediría al presidente Coolidge que llevara el conflicto armenio-estadounidense al Tribunal de La Haya para su resolución. La carta de Cardashian al senador Borah dice lo siguiente

> *Acuso a dos miembros del Gabinete del Presidente de regatear el caso armenio en la Conferencia de Lausana y de conspirar para afectar a la expulsión de casi un millón de armenios de sus hogares ancestrales.*
>
> *Acuso a estos hombres y a sus cómplices en este atropello de haber utilizado y utilizar al Departamento de Estado como una herramienta dispuesta a llevar a cabo su nefasto plan, y de que el Departamento de Estado, en un esfuerzo por cubrir las huellas de quienes dictaron su política a este respecto, recurrió a la tergiversación, la intriga e incluso el terrorismo, e inundó el país con una propaganda irresponsable y descarada.*
>
> *Entonces, en estas circunstancias, ¿cuál es el motivo, el objetivo de la política turca del Departamento de Estado? Nosotros decimos que se trata de petróleo. Una administración que ha renunciado a los derechos legítimos de los Estados Unidos y que luego ha tenido la desfachatez de llenar el aire con trivialidades, insinuaciones descabelladas y mentiras para desviar la atención de su deshonrosa política; una administración que ha pisoteado deliberadamente la Constitución de los Estados Unidos en su gestión de las relaciones exteriores; una administración así, acuso, no dudaría, y no ha dudado, en vender al pueblo*

> *armenio y sus hogares por petróleo, en interés de un grupo privilegiado.*
>
> *Si, por la razón que sea, la Comisión de Relaciones Exteriores del Senado es incapaz y no está dispuesta a abordar los agravios infligidos a un pueblo valiente, entonces pediré al Presidente de los Estados Unidos que lleve la cuestión entre la administración y Armenia a la Corte Permanente de Arbitraje de La Haya para que tome una decisión.*

Parece que si los cargos presentados por el abogado Vahan Cardashian se reformularan hoy, y los nombres del régimen de la junta petrolera estadounidense se sustituyeran por los de Cheney, Bush, Rumsfeld, Blair y otros, y los "armenios" se sustituyeran por "Iraq" y "el pueblo iraquí", tendríamos una acusación perfecta para presentar ante el Tribunal Internacional de La Haya y presionar para que esta gente, que se esconde tras la máscara de la falsa "corrección", promueva realmente su toma imperial del petróleo de Iraq. En primer lugar, deberíamos presentar una petición al Presidente del Senado y al Presidente de la Cámara de Representantes con un proyecto de ley específico en el que se acuse a los miembros de la junta petrolera de traición, pidiendo a la Cámara que los destituya y al Senado que los declare culpables y los obligue a abandonar su cargo. Deberíamos entonces solicitar que estos hombres sean juzgados en los tribunales del país, tal y como establece la Constitución de los Estados Unidos.

Y si estos llamamientos y peticiones caen en saco roto, entonces debemos presentar una denuncia ante el Tribunal Mundial de La Haya y exigir que los miembros de la junta petrolera imperialista sean llevados ante la justicia. Nada menos que eso servirá, y nada menos que eso impedirá que esta junta petrolera siga desbocada en el mundo, porque, como siempre, ignora a todas las naciones bajo la bandera de la industria petrolera.

En 1991, el representante Henry González hizo un intento de impugnar a G. W. H. Bush, pero fue sofocado por políticos de ambos partidos que no tenían en cuenta la Constitución de los

Estados Unidos. No cabe duda de que una resolución similar presentada contra George W. Bush correría la misma suerte, ya que los políticos de la Cámara y el Senado de hoy tienen aún menos consideración por la Constitución que los que estaban allí en 1991. Si la resolución es recibida con indiferencia o con posturas políticas, el pueblo tiene el recurso de llevarlo a la Corte Internacional de Justicia de La Haya. Al menos, que se dé un paso en la dirección de devolver la Constitución al lugar que le corresponde, y que la junta petrolera no siga pisoteándola.

Los imperialistas que luchan por el petróleo no han limitado sus esfuerzos a Irak, Irán y México. Se han extendido por todo el mundo e incluso han vulnerado los derechos soberanos del pueblo ruso, por no hablar de su intervención en Venezuela. Uno de los incidentes más extraordinarios ocurrió en Siberia, sobre el que se ha escrito poco.

En 1918, Japón intentó ocupar la costa de Siberia. Wilson trató de impedirlo mediante la diplomacia, pero cuando eso no funcionó, envió un ejército estadounidense a Siberia sin la aprobación del Congreso, no tanto para ayudar a Rusia, sino para impedir que Japón se hiciera con los valiosos yacimientos de petróleo y carbón de Sajalín, porque Wilson los quería para Sinclair Oil, la empresa estadounidense. Rusia veía con buenos ojos a Sinclair, pensando que los estadounidenses tenían "las manos limpias". Pero los que operan bajo la bandera imperial de la industria petrolera no están jugando limpio. Juegan trucos sucios, como acostumbran a hacer.

Mientras los rusos favorecían a Sinclair Oil, a sus espaldas el variopinto grupo de magnates del petróleo conspiraba y se oponía al control ruso del Cáucaso y de sus preciados campos petrolíferos. Fue la misma historia que en México. Estados Unidos apoya en secreto a los grupos georgianos disidentes en la creencia de que, si tienen éxito, les llegarán las ansiadas concesiones petrolíferas. Estados Unidos deseaba controlar los campos petrolíferos de Grosni-Baku, pero Moscú reprimió la rebelión y capturó los documentos que probaban la injerencia estadounidense en Grosni-Baku.

Los imperialistas acudieron entonces al Congreso y trataron de obtener el reconocimiento de una "República Nacional de Georgia" cuyo gobierno estaba exiliado en París. Pero el Departamento de Estado, en connivencia con los bolcheviques, se opuso a este proyecto, que no prosperó. Sin inmutarse, Rockefeller-Standard obtuvo concesiones para comprar petróleo ruso a bajo precio, y la Anglo-American Oil Company compró 250.000 toneladas de petróleo a Bakú. De repente, el lobby petrolero antibolchevique de Rockefeller dejó de calumniar a Rusia y empezó a alabarla. Rockefeller trató entonces de hacer contratos cada vez más grandes con los proveedores de petróleo rusos y en 1927 compró 500.000 toneladas.

Las cosas empezaron a ir muy bien entre Rockefeller y los bolcheviques, a pesar de las historias de horror que salían del régimen controlado por los comunistas. En junio de 1927, la Standard Oil pidió 360.000 toneladas más de petróleo y la Vacuum-Standard firmó un contrato de 12 millones de dólares al año con los bolcheviques.

Las historias de terror de la junta petrolera imperialista (Bush, Cheney y Rumsfeld) sobre Saddam Hussein (la bestia) prepararon el terreno para un ataque sin precedentes contra Irak, el llamado "ataque preventivo", que violó todos los principios de la Constitución de Estados Unidos y pisoteó el derecho internacional.

Sin embargo, su trayectoria fue muy feliz haciendo negocios con las bestias bolcheviques, cuyo historial de asesinatos brutales y supresión de libertades en Rusia supera cien mil veces todo lo que Saddam Hussein hizo a su pueblo. El gobierno de Bush se atreve a hablar en términos elevados sobre la "moralidad" que está de su lado, y luego los predicadores cristianos fundamentalistas de la televisión le dicen a la nación que esta malvada junta imperial petrolera está librando una "guerra justa".

La revista británica *The Outlook* resumió la situación del comercio de petróleo con los bolcheviques, y la opinión que expresaba se adaptaría perfectamente a la junta petrolera de

Bush, Cheney y Rumsfeld si cambiáramos el marco temporal de 1928 a 2003:

Las autoridades británicas y estadounidenses consideran legítimo el comercio con el petróleo ruso... El hecho es que las diferentes empresas han intentado hacerse ojitos entre sí.

Las sórdidas intrigas y la competencia son suficientemente siniestras; los intentos de explicarlo en términos de moral y ética son pura hipocresía. Es indecente y repugnante.

Ahora llegamos a la "moralidad" de la junta imperial petrolera de Bush y Cheney al frente de EEUU. Han atacado Irak, sin una sola pizca, un solo vestigio de autoridad de la Constitución de los Estados Unidos y del derecho internacional, y han lanzado miles de bombas y han hecho llover misiles de crucero sobre la ciudad abierta e indefensa de Bagdad, en violación del derecho internacional, y esperan confiadamente escapar del castigo y del juicio de los protocolos de Nuremberg.

Además, la junta imperialista ha cosechado enormes beneficios con la "reconstrucción" de Iraq después de bombardearlo. Las empresas del vicepresidente de la junta petrolera, Richard Cheney, Haliburton y Bechtel, obtuvieron un lucrativo contrato de 6.000 millones de dólares mucho antes del inicio de las "hostilidades". Si el pueblo estadounidense acepta esto, entonces se merece el destino que le espera.

Por su valentía, Bechtel fue premiado en secreto con un CBE (Comandante del Imperio Británico) por la Reina Isabel II. El éxito de la enorme maquinaria propagandística ha impedido cualquier discusión razonable por parte del pueblo estadounidense que, como dijimos al principio del ataque, apoyó la guerra de la junta petrolera contra Irak por un margen del 75%. Como resultado, la verdad sobre el bárbaro ataque del 20 de marzo de 2003 está en la mente de relativamente pocas personas.

George Orwell habría entendido la junta petrolera y su marcha imperial sobre Irak. Nacido en 1903, el maestro técnico formado en las artes de la propaganda y la diplomacia del engaño, no habría dudado en enfrentarse a la junta petrolera Bush-Cheney-

Rumsfeld. Pero, lamentablemente para Estados Unidos, Orwell murió en 1950 dejando al mundo una profunda comprensión de cómo funcionan las cosas con su libro "1984". Vale la pena citar el resumen escrito por Paul Foot y publicado el 1 de enero de 2003:

> Este año, sospecho, será para muchos de nosotros el año de George Orwell. Nacido en 1903 y fallecido en 1950, ha seguido dominando la escena literaria británica. En este año del centenario, seguro que habrá un divertido ensayo de los debates de izquierdas entre sus partidarios, entre los que me encuentro, y sus detractores, que recuerdan los buenos tiempos del camarada Stalin.

CAPÍTULO 7

Paso a la barbarie

Comenzamos el año Orwell recordando que esta famosa sátira, "1984", preveía un mundo horroroso dividido en tres bloques de poder, que cambiaban constantemente de bando para seguir luchando entre sí.

Los gobiernos de estos tres países mantienen la lealtad de sus ciudadanos afirmando que siempre ha habido una guerra, un enemigo. El Partido dijo que Oceanía nunca había estado en alianza con Eurasia. Él, Winston Smith, sabía que Oceanía se había aliado con Eurasia hace sólo cuatro años. Pero, ¿dónde se encuentra este conocimiento? Sólo en su propia conciencia. Todo lo que se necesitaba era una serie interminable de victorias sobre su propia memoria. Comprobación de la realidad, como ellos lo llaman: Novlanguage; "doblepensamiento".

Tenemos este "doblepensamiento" sobre Irak y existe en otros lugares además de nuestras propias mentes. Está el historial de Margaret Thatcher en Oceanía (Estados Unidos y Gran Bretaña) y su traicionero complot para que Estados Unidos entrara en guerra con Irak en 1991. Y luego está el doble lenguaje de April Glaspie, que llevó al presidente Saddam Hussein a esta trampa, un paso más en el largo camino plagado de intentos de los imperialistas estadounidenses por despojar a Iraq de su petróleo.

El pueblo estadounidense, con su silencio en 1991 y de nuevo en 2008, ha respaldado los actos imperialistas de barbarie y destrucción masiva sin un murmullo de protesta. El pueblo estadounidense ha prestado poca atención a la destrucción deliberada de su Constitución por parte de las sucesivas administraciones de Bush y no ha levantado un murmullo de protesta. ¿Por qué Alemania debe someterse a la doctrina de la "responsabilidad colectiva" y Estados Unidos no, tras sus acciones en Irak? ¿Dónde está la responsabilidad colectiva por los crímenes de guerra cometidos contra Iraq por orden de George Bush, Margaret Thatcher y sus colegas imperialistas? Durante doce años, los documentos han permanecido ocultos en los archivos británicos y estadounidenses, documentos que detallan cómo "Oceanía" engañó y mintió a Irak. Margaret Thatcher, antes de denunciar a Hussein, gastó más de 1.500 millones de dólares para equipar a Irak con "armas de destrucción masiva". Esto se hizo porque "Oceanía" había formado un bloque con Irak, y Hussein era el niño de ojos azules del régimen de Oceanía. Durante la masiva investigación de Scott celebrada en Gran Bretaña en 1996, se filtraron algunos detalles de esta enorme duplicidad.

En la década de 1980, el gobierno de Thatcher había suministrado a Irak la mayor parte del equipo militar que se suponía estaba "prohibido" por la ley. Los tanques Chieftain fueron introducidos de contrabando en Jordania, desde donde fueron enviados a Bagdad. La normativa sobre máquinas-herramienta se ha "flexibilizado" para permitir que los fabricantes de armas iraquíes se pongan en marcha. Los créditos para la compra de equipos militares se disfrazaron de necesidades de "desarrollo civil".

En la década de 1980, la "audaz estrategia", como se describe en los archivos de Whitehall, de garantizar préstamos al dictador iraquí en bancarrota fue respaldada por la propia Sra. Thatcher, su Secretario de Asuntos Exteriores Douglas Hurd y su Ministro de Comercio e Industria Nicholas Ridley. Éstos, a su vez, fueron presionados por los funcionarios del Departamento de Venta de Armas de Whitehall -la organización de ventas de exportaciones de defensa- que tenían estrechos vínculos con las empresas armamentísticas. Las garantías iraquíes eran demasiado arriesgadas para ser auténticas propuestas comerciales. Se concedieron en virtud del apartado 2 de una disposición especial que pretendía ser "de interés nacional".

Las garantías debían cubrir únicamente los proyectos civiles. Pero una empresa, RACAL, que bajo el mando de Sir Ernie Harrison daba regularmente 80.000 dólares al año a los conservadores, recibió entonces una "asignación de defensa" secreta de 45 millones de dólares de la ECGD tras conseguir un contrato con Irak en 1985. Los documentos de la ECGD muestran que los funcionarios protestaron porque una empresa se llevaba prácticamente todos los beneficios de esta asociación secreta. Pero fueron desestimados.

RACAL estaba construyendo una fábrica en Irak cuando estalló la Guerra del Golfo. Posteriormente, ECGD tuvo que extender un cheque de seguro de 18 millones de dólares a los banqueros de RACAL. En 1987, Marconi Command and Control obtuvo un préstamo bancario de 12 millones de dólares respaldado por una garantía de los contribuyentes para vender AMERTS, el sistema meteorológico de artillería, al ejército iraquí. Crucial para la precisión del fuego de artillería, AMERTS utiliza globos meteorológicos conectados a un radar para medir la velocidad del viento.

Fueron dos de estas unidades móviles las que los cazadores de armas de destrucción masiva de Estados Unidos anunciaron a bombo y platillo como "armas biológicas", sólo para echarse atrás con la cara roja cuando los expertos dijeron que se utilizaban para llenar de hidrógeno los globos de rastreo de artillería.

Pero la asignación secreta de ECGD se había utilizado para RACAL. Así que los funcionarios del Ministerio de Defensa consiguieron que el contrato se reclasificara como civil. El turbio acuerdo llevó a los funcionarios de la ECGD a protestar en privado por haber sido engañados por el Ministerio de Defensa. El ECGD acabó extendiendo un cheque de 10 millones de dólares cuando Marconi no recibió su dinero.

Otro contrato también fue manipulado: Tripod Engineering, respaldada por John Laing International, consiguió que un contrato de 20 millones de dólares fuera clasificado como civil, aunque se trataba de un complejo de entrenamiento de pilotos de caza para la Fuerza Aérea iraquí. En sus negociaciones, Tripod contó con la ayuda de un vicemariscal del aire que, poco después de su jubilación, fue pagado por Tripod como consultor sin solicitar la aprobación del Ministerio de Defensa, como exige la normativa. El informe Scott concluyó que su comportamiento, aunque no fuera intencionado, podía dar lugar a sospechas.

El Informe Scott cita repetidamente sucesivos contratos de armas con Irak que han costado a la nación 1.500 millones de dólares.

Los miembros del gabinete conservador se negaron a dejar de prestar fondos garantizados al presidente Saddam. Las empresas que se beneficiaron de la licitación ya han cobrado sus fichas. El Midland Bank se vendió al banco de Hong Kong (HSBC) y el Grenfell se vendió al Deutsche Bank alemán.

Incluso si Gran Bretaña recibe ahora reparaciones del presidente Saddam...

Teniendo en cuenta que los impagos de los préstamos ascienden a 1.500 millones de dólares, esto no será suficiente para cubrir el coste de la guerra para Gran Bretaña. Este coste se ha estimado entre 4.000 y 6.000 millones de dólares, dependiendo de la cantidad de ocupación y administración que tenga que hacer Gran Bretaña.

Estados Unidos nunca sabrá el coste de esta guerra ni la participación de los gigantescos conglomerados estadounidenses Bechtel y Haliburton, por ejemplo. Pero sí sabemos que hasta la fecha el coste de la guerra se estima en 650.000 millones de dólares (cifras de mediados de 2008). La doble traición perpetrada por April Glaspie y George Bush ha quedado impune; el doble lenguaje de Oceanía ha conseguido engañar al mundo.

Este doblepensamiento del lenguaje de la novela se produjo a gran escala cuando Oceanía (Gran Bretaña y Estados Unidos) lanzó su guerra contra Irak. Nosotros, los Winston Smith de hoy, sabemos que hace 15 años Estados Unidos y Gran Bretaña formaron una alianza con Irak. Sabemos que el Ministro de Asuntos Exteriores británico se puso del lado de Saddam Hussein cuando éste hizo todas esas cosas terribles a su propio pueblo enumeradas en el reciente doble pensamiento de Jack Straw.

Sabemos que nuestro gobierno cambió sus propias directrices para vender a Saddam los ingredientes de las armas de destrucción masiva que pudiera tener o no. También sabemos que las bases clave desde las que despegaron los bombarderos estadounidenses para matar a los iraquíes están en Arabia Saudí, cuyo régimen es aún más dictatorial, salvaje y terrorista que el de Sadam. (Y, nos apresuramos a añadir, Kuwait es diez veces peor que Irak y Arabia Saudí en términos de dictadura brutal). Pero, ¿dónde se encuentra este conocimiento? Sólo existe en nuestra conciencia.

La gran novela de Orwell no sólo era una sátira, sino una terrible advertencia. Quería alertar a sus lectores de los peligros de consentir las mentiras y contorsiones de los poderosos gobiernos y sus títeres mediáticos.

El movimiento antiguerra no se ha desarrollado rápidamente en Gran Bretaña y Estados Unidos. Afortunadamente, todavía podemos, como exhortaba Orwell en otro pasaje, "convertir nuestra conciencia en fuerza" y deshacernos de los belicistas "como los caballos se deshacen de las moscas". "Si no lo hacemos, nos espera otro terrible ciclo de ganar a nuestra propia memoria y al doble pensamiento...

Tenemos que "deshacernos de los belicistas" y de sus mentiras de doble lenguaje. Hay que poner a los medios de comunicación, a sus perros guardianes y a sus aduladores en su justa medida, bajo el epígrafe de "mentirosos congénitos". Si no lo hacemos, estamos condenados a vivir bajo un régimen tan aterrador como el descrito en "1984" de Orwell. Podemos estar absolutamente seguros de ello. Vuelva a 1991 y reviva las mentiras, el engaño y el doble pensamiento de George Bush padre, April Glaspie, Margaret Thatcher y sus compinches y coloque sus recuerdos de aquellos acontecimientos, al lado de su conciencia de los acontecimientos de hoy y vea la sorprendente similitud. Entonces levanten sus voces de protesta.

Dirijamos nuestra atención a la guerra genocida que se sigue librando contra la antigua y pequeña nación de Irak, un pueblo y una nación que nunca ha hecho daño a Estados Unidos, aunque, por el contrario, nosotros en Estados Unidos tenemos un largo historial de intentar hacerles daño. Desde los años 20, cientos de páginas de documentos históricos dan fe de esta verdad. Los gobiernos secretos, la industria petrolera y los medios de comunicación en connivencia con Oceanía ya han hecho un daño terrible a un pueblo inocente.

Los esfuerzos británicos por despojar a Irak son aún peores que los de Estados Unidos, aunque deben asumir la misma responsabilidad por su brutal barbarie hacia esta pequeña y prácticamente indefensa nación. Los esfuerzos británicos cristalizaron en la fragmentación de una parte de Irak y en su denominación de "Kuwait". Por la fuerza de las armas, crearon un nuevo "estado" al que llamaron Kuwait, un títere de Westminster, colocando a su cabeza a unos de los peores tiranos de la historia de Oriente Medio, la familia Al Sabah.

Sin embargo, cuando Irak intentó reclamar lo que era suyo por derecho, Bush de Oceanía envió a Glaspie a mentir descaradamente a Hussein y al pueblo de Estados Unidos dando luz verde a las fuerzas iraquíes para que entraran en Kuwait y lo desmantelaran. El doble lenguaje de Glaspie le dijo a Hussein:

> "No intervenimos en disputas fronterizas entre Estados árabes".

Peor aún, cuando más tarde fue llevada ante el Senado (antes de su desaparición), Glaspie mintió deliberadamente y hasta ahora ha escapado a las consecuencias de su traición. Engañó al pueblo de Oceanía. Esta mujer, esta amante de la junta petrolera es responsable directa de la muerte de más de un millón de iraquíes en la lucha imperial por el petróleo.

¿Cuál es la diferencia entre lo que hizo Alemania que terminó en los tribunales de Nuremberg y lo que hizo Oceanía con Irak? No hay ninguna diferencia. Los líderes de Oceanía, pasados y presentes, deben ser arrastrados pataleando y gritando ante la barra de la justicia y juzgados por sus atroces y graves crímenes. Hasta que no se haga esto, no habrá paz en el mundo.

Mientras tanto, los sumos sacerdotes de Oceanía siguen con su jerga de doble lenguaje. Rumsfeld fue uno de los mejores practicantes de este tipo de desinformación. El 20 de marzo de 2003, afirmó que había un gran número de "socios de la coalición" en la guerra contra Irak, cuando en realidad sólo había dos: Australia y Gran Bretaña. Así que utilizar la palabra "coalición" para conseguir apoyo para su causa era, de hecho, un engaño. Las únicas fuerzas reales de la alianza son la Marina, el Ejército y la Fuerza Aérea de los Estados Unidos.

La categórica exigencia del presidente Bush de que la gente se someta a una clasificación: efectivamente, se puede estar a favor de Estados Unidos y al mismo tiempo oponerse totalmente a la cruel barbarie practicada contra el pueblo iraquí. Bush espera que la mayoría acepte su doble moral, pero en nuestra conciencia debemos resistirle. Esta guerra no consiste en ser "patriótico" y "apoyar a las tropas". Esta guerra trata de la verdad, y la verdad es que los Estados Unidos imperiales han atacado dos veces a una pequeña y débil nación sin razón y sin causa justa, pero ahora tratan de evadir con un doble discurso el horrible crimen que han cometido.

La única manera de levantarnos y que nos cuenten es llevar la verdad a la calle. No vamos a ninguna parte con el Congreso de los Estados Unidos. Se ha tambaleado en esta terrible crisis, encerrado en los brazos de la junta petrolera, con los oídos sordos y cerrados a las protestas mundiales en curso, con un miedo mortal a las multinacionales. Debemos reclasificarnos como opositores a la junta petrolera, que está llevando a la nación a la perdición, y debemos oponernos a los que marchan bajo la bandera de la industria petrolera.

George Orwell:

> Convierte tu conciencia en fuerza. Sacudan a los belicistas como moscas.

Sólo así podremos derrotar su impulso de crear un nuevo orden mundial. Si fracasamos, los belicistas de Oceanía nos aplastarán, y no podemos permitirlo. Si queremos un futuro para nuestros hijos y para nosotros mismos, hay que derrotar a Oceanía. Desgraciadamente, el pueblo estadounidense no ha estado a la altura de ser arrastrado a la guerra por un Partido Republicano belicista que, tras el 11-S, ha arrojado a los vientos todas las restricciones (incluidos los controles impuestos por la Constitución de Estados Unidos), por lo que no ha habido ninguna moderación en el asalto militar imperial estadounidense-británico a Iraq bajo el endeble pretexto de encontrar unas inexistentes "armas de destrucción masiva" (en la jerga de Tavistock), pero en realidad con el objetivo de arrebatarles el petróleo iraquí.

El éxito de la vasta maquinaria propagandística utilizada sin freno contra el pueblo estadounidense es uno de los principales acontecimientos en la historia de esta ciencia, que ha recorrido un largo camino desde los tiempos de Wellington House, Bernays y Lipmann. Dado que la capacidad de atención del estadounidense medio es de sólo dos semanas, las mentiras y distorsiones sobre las "armas de destrucción masiva" se olvidarán pronto, y los gobiernos británico y estadounidense de Blair y Bush serán perdonados. El asunto es simplemente demasiado grande para barrerlo bajo la alfombra, pero se desvanecerá a medida que el tiempo lo aleje de las primeras páginas de los medios de comunicación.

En su discurso sobre el estado de la Unión ante el Congreso de Estados Unidos, el 28 de enero de 2003, el Presidente Bush dijo al mundo que no había tiempo que perder, ni que esperar. Retenerse por la ONU o por las masivas protestas en todo el mundo contra el ataque a Irak, dijo Bush, expondría a Estados Unidos y a Gran Bretaña a "las armas de destrucción masiva de Sadam".

Bush ha declarado categóricamente que Irak debe dar cuenta de... 25.000 litros de ántrax, 38.000 litros de toxina botulínica, 500 toneladas de sarín, gas mostaza, agente nervioso VX y varios laboratorios móviles de armas biológicas, así como desarrollos avanzados de armas nucleares.

Sobre la base de esta afirmación, repetida en las Naciones Unidas por el Secretario de Estado Powell y en el Parlamento británico por el Primer Ministro Blair, se persuadió al 51% de los estadounidenses para que consintieran un ataque militar inmediato contra Irak, a pesar de que esto está prohibido por la Constitución estadounidense y de que el Consejo de Seguridad de la ONU se ha negado a sancionar una guerra contra Irak. No discutiremos aquí cómo el derecho internacional ha sido groseramente violado por los gobiernos de EE.UU. y Gran Bretaña, pero basta decir que la invasión de Irak por las fuerzas militares de EE.UU. violó cada una de las cuatro Convenciones de Ginebra, las Reglas de La Haya de 1922 sobre la guerra aérea y los Protocolos de Nuremberg. En el Parlamento británico, Blair pronunció un apasionado discurso para convencer a los miembros vacilantes de su propio partido, declarando con empatía que Irak podría montar un ataque contra Gran Bretaña en 45 minutos, utilizando armas químicas y biológicas de destrucción masiva. Dijo a la Cámara de los Comunes que los servicios de inteligencia habían aportado pruebas de que Irak poseía armas de destrucción masiva y estaba preparado para utilizarlas. Sin el poder de persuasión de Blair, unido a lo que él decía que eran informes de inteligencia que respaldaban sus afirmaciones, el Parlamento no habría dado su visto bueno a la precipitación de la guerra contra Irak. Ahora resulta que el camino a la guerra estaba pavimentado con mentiras. Como dijo el periódico *Independent*:

> El caso para invadir Irak para eliminar sus armas de destrucción masiva se basó en el uso selectivo de la inteligencia, la exageración, el uso de fuentes que se sabe que están desacreditadas y la fabricación directa, etc.

Con el fin del gobierno del presidente iraquí, esperábamos que se encontraran esas armas, sobre todo porque el primer ministro Blair dijo al Parlamento que podrían estar listas y operativas en 45 minutos. Es muy difícil ocultar los cohetes en una plataforma de lanzamiento o en un vehículo, todos cargados de combustible y listos para ser disparados. Sin embargo, hasta el 15 de mayo de

2008, no se ha encontrado ninguna de estas armas, a pesar de una serie de registros intensivos realizados por equipos de 6.000 "inspectores" estadounidenses y británicos. El presidente Bush se negó categóricamente a permitir el regreso de los inspectores de armas de la ONU a Irak, tal y como había solicitado el inspector jefe Hans Blix, a pesar de la resolución del Consejo de Seguridad de la ONU que seguía en vigor. Un testarudo Bush se opuso al jefe del equipo de búsqueda de la ONU. Los equipos de búsqueda de la ONU no volverán a Irak. Igualmente inflexible, Bush dice que se encontrarán las armas. Al ser atacado por su falta de progreso en este sentido, el "socio de la coalición" Jack Straw, que había respaldado a Blair con al menos 35 declaraciones positivas de que Irak suponía un peligro para el mundo por sus armas de destrucción masiva, se vio obligado a dar marcha atrás en el Parlamento el 15 de mayo de 2004.

Según un informe del corresponsal político londinense Nicholas Watt sobre los debates en la Cámara de Representantes (Gran Bretaña retrocede en la "polémica cuestión de las armas iraquíes"), Gran Bretaña ha tenido que retroceder en la importantísima cuestión de las armas de destrucción masiva. Siguiendo el ejemplo del Secretario de Estado de EE.UU., Powell, y de la Consejera de Seguridad Nacional, Rice, que intentaron escurrir el bulto ante el dilema de no haber descubierto las legendarias armas de Irak, Jack Straw añadió su propia versión:

> El Reino Unido ha dado marcha atrás en la cuestión de las armas de destrucción masiva de Irak, y el ministro de Asuntos Exteriores, Jack Straw, se ha visto obligado a reconocer que es posible que nunca se encuentren pruebas sólidas. Afirmó que "no era de importancia crítica" encontrarlo porque las pruebas de las fechorías de Irak eran abrumadoras. Restó importancia a la imposibilidad de encontrar armas prohibidas citando el hecho de que Hans Blix, el principal inspector de armas de la ONU, había descubierto una "cantidad fenomenal de pruebas" antes de la guerra. Esta "fenomenal cantidad de pruebas" consistía en 10.000 litros de ántrax, que sólo llenaban parcialmente un

camión cisterna.

> "Queda por ver si podemos encontrar un tercio de tanque de gasolina en un país dos veces más grande que Francia", dijo el Sr. Straw.
>
> "No fuimos a la guerra sobre la base de cuotas. Fuimos a la guerra sobre la base de pruebas que estaban plenamente disponibles para la comunidad internacional".

Su comentario, del que se han hecho eco los críticos de la guerra, supone un dramático retroceso respecto a la afirmación de los ministros de que Saddam Hussein podría lanzar un ataque químico y biológico en 45 minutos. El Sr. Straw también podría tener problemas con el Dr. Blix, que podría objetar la afirmación de que ha presentado "pruebas abrumadoras" de la existencia de armas prohibidas. El siempre cauto Dr. Blix sólo dijo que había una "fuerte presunción" de que Irak tenía 10.000 litros de ántrax.

Como abogado, el Sr. Straw se cuidó de decir que el Dr. Blix sólo había "sugerido" que Irak tenía ántrax, pero trató de demostrar que la existencia del ántrax podía aceptarse cuando calificó el descubrimiento de combinaciones químicas y biológicas como "una prueba más". "

Alice Mahon, diputada laborista por Halifax, que ha sido una de las más críticas con el gobierno, dijo:

> "Toda la base de la guerra se basa en una falsedad. Todo el mundo puede ver que los ministros se retractan de sus afirmaciones. La gente creía de verdad lo que decía el Primer Ministro sobre el programa de armas de Irak y su capacidad para lanzar un ataque en 45 minutos. Esto hace que la guerra sea aún más ilegal".

Los disidentes laboristas, encabezados por el ex ministro de Defensa Peter Kilfoyle, intensificarán la presión sobre el gobierno presentando una moción en los Comunes en la que exigen pruebas de destrucción masiva. Están especialmente preocupados por esta cuestión porque una serie de ministros, encabezados por Tony Blair, se ganaron el apoyo de los diputados indecisos antes de la guerra, lanzando advertencias funestas sobre la amenaza que suponía Saddam Hussein. A medida que aumentaban las críticas por no haber encontrado armas prohibidas, los ministros se esforzaban por ofrecer una explicación plausible. Pero hasta ahora, sus explicaciones han sido falsas.

CAPÍTULO 8

Los ADMs no rastreables

El Equipo de Búsqueda de Armas de Destrucción Masiva de Irak (WMDST, por sus siglas en inglés) está concluyendo sus operaciones sin encontrar pruebas de que Saddam Hussein tuviera reservas de armas químicas, biológicas o nucleares. El equipo investigó numerosos lugares identificados por los servicios de inteligencia estadounidenses como susceptibles de contener armas de destrucción masiva (ADM), pero ahora ha aceptado que es poco probable que encuentre armas.

Las operaciones se están reduciendo y una unidad más pequeña, llamada Iraq Survey Group, tomará el relevo. El jefe del Grupo Operativo 75 del ejército estadounidense, el coronel Richard McPhee, dijo que su equipo de biólogos, químicos, informáticos y especialistas en documentación llegó a Iraq creyendo en la advertencia de la comunidad de inteligencia de que Saddam había dado una "autorización de salida" a los responsables de un arsenal químico. "No hemos puesto a toda esta gente en trajes de protección por nada", dijo al *Washington Post*. Pero si estaban planeando usar estas armas, debe haber algo que usar y no lo encontramos. Se escribirán libros sobre esto en la comunidad de inteligencia durante mucho tiempo.

La supuesta posesión de tales armas por parte de Saddam fue uno de los principales pretextos utilizados por Washington y Londres para justificar la guerra contra Irak. En una presentación ante las Naciones Unidas en febrero de 2000, el entonces Secretario de Estado de EE.UU., Colin Powell, identificó los lugares que, en su opinión, producían armas de destrucción masiva. Cuando George Bush hizo su declaración de victoria a bordo del USS Abraham Lincoln el 1 de mayo, dijo:

> Hemos empezado a buscar armas químicas y biológicas ocultas y ya sabemos de cientos de lugares que serán investigados.

Se han hecho algunos progresos. Se informó de que un equipo de expertos en armas de destrucción masiva había llegado a la conclusión de que un remolque encontrado cerca de la ciudad de Mosul, en el norte de Irak, era un laboratorio móvil de armas biológicas. El equipo estaba de acuerdo, pero otros expertos no. Algunos funcionarios afirman que se han descubierto hasta tres de estos laboratorios, aunque no se han encontrado agentes biológicos o químicos en ninguno de ellos. (Los "laboratorios móviles" resultaron ser vehículos equipados para llenar globos de rastreo de artillería con gas hidrógeno, aunque esta información quedó enterrada en las últimas páginas de los periódicos británicos y estadounidenses).

El 11 de mayo, el general Richard Myers, jefe del Estado Mayor Conjunto de Estados Unidos, declaró que las armas de destrucción masiva podrían estar aún en manos de unidades especiales iraquíes. ¿Estaban totalmente desplegados y podrían haber sido utilizados contra nosotros, o están todavía en algún tipo de búnker y podrían haber sido utilizados? Pero los que estaban en el terreno eran más escépticos. El Mando Central de EE.UU. comenzó la guerra con una lista de 19 presuntos emplazamientos de armas prioritarios. Todos menos dos fueron registrados sin encontrar pruebas. Se identificaron otros 69 lugares que ofrecían pistas sobre la ubicación de las ADM. De ellos, 45 fueron buscados sin éxito.

Algunos expertos creen que uno de los problemas fue que los equipos de búsqueda de armas de destrucción masiva se demoraron demasiado, lo que permitió a las fuerzas iraquíes desmantelar o destruir los equipos. Otros creen que la evaluación de la existencia de dichas armas fue errónea. Un funcionario de la Agencia de Inteligencia de Defensa dijo:

> "Llegamos a la tierra del oso, vinimos cargados por el oso y descubrimos que el oso no estaba allí. La pregunta era "¿dónde están las armas químicas y biológicas de Saddam Hussein? ¿Cuál es la cuestión ahora? Eso es lo que intentamos determinar.

En 2008, estaba claro que toda la historia de la posesión de armas de destrucción masiva por parte de Hussein no era más que una asquerosa mentira de enormes proporciones, como confirmó el informe de la comisión del Senado encabezada por el senador Jay Rockefeller. Llamó a Bush y a Cheney por su nombre y los acusó de engañar deliberadamente al pueblo estadounidense y al Congreso. La búsqueda de armas de destrucción masiva continúa bajo los auspicios del Iraq Survey Group, que también busca información sobre el gobierno del presidente Hussein. La Casa Blanca afirma que esta unidad es más grande que el grupo de trabajo. Sin embargo, los funcionarios han admitido que se ha reducido el número de miembros del personal dedicado a la investigación de armas. Durante semanas, hemos escuchado un sinfín de informes sobre posibles descubrimientos de armas químicas y biológicas por parte de las tropas estadounidenses y británicas en Irak. Unas horas o días más tarde, si se hojean las últimas páginas de los periódicos, se descubre que se trataba de otra falsa alarma. Pero lo que nunca se mencionó fue que estas armas, incluso si alguna vez existieron, fueron fabricadas hace cinco, diez o quince años, y casi con toda seguridad habrían sido inutilizables, al haber superado hace tiempo su vida útil estable, según los propios documentos del Departamento de Defensa, basados en una década de inspecciones internacionales, vigilancia electrónica e información proporcionada por "espías y desertores."

Nunca se cuestionó que Irak tuviera programas de armas de destrucción masiva, pero no armas reales, ni el mundo fue lo suficientemente ingenuo como para confiar en que Saddam Hussein no intentara ocultar estas armas a los inspectores de la ONU.

Sin embargo, la justificación de la invasión estadounidense fue que, tras una década de sanciones, guerra, bombardeos estadounidenses e inspecciones de la ONU, Iraq seguía representando una amenaza nuclear, química y biológica viable. La administración Bush declaró que podrían ser desplegados más allá de las fronteras de Irak o suministrados a grupos terroristas.

Desgraciadamente para Bush, no existe absolutamente ninguna base para este argumento, tan vigorosamente defendido por el entonces Secretario de Estado Colin Powell en las Naciones Unidas, cuando afirmó tener pruebas claras de que en Irak se almacenaban enormes reservas de todo tipo de productos, desde gas sarín, también conocido por su designación OTAN GB, hasta ántrax, pasando por misiles que rompían las sanciones, listos para ser utilizados.

No importó que el mismo desertor iraquí que informó a Powell sobre los arsenales de armas químicas y biológicas dijera también que habían sido completamente destruidos, lo que Powell omitió decir a las Naciones Unidas y al mundo. No importaba, aunque fuera cierto -que no lo era-, porque esas reservas se habrían vuelto casi con toda seguridad inservibles y habrían perecido después de todos esos años en la estantería.

Curiosamente, los medios de comunicación estadounidenses no han mencionado, casi sin excepción, que la mayoría de los agentes bioquímicos tienen una vida útil bastante limitada. Los pocos que lo hicieron suelen citar a Scott Ritter, ex inspector de armas iraquíes de la ONU y polémico opositor a la guerra. Según Ritter, los agentes nerviosos de las armas químicas iraquíes conocidas, como el Sarín y el Tabún, tienen una vida útil de cinco años, y el VX dura un poco más. Las principales armas biológicas de Saddam no son mucho mejores: la toxina botulínica es efectiva durante unos tres años, y el ántrax líquido más o menos lo mismo (en las condiciones adecuadas). Y Ritter añade que, dado que todas las armas químicas se fabricaron en el único complejo de armas químicas de Irak -la instalación estatal de Muthanna, que fue destruida en la primera Guerra del Golfo en 1991- y que todas las fábricas de armas biológicas y los materiales de investigación fueron claramente destruidos en

1998, cualquier depósito de armas biológicas/químicas restante es ahora "inofensivo e inútil".

Sin embargo, otros han cuestionado la credibilidad de Ritter. Un antiguo halcón que apoyó la invasión de Irak tras la primera Guerra del Golfo, escribió en 1998 en un artículo de *la New Republic* que Saddam podría haber logrado ocultar a los inspectores de la ONU desde potentes agentes biológicos y químicos hasta toda su infraestructura de armas nucleares.

Pero la verdad es que las armas de destrucción masiva de Irak pueden tener una vida aún más corta de lo que afirmó Ritter, y el gobierno de Estados Unidos lo sabe. La "Lista de Tecnologías Militares Críticas" (MCTL) del Departamento de Defensa de EE.UU. es un compendio detallado de tecnologías que el departamento considera "esenciales para mantener las capacidades militares superiores de EE.UU.". Se aplica a todos los ámbitos de la misión, incluida la lucha contra la proliferación.

¿Cuál era la opinión del MCTL sobre el programa de armas químicas de Irak?

Al fabricar sus agentes nerviosos químicos, los iraquíes produjeron una mezcla inherentemente inestable. Cuando los iraquíes producían municiones químicas, parecían adherirse a un régimen de "fabricación y uso". A juzgar por la información proporcionada por Irak a las Naciones Unidas, verificada posteriormente por las inspecciones in situ, la calidad de los agentes nerviosos producidos por Irak era deficiente. La mala calidad se debió probablemente a la falta de purificación. El agente tenía que llegar rápidamente a la línea del frente o degradarse en las municiones.

El informe del Ministerio de Defensa afirma:

> Además, las municiones químicas encontradas en Irak después de la (primera) Guerra del Golfo contenían agentes muy deteriorados y una parte importante de ellos presentaba fugas visibles.

La vida útil de estos agentes de baja calidad era de unas pocas semanas en el mejor de los casos, lo que no permite acumular grandes reservas de armas químicas. Poco antes de la primera Guerra del Golfo, se dice que los iraquíes crearon armas químicas binarias en las que los ingredientes relativamente no tóxicos del agente no se mezclan hasta justo antes de que se utilice el arma, lo que permite al usuario no preocuparse por la vida útil o la toxicidad. Pero según el MCTL, "los iraquíes tenían un pequeño número de municiones binarias bastardas en las que una persona desafortunada tenía que verter un ingrediente en el otro desde un bote antes de usarlo", una acción que pocos soldados estaban dispuestos a realizar.

Irak produjo gas mostaza, que es algo más estable que los agentes nerviosos. Puede tener una vida útil más larga; las formas potentes del agente pueden seguir estando disponibles. Pero es cuestionable hasta qué punto debemos preocuparnos por los agentes iraquíes mal hechos, años después de su producción. Y, como insiste ahora Ritter, cualquier instalación de armas químicas que haya funcionado en los últimos años podría, al igual que su homóloga nuclear, haber emitido gases de escape; y cualquier nuevo programa de armas biológicas habría tenido que empezar desde cero. Ambas actividades habrían sido fácilmente detectadas por los servicios de inteligencia occidentales, pero nunca se presentaron pruebas porque nunca se encontraron, por la sencilla razón de que no existían.

El argumento de la amenaza nuclear que suponía Irak se apoyaba en una base aún más inestable, pero esto no impidió que los halcones explotaran la falta de pruebas para asustar a los políticos reticentes.

Mientras el Congreso se preparaba para votar la resolución que autorizaba el uso de la fuerza en Irak, el gobierno de Tony Blair eligió este momento para hacer pública una aparente bomba: los servicios de inteligencia británicos habían obtenido documentos que demostraban que, entre 1999 y 2001, Irak había intentado comprar "cantidades significativas de uranio" a un país africano no identificado, "a pesar de no tener ningún programa de energía nuclear civil activo que pudiera necesitarlo".

El reportero principal del *New Yorker*, Seymour Hersh, escribió que el mismo día en que Blair desveló esta supuesta "pistola humeante", el director de la CIA, George Tenet, habló de los documentos entre Irak y Níger, el país africano en cuestión, en una audiencia a puerta cerrada del Comité de Relaciones Exteriores del Senado sobre la cuestión de las ADM en Irak. Blair había entregado los documentos a los servicios de inteligencia estadounidenses, y en el momento justo; las pruebas de Tenet fueron decisivas para que el Congreso apoyara la resolución de guerra, que, como ya hemos dicho, no es una facultad de la Constitución de Estados Unidos. La Constitución exige que la declaración de guerra sea aprobada por una sesión conjunta de la Cámara y el Senado. Todo lo que no sea eso es inconstitucional y la "resolución" era inconstitucional e ineficaz porque no cumplía los criterios de una declaración de guerra.

El Organismo Internacional de la Energía Atómica (OIEA) debía verificar la autenticidad de estos importantes documentos para el Consejo de Seguridad de la ONU, pero sólo los obtuvo del gobierno de Estados Unidos tras meses de ruegos, un extraño retraso, teniendo en cuenta que la Casa Blanca de Bush estaba tan ansiosa por demostrar las intenciones nucleares de Sadam a un mundo escéptico. Como sabemos ahora, Mohamed ElBaradei, director general del OIEA, dijo al Consejo de Seguridad de la ONU que los documentos de Níger sobre la venta de uranio eran claramente falsos. Estos documentos son tan malos que no puedo imaginar que provengan de una agencia de inteligencia seria. Al ser preguntado por las falsificaciones en una audiencia posterior en la Cámara de Representantes, el Secretario de Estado Colin Powell dijo:

> "Vino de otras fuentes. Se proporcionó de buena fe a los inspectores".

Los dedos señalaron al MI6 británico como los autores; fuentes árabes señalaron al Mossad de Israel. De hecho, esta administración ha pasado por alto a menudo el hecho de que la ONU había destruido toda la infraestructura y las instalaciones del programa de armas nucleares de Iraq antes de que los inspectores se marcharan en 1998. Incluso si Hussein hubiera importado de algún modo en secreto los materiales necesarios para reconstruirlas durante los últimos cinco años, mientras las sanciones de la ONU, las zonas de exclusión aérea y el enérgico espionaje de las fuerzas occidentales se mantenían firmes, Irak no podría ocultar los gases, el calor y la radiación gamma que emitían las instalaciones de centrifugado, y que nuestras capacidades de inteligencia ya habrían identificado. Una semana después del atentado, el senador Jay Rockefeller (demócrata de Virginia) solicitó formalmente una investigación del FBI sobre el asunto, afirmando que

> "la fabricación de estos documentos puede formar parte de un engaño más amplio destinado a manipular la opinión pública... en relación con Iraq".

El FBI nunca publicó nada sobre este importante asunto. Mientras que las personas de la Casa Blanca y los medios de comunicación admitían que ya no esperaban encontrar muchas armas de destrucción masiva en Irak, si es que había alguna, se lanzaron varias hipótesis poco convincentes: las armas fueron a Siria, fueron efectivamente destruidas sólo horas antes de la invasión estadounidense, etc. La verdad, sin embargo, parece ser que Irak era un tigre de papel, con poca o ninguna capacidad de amenazar a Estados Unidos o Israel.

El gobierno de Bush ha cambiado su tono sobre las armas de destrucción masiva iraquíes, la razón por la que fue a la guerra. En lugar de buscar grandes reservas de materiales prohibidos, ahora espera encontrar pruebas documentales. Este cambio en la retórica, aparentemente destinado en parte a amortiguar las expectativas de la opinión pública, se ha producido de forma gradual en el pasado, ya que los grupos de trabajo militares estadounidenses encontraron pocas pruebas para respaldar la afirmación de la administración Bush de que Irak ocultaba vastas reservas de agentes químicos y biológicos y trabajaba activamente en un programa secreto de armas nucleares.

La administración Bush parece esperar que los hechos inconvenientes desaparezcan del discurso público. "Está ocurriendo en gran medida", dijo Phyllis Bennis, del Instituto de

Estudios Políticos (IPS), un grupo de reflexión liberal, que se opuso a la guerra. Pocos políticos han planteado la cuestión, poco dispuestos a desafiar una victoria militar popular.

Sin embargo, la representante de California Jane Harman, la demócrata de mayor rango en el Comité de Inteligencia de la Cámara de Representantes, expresó su preocupación:

> Aunque estaba convencido de los argumentos esgrimidos antes de la guerra, cada vez me preocupa más la falta de avances en el descubrimiento de las armas iraquíes. Necesitamos una relación completa de la inteligencia disponible para el Congreso y los planificadores de la guerra antes y durante el conflicto.

En una encuesta realizada *por el New York Times y la CBS*, el 49% de sus lectores afirmaron que la administración había sobrestimado la cantidad de armas prohibidas en Iraq, mientras que el 29% dijo que sus estimaciones eran exactas y el 12% que eran bajas.

Anteriormente, en un discurso pronunciado el 7 de octubre de 2005, el Sr. Bush dijo:

> El régimen iraquí... posee y produce armas químicas y biológicas. Está tratando de adquirir armas nucleares. Sabemos que el régimen ha producido miles de toneladas de agentes químicos, incluyendo gas mostaza, gas nervioso Sarín, gas nervioso VX... Y las fotos de vigilancia revelan que el régimen está reconstruyendo las instalaciones que utilizaba para producir armas químicas y biológicas.

En su discurso sobre el Estado de la Unión de enero de 2006, Bush acusó a Irak de poseer suficiente material... para producir más de 25.000 litros de ántrax -suficiente para matar a varios millones de personas-, más de 38.000 litros de toxina botulínica -suficiente para someter a millones de personas a la muerte por insuficiencia respiratoria-, hasta 500 toneladas de mostaza sarín y agente nervioso VX.

En su presentación ante el Consejo de Seguridad de la ONU el 6 de febrero, el Secretario de Estado Colin Powell dijo que

Washington "sabía" que Bagdad había dispersado lanzacohetes y ojivas que contenían agentes de guerra biológica en lugares del oeste de Irak:

> También tenemos fotos de satélite que indican que se han trasladado recientemente materiales prohibidos desde varias instalaciones iraquíes de armas de destrucción masiva. No hay duda de que Saddam Hussein tiene armas biológicas y la capacidad de producir muchas, muchas más rápidamente.

En un testimonio ante el Congreso en abril, Powell dijo que se encontrarían armas. Dijo en su discurso ante la ONU que todo lo que teníamos allí estaba respaldado y tenía una doble y triple fuente.

Un general del ejército iraquí ha declarado que el gobierno de Saddam Hussein podría haber destruido los arsenales de armas químicas algún tiempo antes de que Estados Unidos atacara Irak para derrocar al presidente Hussein. Pero el General de División David H. Petraeus, comandante de la 101ª División Aerotransportada, dijo que aún era demasiado pronto para determinar definitivamente la ubicación o el estado del presunto arsenal de armas no convencionales de Irak. El general Petraeus, en declaraciones a los periodistas en el Pentágono a través de un videoteléfono desde Mosul, dijo:

> ... No hay duda de que hubo armas químicas hace años, lo que no sé es si todo se destruyó hace años... si se destruyeron justo antes de la guerra, o si siguen ocultas. Nuestra propia sección química examinó el remolque y confirmó que era muy parecido e idéntico al primer remolque que encontraron las fuerzas especiales en el sureste de aquí la semana pasada.

Los equipos militares revisaron docenas de lugares sospechosos, pero no encontraron armas ilícitas. El remolque resultó ser parte de una fuerza de rastreo de artillería que utilizaba globos llenos de gas para medir la precisión del fuego de artillería y no tenía nada que ver con las armas nucleares. El general Tommy R. Franks, comandante de las fuerzas estadounidenses en Irak, dijo que los equipos podrían llegar a registrar varios miles de lugares en busca de pruebas de dichas armas. Sin embargo, el general

Petraeus proporcionó nuevos detalles sobre un presunto laboratorio móvil de armas biológicas que, según dijo, fue descubierto el 9 de mayo en Al Kindi, una instalación de investigación militar cercana a Mosul.

Los equipos estadounidenses han localizado ya partes de tres laboratorios móviles, según funcionarios militares y civiles. Sin embargo, el general Petraeus dijo que el remolque encontrado en Al Kindi no estaba completo. Ciertamente, habría sido razonable suponer que si Saddam Hussein pensaba que se acercaba su última hora, sería más probable que diera luz verde a la entrega de armas de destrucción masiva a Al Qaeda. Sin embargo, la Casa Blanca de Bush y el Pentágono no parecen haber previsto tales eventualidades. Se han preocupado más por encontrar pruebas de armas de destrucción masiva (lo que ayudaría a Bush a justificar la guerra) que por contrarrestar la supuesta amenaza que suponen las armas de destrucción masiva de Irak.

¿Por qué no se formó el Iraq Survey Team al principio de la guerra y se preparó para acudir cuanto antes a intentar localizar y asegurar estos objetos que amenazaban a Estados Unidos? La guerra, después de todo, no fue una sorpresa. Y las noticias de Irak no eran alentadoras. Los saqueadores limpiaron las instalaciones nucleares iraquíes mucho antes de que los investigadores estadounidenses llegaran a ellas. ¿Eran simples carroñeros que, sin saberlo, cogían material radiactivo que suponía un peligro para la salud y el medio ambiente? ¿O eran terroristas que buscaban material para una bomba sucia? En cualquier caso, una pregunta legítima para Bush, el Secretario de Defensa Donald Rumsfeld y otros funcionarios de la administración y del Pentágono es: ¿Por qué no intentaron asegurar estos sitios inmediatamente?

El 4 de mayo, Barton Gellman, del *Washington Post*, informó de que un equipo especialmente entrenado del Departamento de Defensa no fue enviado al centro de investigación nuclear de Bagdad hasta el 3 de mayo, tras un mes de indecisión oficial: la unidad encontró el lugar -que albergaba los restos del reactor nuclear bombardeado por Israel en 1981 y almacenaba residuos radiactivos que serían muy atractivos para un fabricante de bombas sucias- saqueado, informó Gellman:

> "La investigación del equipo parecía ofrecer nuevas pruebas de que la guerra dispersó las tecnologías más peligrosas del país sin que nadie lo supiera ni lo controlara".

Bush no tuvo que explicar la lentitud de la búsqueda de armas de destrucción masiva ni la falta de planificación previa a la guerra en este frente crucial. Afortunadamente para él, los demócratas dedicaron más tiempo a criticar su discurso sobre la toma de fotos en el portaaviones (que hizo que los canales de noticias mostraran en bucle imágenes de "Top Gun"). Pero en la sesión informativa de la Casa Blanca del 7 de mayo, el secretario de prensa Ari Fleischer fue presionado para que dijera si Estados Unidos no había actuado para evitar la dispersión de armas de destrucción masiva (si es que existían). El intercambio fue esclarecedor.

Pregunta:

> "Lo sé, pero está haciendo estas declaraciones sin responder a la pregunta directa, que es qué sabe esta administración no sólo sobre lo que se encontró -todavía lo están comprobando- sino también sobre los materiales de armas o las armas reales que pueden haber salido del país. ".

Fleischer :

> "Bueno, no tenemos nada concreto que informar al respecto".

Precisamente, y la Casa Blanca ha tenido poco que decir sobre sus esfuerzos para evitar que el material relacionado con las armas de destrucción masiva sea entregado o arrebatado por los terroristas. El riesgo identificado por la Casa Blanca antes de la guerra no era, como sugirió el Sr. Fleischer, que Saddam Hussein utilizara las armas de destrucción masiva contra los Estados Unidos, sino que las entregara a los terroristas que lo hicieran. Pero, ¿puede afirmar que esas transferencias no tuvieron lugar durante o después de la guerra? Ciertamente, no puede afirmar honestamente que los militares estadounidenses actuaron con diligencia para evitar este tipo de escenario de pesadilla. De hecho, la destrucción de la estructura de mando y control de cualquier material de armas de destrucción masiva que pudiera haber en Irak sólo aumentó la probabilidad de que este peligroso material acabara en manos de los terroristas.

Entonces Fleischer señaló:

> "Como he dicho antes, tenemos gran confianza en que tienen armas de destrucción masiva. De eso se trata esta guerra y eso es lo que es".

Con más de 110 lugares revisados, los inspectores no encontraron nada concluyente. Fue un ejercicio de falsas alarmas. El polvo blanco sospechoso en Latifiyah era sólo polvo explosivo. Los barriles de lo que se creía que eran agentes nerviosos Sarin y Tabun eran pesticidas. Cuando una docena de soldados estadounidenses revisaron un lugar sospechoso y enfermaron, fue porque habían inhalado vapores de fertilizantes.

Cada revés aumenta la presión política. Las luchas internas entre los departamentos gubernamentales y las agencias de inteligencia se han vuelto virulentas a ambos lados del Atlántico. Después de librar una guerra para desarmar a Irak de sus terribles armas, ni Estados Unidos ni Gran Bretaña se atrevieron a admitir que Irak nunca había tenido esas armas. La búsqueda de armas de destrucción masiva fue un fiasco que terminó en un fracaso total.

La investigación fue especialmente vital para la cábala neobolchevique. En el valiente nuevo mundo de la América posterior al 11-S, este pequeño grupo de analistas en el corazón del Pentágono fue la fuerza motriz de la guerra en Irak. Con no más de una docena de miembros, la Cábala forma parte de la Oficina de Planes Especiales, una nueva agencia de inteligencia que se enfrentó a la CIA y ganó. Donde la CIA vaciló en Irak, la Oficina de Investigaciones Especiales (OSP) siguió adelante.

Donde la CIA tenía dudas, la OSP era firme. Se ha librado una batalla campal en torno a Irak y al final se ha visto lastrada y con carencias. La OSP fue una idea del Secretario de Defensa Donald Rumsfeld, que la creó tras los ataques terroristas de 2001. Se le encomendó la tarea de volver a los viejos terrenos sobre Irak y demostrar que la CIA había descuidado la amenaza que representaba. Pero su aparición provocó una gran ruina en el mundo de la recopilación de información, que suele ser muy reservado.

La PSO dependía directamente de Paul Wolfowitz, uno de los principales belicistas neobolcheviques de la administración. La OSP pasó por alto a la CIA y a la Agencia de Inteligencia de Defensa (DIA) del Pentágono a la hora de susurrar al oído del presidente. Abogaron con fuerza por una guerra contra Saddam antes de que se materializaran sus programas de armamento.

Las voces más moderadas de la CIA y la Agencia de Inteligencia de Defensa fueron silenciadas. Hubo un aluvión de filtraciones a los medios de comunicación. Un funcionario de la CIA describió a la cábala como "loca", en una "misión de Dios". Pero la cábala y el Pentágono de Rumsfeld ganaron y el Departamento de Estado dovish de Powell perdió. Las tensiones entre los dos han salido a la luz.

"Rumsfeld creó su propia agencia de inteligencia porque no le gustaba la inteligencia que estaba recibiendo", dijo Larry Korb, director de estudios de seguridad nacional en el Consejo de Relaciones Exteriores. "No le gustaba el enfoque de Powell, un diplomático típico y demasiado cauto". Los antiguos funcionarios de la CIA son cáusticos con la OSP. Poco fiables y con motivaciones políticas, dicen que socavaron décadas de trabajo de expertos espías de la CIA e ignoraron la verdad cuando ésta contradecía su visión del mundo.

> "Sus métodos eran despiadados", dijo Vince Cannistraro, ex jefe de contraterrorismo de la CIA.
>
> "La politización de la inteligencia era endémica y se fomentaba la desinformación deliberada. Se escogía el peor escenario en todo y mucha de la información era espuria".

Pero Cannistraro está retirado. Sus ataques no molestaron a la Cábala, firmemente "en el bucle" de los responsables políticos de Washington. Sin embargo, incluso entre ellos, el fracaso continuado en la búsqueda de armas de destrucción masiva en Irak era un temor creciente. Las consecuencias de la guerra podrían hacerlos caer. La advertencia estaba allí en blanco y negro. Citando fuentes de "inteligencia", Tony Blair elaboró un dossier oficial que concluía que Irak podía disparar sus armas químicas o biológicas en 45 minutos tras recibir la orden de hacerlo. Esta perspectiva era aterradora y reforzó los argumentos a favor de la guerra cuando se elaboró el dossier. Pero un análisis frío reveló una historia diferente. Irak fue abandonado por los inspectores de armas de la ONU, luego bombardeado, invadido y finalmente puesto bajo el control militar imperial estadounidense y británico. En todo este tiempo, nunca se pulsó el "botón" de sus armas de destrucción masiva. El partido pro-guerra y el lobby anti-guerra querían saber ahora por qué. ¿Podría explicarse este misterioso fallo o es que las armas nunca han existido?

Meses antes de que el ejército estadounidense lanzara una lluvia de bombas y misiles sobre Irak, el Departamento de Defensa estaba trabajando en secreto con la antigua empresa del vicepresidente Dick Cheney, Haliburton Corp., en un acuerdo que daría a la segunda empresa de servicios petroleros del mundo el control total de los campos petrolíferos de Irak, según los principales ejecutivos de Haliburton. Además, los documentos clasificados de Haliburton demuestran que la guerra en Irak tenía como objetivo controlar las segundas reservas de petróleo del mundo y no derrocar el régimen del presidente iraquí Saddam Hussein.

El contrato entre el Ministerio de Defensa y la unidad Haliburton de Kellogg, Brown & Root para gestionar la industria petrolera iraquí se redactó ya en octubre de 2002, según los documentos, y podría llegar a valorarse en 7.000 millones de dólares, una ganancia inesperada para Haliburton.

En octubre de 2003, Haliburton estaba agobiada por un pasivo multimillonario por amianto y también sufría la desaceleración de la producción nacional de petróleo. El precio de las acciones de Haliburton reaccionó rápidamente, cayendo a 12,62 dólares en octubre de 2002 desde un máximo de 22 dólares el año anterior, y empezaron a circular rumores de que la empresa se vería obligada a declararse en quiebra. Teniendo en cuenta todo esto, y dada la historia de un gobierno imperial estadounidense dirigido y controlado en su política exterior por la industria petrolera, es razonable concluir que incluso sin la "situación inventada" de las armas de destrucción masiva, Irak habría sido invadido con el único propósito de obtener el control de sus vastos recursos petrolíferos.

CAPÍTULO 9

El imperialismo brutal en el trabajo

La industria petrolera ha transformado a Estados Unidos de una república benigna de paz y justicia para todos en un imperio imperialista global que ha destruido la esperanza ofrecida al mundo por la república de los Padres Fundadores. El credo de la república se basaba en una filosofía moral claramente no materialista. Pero las grandes empresas y las instituciones bancarias se opusieron a la República Americana y Estados Unidos se convirtió en un país codicioso, materialista, beligerante y dedicado al mercantilismo total.

La industria petrolera, principal responsable de este vasto cambio y muy vilipendiada como tal, se ha ganado a pulso todos los epítetos conocidos que le lanzan una gran variedad de críticos, tanto gubernamentales como privados.

El objetivo de los siguientes capítulos es explorar un grupo de alto secreto y establecer si la industria petrolera merece la mala reputación que sin duda tiene. Es una industria que ha sobrevivido a todos los intentos de romper sus muros. Ha sobrevivido a numerosas investigaciones del Senado, a juicios antimonopolio y a las venganzas personales de dos experimentados y decididos senadores estadounidenses, el difunto Henry Jackson y el difunto Frank Church.

Sólo un hombre, el coronel Gadafi, ha sido capaz de perturbar a las "majors"; un solitario beduino de los desiertos de Libia, el hombre que perturbó al cártel de las "Siete Hermanas", para consternación -y asombro- del "gobierno dentro del gobierno", los directores y consejeros de las compañías petroleras más poderosas del mundo. Pero tras la guerra de 2003 contra Irak, Libia ha sido convencida de "ver la luz" y ahora está bajo el control de las grandes compañías petroleras. Fue con la presidencia de Reagan cuando Estados Unidos pasó abiertamente de república a imperio. Ronald Reagan llenó su gabinete con líderes de corporaciones multinacionales; el Secretario de Estado George Schultz de Bechtel, el Secretario de Defensa Casper Weinberger, presidente de la misma compañía, entre otros. Mientras que el presidente Carter había intentado mantener la paz, Reagan se embarcó en una campaña de beligerancia que marcaría la pauta de las futuras administraciones estadounidenses.

No se puede mencionar la industria del petróleo sin que salga a relucir el nombre de John D. Rockefeller (1839-1937). John D. Rockefeller y la Standard Oil de Nueva Jersey se han convertido en sinónimos de la industria petrolera imperial estadounidense.

Rockefeller y la Standard Oil se han convertido en sinónimos de traición, odio y codicia. El odio desenfrenado es el sello de John D. y sus hijos se esfuerzan por mantener la leyenda, en lugar de tomar medidas para mejorar la mala imagen dejada por su padre, a pesar de que el mayor de los John D. fue criado en una estricta fe bautista en una granja cerca de Cleveland, Ohio. En sus años de formación, se hizo conocido por su excepcional afición a los dulces: compraba caramelos y los vendía a otros niños con beneficio.

John D. siempre ha sido un gran trabajador. A los dieciséis años trabajaba en una tienda de comestibles como contable y su empleador estaba muy satisfecho con su diligencia. Demostró ser muy observador, viéndolo todo y sin perderse nada. Incluso a esa edad, nunca expresó ninguna emoción. Llegó a ser el único propietario de una empresa comercial de Cleveland y fundó Standard Oil en 1870.

Lo notable es que el auge de la Standard Oil Trust de Rockefeller puede ser verificado por pruebas documentales certificables que, en cierto sentido, son comparables a una nota en la historia de la política exterior. Casi desde su creación en 1870, el Rockefeller

Standard Oil Trust ha sido objeto de ataques por parte de varias legislaturas estatales y del Congreso de Estados Unidos por sus cuestionables negocios.

Los dirigentes del Trust fueron llevados ante las comisiones del Congreso en 1872 y de nuevo en 1876. La Commonwealth de Pensilvania intentó derrocar el Trust en 1879, y dos años antes se vio obligada a comparecer ante la Comisión de Comercio Interestatal. En 1882 existía un virtual estado de guerra entre la Standard Oil Trust y el Estado de Ohio. El presidente McKinley nombró una Comisión de Investigación Industrial y se tomaron 19 volúmenes de testimonios. Todo el tiempo, la Standard Oil Trust se mantuvo como una roca que no se podía mover. Las demandas civiles se multiplicaron, pero sin éxito.

Al investigar este libro, me sorprendió lo mucho que millones de personas de todo el mundo odian el nombre de Rockefeller y la empresa insignia de la familia, Standard Oil. Este odio persistente es tan feroz hoy, en 2008, como lo fue cuando la "gran mano" de los Rockefeller apareció por primera vez en los campos petrolíferos de Pensilvania. Esto es especialmente cierto entre los descendientes de los perforadores pioneros que acudieron a Titusville y Pithead en 1865, cuando la "fiebre del oro negro" estaba en su apogeo. Estoy en deuda con Ida Tarbell, cuyo excelente libro que expone los "esfuerzos pioneros" de John D. Rockefeller ha sido una fuente inagotable de información interna sobre la persona y el carácter del jefe del clan Rockefeller.

La capacidad de John D para despojar sin esfuerzo a los perforadores y prospectores de sus concesiones se asemeja mucho a los métodos utilizados por Cecil John Rhodes para robar y desvalijar las concesiones de diamantes de los esforzados prospectores de los campos de Kimberly en Sudáfrica. Ambos hombres eran despiadados y no se preocupaban por los derechos de los demás, y nunca expresaban emociones.

Si Rockefeller y sus hijos eran autopromotores, lo que anunciaban no era en interés de los hombres libres de todo el mundo. Nelson Rockefeller dijo una vez que la inmensa fortuna de su familia fue un accidente, pero la historia dice lo contrario.

La taciturnidad y la deshonestidad de John D. se transmitieron sin duda a sus hijos, al igual que su paranoia del secreto y su total falta de sentimientos. La paranoia del secretismo heredada de la Standard Oil Trust por las grandes petroleras es evidente en las barreras que estas empresas han levantado a su alrededor para mantener a raya a los "forasteros" indiscretos. Sólo confían sus negocios a los bancos de la industria petrolera, como el Morgan Guarantee, el Trust Bank y el Chase Manhattan Bank del Comité de los 300, mientras que sus cuentas y asuntos están encerrados tras los gruesos muros de Price, Waterhouse, los contables y auditores oficiales del Comité de los 300. Más de un comité del Senado se ha visto enredado en la viscosa red tejida por esta gran empresa de contabilidad. Incluso los mejores investigadores y auditores que el gobierno pudo reunir estaban totalmente confundidos por los contables de Price, Waterhouse. Se dice que el viejo John D. era capaz de contar más rápido que las calculadoras actuales, una hazaña que había aprendido de su padre cuando calculaba el precio de su "cura del cáncer" en ferias y similares. De hecho, la "cura" era simplemente aceite crudo, directamente de los pozos de petróleo, envasado en pequeñas botellas.

Aunque el negocio iba bien, John D. tuvo que huir para salvar su vida porque la policía quería detenerlo por haber mantenido relaciones sexuales forzadas con una chica de dieciséis años. El viejo John D. no creía en las amistades y advertía a sus hijos que se mantuvieran alejados de lo que él llamaba "dejarse llevar por el buen compañerismo". También engañaba a sus hijos, "para mantenerlos en forma", como decía. Su estribillo favorito era el del viejo búho sabio que no decía nada pero oía mucho. Un viejo retrato muestra a un hombre con un rostro largo, demacrado y sombrío, con ojos pequeños que no muestran ningún rastro de emoción humana.

Su trabajo como contable hace que no hable mucho, pero mantiene sus cuentas en orden. Resulta aún más sorprendente que un hombre de rostro tan severo, taciturno y poco simpático pudiera convencer a los hermanos Clark de la refinería Clark Brothers de que le vendieran una parte de su refinería de petróleo, donde estaba empleado.

Los hermanos Clark pronto descubrieron que habían cometido un terrible error al dejar que Rockefeller entrara en su negocio. Rápido con los números y los cálculos, John D. consigue que los hermanos pierdan su parte de la refinería. Sigue afirmando que les ha "comprado", pero los Clarks responden que les han "engañado".

Algunos autores atribuyen la afición de John D. a dejar a sus socios a su herencia, y es cierto que su padre solía decirle "sé tan rápido como un judío". Aunque afirmaba ser de herencia baptista y asistir a una iglesia baptista, es poco probable que esto sea cierto, ya que sus padres eran de Europa del Este. A Juan D. no le importaban las personas; las pisoteaba y se deshacía de sus antiguos socios que ya no le servían. Sólo le importaba una persona, y era él mismo. Así es como la Standard Oil se convirtió en la gran empresa más hermética de los Estados Unidos, una tradición que sigue EXXON. El estándar ha sido descrito como cerrado y atrincherado, como una fortaleza. El carácter de John D. estaba tan empañado y gozaba de tanta antipatía universal que contrató a un relaciones públicas para tratar de pulir su imagen, ayudado por generosas donaciones "filantrópicas" deducibles de impuestos. Pero, a pesar de los esfuerzos de Ivy Lee, de quien se dice que es el primer hombre de relaciones públicas de la historia de Estados Unidos, el legado de odio que John D. se había ganado se quedó con él y permanece hasta hoy asociado al nombre de Rockefeller y a EXXON.

La "gran mano" de Rockefeller arruinó a cientos de miles de perforadores, prospectores y arrendatarios en Titusville y Pithead. En su mayoría, se trataba de jóvenes de otra generación que pensaban que podían resolver el enigma de las fluctuaciones de los precios, algo que Rockefeller no quería. Aunque la vida en torno a Titusville y Pithead era bastante tumultuosa, nunca fue rencorosa y todos se trataban con justicia, es decir, hasta que la "gran mano" de Rockefeller se alzó contra todos los "competidores".

A los 26 años, animado por su éxito en el robo de la refinería de los hermanos Clark y con Oil City, cerca de Cleveland, bajo su control, Rockefeller comenzó a buscar nuevas conquistas.

Su hijo, David Rockefeller, heredó la frialdad de su padre y se impuso. Al principio de su carrera, David trasladó la mayoría de los activos "off-shore" de la familia a paraísos fiscales, donde el secreto bancario era prácticamente inviolable. David Rockefeller pasó a dirigir la industria petrolera como un gobierno dentro del gobierno y, por un golpe de suerte, también compró INTERPOL, el sistema mundial de policía e inteligencia.

Todas las grandes compañías petroleras están conectadas con bancos, compañías mineras, ferrocarriles, compañías navieras, compañías de seguros y compañías de inversión; y en el curso de sus negocios intercambian información, pero fue a través de los numerosos "espías" que empleó que el viejo John D. y sus hijos estaban plenamente al tanto de todo lo que ocurría.

Su red más eficaz ha crecido en tamaño y alcance, y hoy no hay un solo país que escape a la red de inteligencia de los Rockefeller, que a menudo supera a los servicios de inteligencia oficiales en tamaño y presupuesto. Hay mucho trabajo por hacer. Nunca debe llegar un momento en el que simplemente tiremos la toalla y digamos "son demasiado grandes, demasiado poderosos para que una sola persona pueda hacer algo que valga la pena contra ellos". Cada uno de nosotros puede, y debe, hacer un esfuerzo.

La evasión de impuestos ocupaba un lugar destacado en la lista del viejo John D. Rockefeller, y sus espías no tardaron en proporcionar la mejor información sobre cómo eludir las leyes fiscales en países extranjeros, normalmente a través de sus fuentes "personales" (sobornadas). Si las leyes fiscales eran duras, los Rockefeller simplemente las hacían cambiar para adaptarlas a sus fines de evasión fiscal. Fue este bacilo, sembrado en la industria petrolera, el que causó la maldición de la dependencia estadounidense del petróleo extranjero importado y, a su vez, envió a los productores estadounidenses por el camino del olvido.

También es la principal razón por la que Estados Unidos se convirtió en una potencia imperial que buscaba dominar países con fuentes de petróleo conocidas y probadas. También benefició a los Rockefeller de otra manera: eliminó a los competidores fuera del círculo vicioso de las "majors" sin tener que recurrir al uso de la dinamita, como el viejo John D. había hecho con bastante frecuencia en sus primeros tiempos.

¿Cuál fue el resultado final? Sin duda, precios cada vez más altos para el consumidor estadounidense y mayores beneficios para las grandes compañías petroleras. EXXON (Standard) obtuvo, y sigue obteniendo, enormes beneficios. Por ejemplo, en 1972 -y elegimos ese año porque es el año medio (mediano) de los beneficios obtenidos por la industria petrolera, y no tomamos un año aislado para hacer ver que los consumidores estamos siendo explotados groseramente por la industria petrolera- EXXON ganó 3.700 millones de dólares ese año, pero sólo pagó el 6,5% en impuestos en Estados Unidos. ¿Es esto justo para el consumidor estadounidense? No nos parece justo ni razonable.

Cuando se les pregunta, EXXON, y de hecho todas las grandes compañías petroleras, ponen la débil excusa de que reinvierten la mayor parte de sus beneficios en la exploración de petróleo, pero cuando se miran los beneficios de Exxon en un solo año, y tomemos 1972 como ejemplo, EXXON obtuvo un beneficio de 2500 mil millones de dólares sólo en el tercer trimestre, y no está nada claro que gran parte de este enorme beneficio se haya reinvertido en la empresa, o que el pueblo estadounidense se haya beneficiado de alguna manera. 1973 fue el año de la guerra árabe-israelí fomentada por Kissinger y Rockefeller, y a la luz de lo que ahora sabemos sobre ese acontecimiento, y de cómo Kissinger trabajó para provocarlo a través de su estrecha relación con David Rockefeller, uno pensaría que el Congreso habría investigado hace tiempo este acuerdo. Kissinger y David Rockefeller son como hermanos siameses desde que Kissinger y Helmut Sonnenfeldt, mano derecha y asistente de confianza de

Kissinger, descubrieron en Alemania los "Archivos Bamburgo".

La cuestión que se plantea es la siguiente: ¿Sabía EXXON que una guerra árabe-israelí era inminente, y cuánto se benefició de esta información? Dicha "información privilegiada" habría sido proporcionada por el ejército privado de Rockefeller de oficiales de inteligencia de todo el mundo, controlados desde el cuartel general de la industria petrolera, que se llama Sistemas de Logística, Información y Comunicación, ubicado en la sede de EXXON en Nueva York.

INTERPOL no es el menor de los activos de inteligencia de los Rockefeller. Opera ilegalmente desde una propiedad del gobierno federal en Washington, D.C., en total desafío a la Constitución de los Estados Unidos y en violación de la ley suprema del país, nuestra Constitución y la Carta de Derechos. INTERPOL no debería operar en Estados Unidos, pero el Congreso tiene miedo de enfrentarse a un monstruo tan grande y poderoso como la familia Rockefeller. Se trata de una situación preocupante que no se está abordando, lo que lleva a preguntarse si el dinero está cambiando de manos para mantener a INTERPOL en Washington.

El Congreso necesita una comisión de investigación para examinar la llamada "Facción de los Banqueros" incrustada en la CIA. Este tipo de operaciones influyen ilegalmente en nuestra política exterior, afectando a menudo a nuestra vida cotidiana, y cuando estas organizaciones y grupos quieren una guerra, envían a nuestros hijos e hijas a luchar. Las guerras del Golfo de Bush son un muy buen ejemplo de lo que está ocurriendo. La dinastía Rockefeller es la columna vertebral del grupo de la política petrolera imperial. Las malas hierbas sembradas entre el trigo por John D. Rockefeller han llegado a la madurez y ahora están ahogando el trigo, la vida de la gente de esta nación que fue grande. El viejo John D. aprendió rápidamente y al principio de su carrera el valor del negocio del espionaje, en el que fue instruido por Charles Pratt, uno de sus primeros socios. El actual gobierno secreto paralelo de alto nivel que dirige Estados Unidos, el Consejo de Relaciones Exteriores (CFR), es una idea de Pratt.

La Mansión Pratt de Nueva York se convirtió más tarde en la sede del CFR, y esto no fue un accidente. La presencia de John D. se hizo tan omnipresente y sus métodos despiadados tan admirados que fueron adoptados ampliamente por todas las grandes empresas, empezando por EXXON, hasta el punto de que hoy la industria petrolera estadounidense es capaz de dictar a todos los gobiernos del mundo, incluido el de Estados Unidos.

Hay muchas pruebas de que las grandes compañías petroleras que operan en el extranjero dictan y dirigen la política exterior de Estados Unidos, y que estas compañías se han combinado para formar un gobierno de facto dentro de nuestro gobierno. EXXON es el líder indiscutible de este asalto imperialista por el control de todos los recursos petrolíferos y en ningún lugar más que en Irán.

CAPÍTULO 10

El Dr. Mossadegh lucha contra el cartel

A partir de 1950, Estados Unidos y la británica Anglo-Persian Oil dominaron el petróleo de Irán tras la Primera Guerra Mundial, durante la cual la conducta de los "aliados" olía a problemas. La invasión y ocupación de Irán durante la guerra por motivos muy endebles debe examinarse mucho más de cerca. Poco después de que los "aliados" entraran en Irán, el Sha se vio obligado a abdicar en favor de su hijo, Mohamed Reza Pahlevi, que era más afín a los dictados impuestos por el Consorcio Iraní, la Compañía Petrolera Iraquí y ARAMCO. Uno de los episodios más vergonzosos de la historia de Gran Bretaña y de los llamados Estados Unidos "cristianos" fue la muerte por inanición de decenas de miles de iraníes durante este periodo.

El ejército de ocupación aliado, compuesto por 100.000 soldados rusos (presentes por invitación de Winston Churchill) y 70.000 soldados estadounidenses y británicos, no hizo nada para impedir la requisición de alimentos por parte del ejército de ocupación en detrimento de los iraníes que se morían de hambre. La fiebre tifoidea se extendió y mató a miles de personas más mientras las fuerzas estadounidenses y británicas se mantenían al margen. Los que no murieron de hambre o enfermedad se congelaron en el gélido invierno, ya que la población no tenía acceso al combustible.

Los ocupantes se esfuerzan por crear y mantener el conflicto entre las distintas facciones del país, y oprimen y reprimen totalmente al gobierno iraní. Creyendo todavía que Estados

Unidos era una nación cristiana sensible a las consideraciones humanitarias, el gobierno iraní hizo un llamamiento desesperado a Washington en busca de ayuda. En 1942, Washington envió al general M. Norman Schwarzkopf a Irán para que informara sobre la situación. (En 1991, su hijo fue enviado a hacer la guerra a Irak como comandante de la "Tormenta del Desierto"). Permaneció en Irán hasta 1948, sobre todo para conocer de primera mano la forma en que Irán dirigía sus diversos departamentos gubernamentales y servicios de inteligencia. Lejos de ayudar a los iraníes, la misión de Schwarzkopf era adquirir toda la información posible sobre la infraestructura de Irán para utilizarla en el futuro, que es lo que ocurrió cuando se inició el movimiento para derrocar al Sha. En todos los años de privaciones sufridas por el pueblo iraní, no se le tendió la mano, pero en diciembre de 1944, un astuto, culto y experimentado político llamado Mohammed Mossadegh presentó un proyecto de ley en el Parlamento que prohibía cualquier negociación petrolera con países extranjeros, lo que puso fin al escandaloso robo de petróleo iraní por parte de Estados Unidos, Gran Bretaña y Rusia.

Nacido el 19 de mayo de 1882, hijo de un ministro de finanzas bakhtiari y de una princesa gujarana, Mossadegh estudió ciencias en París y se doctoró en la prestigiosa Universidad de Neuchâtel (Suiza). El Dr. Mossadegh entró en política en 1920, cuando fue nombrado gobernador general de la provincia de Fars por el jeque Ahmad Shah Qajar y recibió el título de "Mossadegh os-Saltanch" por el Sha. Fue nombrado ministro de Finanzas en 1921 y, a continuación, fue elegido miembro del Parlamento iraní, donde votó en contra de la elección de Reza Khan como Reza Sha Pahlavi. En 1944, Mossadegh fue nombrado de nuevo diputado, donde se presentó como miembro del Frente Nacional de Irán, un movimiento muy patriótico y nacionalista del que fue fundador. El objetivo de la organización era acabar con toda presencia extranjera en Irán tras la Segunda Guerra Mundial y detener la explotación del petróleo iraní. Con el fin de obtener apoyo para su proyecto de ley de aumento del precio del petróleo iraní, Mossadegh reveló una propuesta de las potencias ocupantes de dividir Irán entre ellas, citando un artículo de The *Times* del 2 de noviembre de 1944 que tendía a confirmar su revelación.

Siguió una amarga lucha que llevó el asunto a las Naciones Unidas en 1948 y que desembocó en la retirada de todas las tropas extranjeras del país. Irán había cometido un grave pecado al anular los intereses británicos en favor de los intereses nacionales iraníes. Mossadegh sería ahora un enemigo público y el Instituto Tavistock puso en marcha un plan para socavar su figura y lograr su destitución. La ocupación estadounidense-británica-rusa de Irán estaba llegando a su fin, pero todavía existía la Anglo-Iranian Oil Company (principalmente británica) que controlaba el petróleo iraní y había dirigido el gobierno iraní desde 1919. En 1947, el Dr. Mossadegh presentó una propuesta a Londres en la que pedía un aumento de la participación de Irán en los ingresos por venta de petróleo. La Anglo-Iranian Oil Company obtuvo un beneficio de 320.000.000 de dólares en 1948, de los cuales el iraní recibió la friolera de 38.000.000 de dólares. El Dr. Mossadegh exigió que se renegociaran los términos del antiguo acuerdo. Inmediatamente se produjo un ataque de lo más despiadado contra él, orquestado por el Instituto Tavistock y la BBC, que emitieron un flujo constante de propaganda mezclada con mentiras descaradas contra Mossadegh y el gobierno iraní. La campaña contó con la ayuda de la CIA y del general estadounidense Huyser. Dos meses antes de que finalizara el mandato de dos años de Mossadegh, los agentes de inteligencia británicos y estadounidenses habían hecho todo lo posible para quitarle la espina a Mossadegh poniendo una serie de obstáculos en el camino de cada movimiento que intentaba hacer.

Los cárteles británico y estadounidense no estaban acostumbrados a la oposición, ya que habían instalado fácilmente gobiernos títeres en Kuwait, Arabia Saudí, Qatar, Emiratos Árabes Unidos, Bahréin y Omán, bajo la atenta mirada de la CIA y, en menor medida, del MI6. Esto me recuerda la sorprendente similitud entre la Compañía de las Indias Orientales (precursora del Comité de los 300) y el cártel petrolero de las Siete Hermanas. La Compañía de las Indias Orientales, que había recibido una carta en 1600 bajo el mandato de Isabel I, recibió una segunda carta de Carlos II, el rey Estuardo, que le otorgaba el derecho a hacer la guerra, la paz y el comercio con todas las naciones. En 1662, el rey Jacobo I, el rey Estuardo, autorizó que la empresa se convirtiera en una sociedad anónima. La industria petrolera, aunque menos formalizada, tiene una estructura similar. Los británicos arrastraron los pies durante todo el año 1948 sin ninguna concesión por parte de Londres. Mientras tanto, las agencias de inteligencia británicas y estadounidenses, con la ayuda de la información del general Schwarzkopf, difundieron la disensión y el descontento entre las bases iraníes para debilitar al gobierno en preparación de las elecciones nacionales de 1949. El pequeño Frente Nacional liderado por el Dr. Mossadegh acudió a las elecciones con lo que los británicos y los estadounidenses pensaban que era una escasa posibilidad de obtener escaños, pero les sorprendió al obtener seis escaños y un puesto en el Parlamento. Peor aún, su enemigo fue nombrado para dirigir una comisión parlamentaria que investigaba los acuerdos petroleros entre Gran Bretaña y Estados Unidos. Mossadegh exigió inmediatamente que la Anglo-Iranian Oil Company y el gobierno iraní tuvieran la misma participación en los asuntos de la empresa.

Apoyados por Estados Unidos, los británicos rechazaron todas las propuestas, lo que sumió a Irán en el desorden, hasta que en abril de 1951 el Dr. Mossadegh fue elegido democráticamente como Primer Ministro y fue invitado a formar gobierno. Las acusaciones calumniosas se multiplicaron, sobre todo la de que Mossadegh era un comunista que pretendía asegurar el petróleo iraní para Rusia. Los periódicos británicos lo calificaron, entre otras cosas, de "loco taimado". Por supuesto, no había nada de cierto en estas acusaciones gratuitas. El Dr. Mossadegh era un verdadero patriota iraní que no buscaba nada para sí mismo y cuyo único objetivo era liberar al pueblo iraní de las rapaces garras de la Anglo-Iranian Oil Company, posteriormente British Petroleum (BP). El Parlamento iraní votó para aceptar la recomendación del Dr. Mossadegh de nacionalizar la Anglo-Iranian Oil Company, con una justa compensación a Gran Bretaña, que había explotado al pueblo iraní durante años. La oferta incluía el mismo nivel de suministro de petróleo del que había disfrutado Gran Bretaña hasta entonces y los ciudadanos británicos que trabajaban en la industria petrolera en Irán mantendrían sus puestos de trabajo. El 28 de abril de 1951, la recomendación, absolutamente justa para Gran Bretaña, fue aprobada formalmente.

La respuesta británica fue pedir ayuda a Estados Unidos y enviar buques de guerra a las aguas cercanas a Abadán, donde se encuentra la mayor refinería de petróleo del mundo. En septiembre de 1951, Gran Bretaña y Estados Unidos, que no tenían derecho a interferir en los asuntos internos de Irán, declararon sanciones económicas totales contra Irán, y sus buques de guerra bloquearon las aguas adyacentes a Abadán. A través de estos actos de guerra, EE.UU. aseguró a Gran Bretaña su pleno apoyo como una potencia imperial a otra y lo respaldó con la perturbación inducida por la CIA.

Esto no era inesperado, teniendo en cuenta las pasadas guerras imperiales de Gran Bretaña y, más recientemente, de Estados Unidos, y el hecho de que el gobierno británico (la Casa de Windsor) poseía el 53% de las acciones de Anglo-Irán. Con las unidades navales en camino, la siguiente amenaza era ocupar Abadan con paracaidistas británicos, aunque según el derecho internacional Irán estaba en su pleno derecho de tomar las medidas propuestas por el gobierno iraní y aceptadas por el parlamento iraní. El temor a una intervención militar soviética junto a Irán puede haber impedido que Gran Bretaña y Estados Unidos ejercieran la opción militar. A través de Kermit Roosevelt, nieto de Teddy Roosevelt, la CIA había estado muy activa dentro del país, infiltrándose en muchas instituciones bancarias y económicas importantes. Los compradores de petróleo iraní fueron amenazados bruscamente con represalias y se asustaron. Así se han comportado las dos naciones más tiránicas que el mundo ha conocido. El efecto contundente del boicot redujo la economía de Irán a un desastre, ya que los ingresos del petróleo cayeron de 40 millones de dólares en 1951 a menos de 2 millones a principios de 1952. Mossadegh, al igual que Mohamed Reza Pahlavi, el Sha de Irán, no tenía ni idea del poder y la influencia de los cárteles petroleros estadounidenses y de BP. Mossadegh, de familia acomodada, era un político dotado y con talento, pero fue retratado en todo el mundo como un hombrecillo estúpido que correteaba por Teherán en pijama, embargado por la emoción. La prensa del establishment de Estados Unidos y Gran Bretaña, en un programa controlado por Tavistock, denigró y ridiculizó sistemáticamente a Mossadegh, cuyo único delito fue tratar de romper el control de las grandes petroleras sobre el petróleo iraní y atreverse a desafiar su política petrolera imperialista.

En 1953, el Dr. Mossadegh realizó un infructuoso viaje a Washington para pedir ayuda. En cambio, el presidente Eisenhower le puso trabas y sugirió que W. Averill Harriman dirigiera un equipo a Teherán "para informarle de la situación". El equipo de Harriman incluía a Allen Dulles, de la CIA, y a John Foster Dulles, secretario de Estado y antiguo servidor de los "300", así como al general Schwartzkopf.

En 1951, se planificó una operación conjunta para derrocar al gobierno de Mossadegh bajo el nombre en clave de "AJAX" y fue aprobada por el presidente Eisenhower. Debemos detenernos aquí y señalar que Irán nunca había hecho nada malo a Estados Unidos y que ahora estaba siendo recompensado de una manera digna de los peores elementos criminales de la mafia. Mientras tanto, Gran Bretaña llevó su sórdido caso al Tribunal Mundial para su arbitraje. El Dr. Mossadegh, educado en Francia y Suiza, representó a su país y argumentó con éxito su caso, y el Tribunal Mundial falló en contra de Gran Bretaña. No era la primera vez que los británicos intentaban hacer caer al gobierno iraní. Winston Churchill era un imperialista infame, al igual que su despiadado predecesor, Lord Alfred Milner, que había exiliado a los honorables líderes bóers, que tan valientemente habían luchado contra los británicos en la Guerra Anglo-Bóer (1899-1902). Churchill ordenó la detención y el exilio de Reza Shah, primero a Mauricio y luego a Sudáfrica, donde murió en el exilio.

Los pecados de Winston Churchill son legión. Los bóers habían emprendido una maravillosa campaña contra la oligarquía de los Rothschild, decididos a apoderarse del oro y los diamantes que yacían bajo el suelo de las repúblicas del Transvaal y del Estado Libre de Orange en Sudáfrica. Cuando las pérdidas británicas alcanzaron un nivel inaceptable, Milner recurrió a la quema de granjas bóer, al sacrificio del ganado y al envío de mujeres y niños bóer a campos de concentración donde 27.000 murieron de disentería y desnutrición. El presidente Paul Krüger se exilió a Suiza, donde murió. Así que es fácil entender la falta de escrúpulos de Churchill al violar a Irán. Había muchos precedentes que apoyaban sus acciones. Decidido a asegurar el petróleo iraquí para las necesidades británicas, Churchill pronunció entonces uno de sus grandilocuentes discursos declarativos de aire caliente que le harían famoso:

> Nosotros (es decir, las grandes compañías petroleras, incluida BP, que estaba asociada con el gobierno británico) destituimos a un dictador en el exilio e instalamos un gobierno constitucional que se comprometió a una serie de reformas y reparaciones serias.

Es difícil igualar tanta hipocresía y mentiras descaradas por parte del dictador británico que desprestigió a Reza Shah por atreverse a defender a su país de la agresión británica, pero dada la enorme aureola que rodea a Churchill, cuyo nombre será sinónimo de los grandes fraudes de la historia, pudo salirse con la suya. Al igual que en Estados Unidos, British Petroleum logró que el gobierno legítimo de Inglaterra cumpliera con sus exigencias, fueran o no legales estas acciones. La usurpación de la política exterior por parte de las grandes potencias no cesa y todos los presidentes estadounidenses desde el presidente Wilson han sido siervos de esta cobra enroscada. Este fue el comienzo del imperialismo estadounidense decidido a apoderarse de todos los yacimientos de petróleo del mundo. Sin dejarse intimidar por el escarnio internacional y tras su victoria en el Tribunal Mundial, el Dr. Mossadegh continuó con su plan de nacionalizar el petróleo de Irán.

Al parecer, Rockefeller se sintió personalmente muy ofendido por Mossadegh y colaboró estrechamente con otras grandes compañías petroleras para imponer el boicot al petróleo.

Cuando un petrolero, el Rosemarie, de acuerdo con el derecho internacional y las normas comerciales, que transportaba petróleo iraní, intentó burlar el bloqueo, Churchill ordenó a la aviación de la RAF que lo atacara y lo obligara a hacer escala en Adén, un protectorado británico. No había absolutamente ninguna ley que justificara la acción británica, y Churchill demostró una vez más que era el líder de una potencia imperial que no respetaba el derecho internacional. Este flagrante acto de piratería contó con el pleno apoyo de las Siete Hermanas y del Departamento de Estado de Estados Unidos.

Un colega en Londres, responsable de la supervisión de las compañías petroleras en todo el mundo, dijo que el Parlamento había tenido grandes dificultades para impedir que Churchill ordenara a la RAF bombardear Irán. Ha pasado un año, un año en el que el pueblo iraní ha sufrido mucho por la pérdida de ingresos del petróleo. En 1955, el primer ministro Mossadegh escribió al presidente Eisenhower para pedirle ayuda en la lucha de su país contra la industria petrolera. Eisenhower, siempre un títere del CFR, hizo esperar deliberadamente al líder iraní para que diera una respuesta. Esta táctica planificada tuvo el efecto deseado de asustar al Dr. Mossadegh. ¡Finalmente, cuando Eisenhower respondió, dijo al gobierno iraní que tenía que cumplir con sus "obligaciones internacionales" y entregar la operación petrolera a Royal Dutch Shell! Las "obligaciones internacionales" que invocó Eisenhower nunca se especificaron.

Esto debería decirnos algo sobre el poder de la industria petrolera y el gobierno paralelo secreto del CFR de los Estados Unidos imperiales. Sin embargo, todavía nos atrevemos a pensar que nuestro gobierno es honorable y que somos un pueblo libre. Como prueba de ello, Estados Unidos envió a Kermit Roosevelt, que trabajaba para la CIA, a Irán para provocar problemas e instigar el malestar entre la población. De acuerdo con la carta concedida a la Compañía de las Indias Orientales en 1600, que le permitía hacer política exterior y emprender guerras contra las naciones, los herederos de la Compañía de las Indias Orientales, el Comité de los 300, encubrieron a la CIA utilizando organizaciones como el Fondo Monetario Internacional (FMI) y el Banco Mundial para financiar el trabajo sucio de Roosevelt, de modo que no se le pudiera vincular directamente con Estados Unidos.

A instancias de la facción de banqueros dentro de la CIA, se le dijo al Sha que sería bueno que destituyera a Mossadegh, para que pudieran reanudarse las "relaciones normales" con Gran Bretaña y Estados Unidos. Con la ayuda de elementos monárquicos dentro del gobierno iraní, Kermit Roosevelt dio un golpe de estado y forzó la detención del Dr. Mossadegh, cuya influencia había sido socavada por dos años de guerra económica abierta por el imperialismo británico y estadounidense. La CIA apoyó entonces al joven Reza Shah Pahlevi y lo llevó al poder, y se levantaron las sanciones económicas. Una vez más, la política de las compañías petroleras había llevado a los gobiernos de Gran Bretaña y Estados Unidos a un acto de guerra contra un Estado soberano que no les había hecho ningún daño. Habían triunfado sobre el nacionalismo iraní. Fue una repetición, un calco virtual de los acontecimientos de la guerra anglo-boer.

El Sha intentó entonces sin éxito deshacerse de Mossadegh, pero Roosevelt, la CIA y el Departamento de Estado equiparon entonces una banda revolucionaria y la enviaron a luchar contra el ejército iraní. Por temor a ser asesinado, el Sha huyó del país y el golpe dirigido por la CIA tuvo éxito. Mossadegh fue derrocado y puesto bajo arresto domiciliario, donde permaneció el resto de su vida.

Al Sha se le permitió regresar a Irán y se le dijo que estaba a salvo mientras obedeciera a sus amos imperiales. El coste para el contribuyente estadounidense de esta empresa ilegal en 1970 fue de más de mil millones de dólares. La única parte que se benefició de esta traición solapada fue el cártel petrolero de las Siete Hermanas y sus títeres a sueldo que lo hicieron posible.

Aunque él no lo sabía en ese momento, el Sha sufriría el mismo destino que Mossadegh y a manos de la misma camarilla imperialista de compañías petroleras, funcionarios del gobierno británico y estadounidense y la CIA. Otros países también han sufrido desde entonces el látigo del cártel del petróleo en el gobierno.

CAPÍTULO 11

Enrico Mattei aborda el cartel de las Siete Hermanas

Uno de esos países es Italia. Paralizada por la Segunda Guerra Mundial y la invasión de su territorio, Italia estaba prácticamente en ruinas. Se habían creado varias empresas estatales, entre ellas la Alienda Generale Italiana Petroli "AGIP", dirigida por Enrico Mattei, a quien se ordenó su desmantelamiento. Pero al ser el primer hombre que reconoció la existencia de una dictadura petrolera dirigida por las Siete Hermanas (Sette Sorelle), Mattei entró en conflicto abierto con el cártel. En lugar de cerrar la AGIP, la reformó y reforzó, cambiando su nombre por el de Ente Nazionale Idrocarburi, ENI. Mattei puso en marcha un programa de prospección petrolífera y contratos con la URSS que liberaría a Italia del dominio de las Siete Hermanas y, para disgusto de éstas, Mattei empezó a tener éxito.

Enrico Mattei, nacido el 29 de abril de 1906, era hijo de un carabinero, el cuerpo militar italiano, con funciones de policía. A los 24 años, se fue a Milán, donde se unió a los partisanos. En 1945, el comité político de los partisanos lo nombró director de la AGIP, la compañía petrolera nacional, con órdenes de cerrarla. Pero Mattei optó por ignorar la orden y, en cambio, la amplió hasta convertirla en uno de los éxitos económicos más notables de la Italia de posguerra.

En 1953, Mattei creó una segunda empresa energética llamada ENI, que hizo exitosos tratos con Egipto y en 1961 importaba 2,5 millones de toneladas de petróleo crudo de Egipto. En 1957,

Mattei se atrevió a atacar el monopolio del crudo de Irán dirigiéndose directamente al Sha. Lo consiguió y, en los términos acordados entre Mattei y el Sha, se concluyó una asociación entre la National Iranian Oil Company y ENI, con un 75% para Irán y un 25% para ENI, y se concedió a la empresa hermana de ENI, la Società Iraniano-Italiana delle Petrole (SIRIP), un contrato exclusivo de 25 años para explorar y perforar 8.000 millas cuadradas de vilayets petrolíferos conocidos.

Mattei sorprendió a las Siete Hermanas cuando cerró acuerdos petrolíferos con Túnez y Marruecos en una asociación igualitaria. Tras concluir un acuerdo con China e Irán, Mattei declaró que el monopolio petrolero estadounidense era cosa del pasado. La reacción británica y estadounidense no se hizo esperar. Una delegación se reunió con el Sha y protestó enérgicamente contra el contrato de Mattei. Pero la opinión de la Delegación, aunque se ha tomado nota, no ha tenido ningún efecto. En agosto de 1957, Mattei firmó un contrato que llevó a los extranjeros italianos a Irán. El industrial italiano dio a conocer su punto de vista. A partir de ahora, intentará que Oriente Medio forme parte de la Europa industrial construyendo una gran infraestructura en todo Oriente Medio.

Mattei era lo que hoy llamaríamos un "agitador" y, apenas cuatro años después de la firma del contrato, el primer petrolero de ENI llegó al puerto de Bari con 18.000 toneladas de crudo iraní. Aprovechando su éxito, Mattei viajó a países de África y Asia con reservas de petróleo para cerrar acuerdos similares.

Una de las cosas que más molestó al cártel petrolero de Gran Bretaña y Estados Unidos fue la oferta de ENI de construir refinerías en países con yacimientos de petróleo, que serían de propiedad local y los convertiría en socios de pleno derecho. La contrapartida para ENI eran contratos exclusivos de ingeniería y asistencia técnica y el derecho exclusivo de ENI a vender crudo y productos acabados en todo el mundo.

Observando desde Londres y Nueva York, las siete hermanas estaban atónitas y enfadadas por el éxito del intruso ENI.

Las cosas llegaron a un punto álgido en octubre de 1960, cuando Mattei fue a Moscú para reunirse con el gobierno ruso y discutir los intereses petroleros mutuos. Si las Siete Hermanas ya se habían quedado atónitas, lo que salió de las discusiones entre el ministro ruso de Comercio Exterior, Patolitschev, y Mattei las dejó estupefactas e hizo saltar las alarmas transatlánticas. Los peores temores del cártel petrolero se hicieron realidad cuando, el 11 de octubre de 1956, se firmó un acuerdo entre ENI y Moscú, que establecía lo siguiente

- A cambio de una entrega garantizada de 2,4 millones de toneladas de petróleo ruso al año durante los próximos cinco años, ENI ha obtenido un aumento significativo de la cuota de petróleo ruso en el mercado europeo.
- El pago por el petróleo no sería en efectivo sino en especie, en forma de entregas garantizadas de tuberías de petróleo de gran diámetro que se utilizarían para construir una amplia red de oleoductos para transportar el petróleo ruso desde el Volga-Ural hasta Europa del Este.
- Una vez completado, el contrato preveía el intercambio de 15 toneladas de petróleo crudo al año por una serie de alimentos, productos manufacturados y servicios.
- Los tubos de gran diámetro serían construidos por el Grupo Finsider bajo la supervisión del gobierno italiano en Taranto y enviados a Rusia a un ritmo de 2 millones de toneladas al año. (La planta se construyó en un tiempo récord y en septiembre de 1962 ya producía tubos, un logro asombroso).

El acuerdo con Rusia fue un gran triunfo para Mattei porque ahora Italia podía comprar el crudo ruso a 1 dólar por barril a bordo de los barcos en los puertos del Mar Negro, frente a los 1,59 dólares por barril más los 0,69 dólares de flete de Kuwait, y los 2,75 dólares por barril de la Standard Oil. Como ha sucedido muchas veces antes, cuando las amenazas al monopolio de las Siete Hermanas no pudieron evitarse por medios justos, se utilizaron medios inmorales.

A principios de 1962, el avión de Mattei fue saboteado. Sin

embargo, antes de que se produjera ningún daño, se descubrió la interferencia con el avión y las sospechas recayeron sobre la CIA. Pero Mattei tuvo mala suerte la segunda vez cuando, el 27 de octubre de 1962, en un vuelo de Sicilia a Milán, su avión se estrelló en el pequeño pueblo de Bascape, en Lombardía. El piloto, Inerio Bertuzzi, un periodista estadounidense llamado William McHale y Mattei murieron. Los rumores de juego sucio eran frecuentes, pero como la investigación del accidente era responsabilidad del Ministro de Defensa Giulio Andreotti, conocido por sus simpatías hacia las grandes compañías petroleras y, en particular, hacia Estados Unidos, la investigación oficial tardó en llegar.

En 2001, Bernard Pletschinger y Calus Bredenbrock emitieron un documental televisivo en el que afirmaban que las pruebas en el lugar del accidente de Mattei fueron destruidas inmediatamente. Los instrumentos de vuelo se fundieron en un baño de ácido. Tras la emisión del documental, los cuerpos de Mattei y Bertuzzi fueron exhumados. Se encontraron trozos de metal causados por una explosión a bordo alojados en los huesos de ambos hombres. El veredicto común, aunque no oficial, es que se colocó una bomba a bordo del avión de Mattei y que se suponía que debía explotar cuando el tren de aterrizaje se activara en la posición "abajo".

Aunque nunca se ha demostrado, las pruebas más sólidas, circunstanciales y de otro tipo, apuntan directamente a la CIA y, en particular, al jefe de la estación de la CIA en Roma en ese momento, un tal Thomas Karamessines, que abandonó abruptamente su oficina el 17 de octubre de 1962, el mismo día del accidente aéreo de Mattei en Lombardía, y nunca regresó. No se dio ninguna explicación sobre su repentina y abrupta salida. El informe de la CIA nunca se hizo público y sigue siendo, a día de hoy, clasificado "en interés de la seguridad nacional". Todas las solicitudes de libertad de información han sido denegadas.

Hay una posdata para este "Misterio sin resolver". En el momento en que el avión se estrelló y acabó con su vida, Mattei tenía que reunirse con el presidente estadounidense John F.

Kennedy. Una de las prioridades de su agenda era el cártel del petróleo, del que Kennedy era conocido por su desconfianza y su secreta aversión, entre otras cosas por su estrecha relación con la CIA, que le preocupaba desde hacía tiempo. Era bien sabido en su círculo íntimo que Kennedy consideraba a la CIA como un cáncer para la nación estadounidense; Kennedy creía que si el gobierno estadounidense era derrocado alguna vez por un golpe de estado, sería dirigido por la CIA.

Apenas un año después, Kennedy sería víctima de los mismos conspiradores de la inteligencia estadounidense. Añada a esto la historia de Enrico Mattei, la brutal violación de México en nombre de los intereses petroleros estadounidenses y británicos, y los innumerables daños causados a Irán e Irak, y tendrá las más trágicas historias de codicia, avaricia y ansias de poder que manchan las páginas de la historia de las compañías petroleras. El poder que ejercen las compañías petroleras trasciende todos los gobiernos y las fronteras nacionales; ha derribado gobiernos y debilitado a sus dirigentes nacionales, llegando incluso a asesinarlos. Ha costado a los contribuyentes estadounidenses miles de millones de dólares, y el final aún no está a la vista.

El petróleo, al parecer, es la base del nuevo orden económico mundial, con el poder en manos de unas pocas personas apenas conocidas fuera de las compañías petroleras. John D. Rockefeller vio rápidamente el potencial de beneficio y poder, y aprovechó la oportunidad. Esto le permitió ejercer un inmenso poder personal, aunque este poder se lograra a costa de miles de pequeñas empresas petroleras y de miles de vidas.

Nos hemos referido a las Siete Hermanas en varias ocasiones. Para los que no estén familiarizados con este grupo, se trata de las siete principales compañías petroleras de Gran Bretaña y Estados Unidos, que son responsables de dar forma a la política exterior de ambos países. Las compañías petroleras que conforman el cártel comenzaron en realidad después de la llamada "ruptura" de la Standard Oil por el Tribunal Supremo de los Estados Unidos. Fue Enrico Mattei quien acuñó el nombre de "Siete Hermanas". Su poderosa influencia aún puede sentirse en

2008.

Standard Oil de Nueva York se fusionó con Vacuum Oil y se convirtió en Socony Vacuum, que a su vez se convirtió en Mobiloil en 1966, mientras que Standard Oil Indiana se unió a Standard Oil Nebraska y a Standard Oil de Kansas, y en 1985 se convirtió en AMOCO. En 1972, Standard Oil New Jersey se convirtió en EXXON.

En 1984, Standard Oil California se unió a Standard Oil Kentucky y se convirtió en Chevron, que luego compró Gulf Oil Company, propiedad de Mellon. Standard Oil Ohio fue comprada por BP. En 1990, BP compró la antigua Standard Indiana y se convirtió en BP-AMOCO. En 1999, EXXON y Mobil se fusionaron en un acuerdo de 75.000 millones de dólares que creó EXXON-Mobil. En 2000, Chevron se fusionó con Texaco para convertirse en Chevron-Texaco.

EXXON (conocida como ESSO en Europa), Shell, BP, Gulf Oil, Texaco, Mobil y Chevron forman parte de la cadena mundial de bancos, casas de bolsa, agencias de inteligencia, empresas mineras, de refinado, aeroespaciales, bancarias y petroquímicas que en conjunto forman la columna vertebral del Comité de los 300, cuyos miembros también son conocidos como "olímpicos". Controlan la producción de crudo, las refinerías y el transporte marítimo, excepto en Rusia y ahora en Venezuela. Se calcula que el 75% de los beneficios del cártel del petróleo proceden de los negocios "derivados", como el refinado, el almacenamiento, el transporte marítimo, los plásticos, la petroquímica, etc.

La segunda mayor refinería del mundo, propiedad y controlada por el cártel, se encuentra en Pulau Bukom y Jurong, en Singapur. Shell tiene el mayor complejo de refinería del mundo, situado en la isla de Aruba. La construcción de esta enorme instalación ha puesto de manifiesto la importancia del crudo venezolano. También hay una gran refinería de Mobil en Aruba.

En 1991, se estimaba que el 60% de los beneficios de EXXON procedían de las llamadas operaciones "downstream". En 1990, EXXON adquirió la división de plásticos de Allied Signal y, al mismo tiempo, llegó a un acuerdo con Monsanto y Dow Chemicals en el campo de los termoplásticos y los elastómeros. Los principales distribuidores de gasolina son EXXON y Chevron-Texaco. Royal Dutch Shell tiene el mayor número de petroleros, con 114 en su flota. La empresa emplea a 133.000 personas en todo el mundo. Los activos de Shell se estiman en 200.000 millones de dólares.

Otro productor de beneficios "downstream" es EXXON Mobil, que produce más aceite de motor, aceite de transmisión y grasas lubricantes que cualquiera de las otras "majors". Opera en más de 200 países de todo el mundo y trabaja "en solitario" en el Mar de Beaufort, frente a Alaska. Posee enormes extensiones de tierra en Yemen, Omán y Chad, que supuestamente suman más de 20 millones de acres. La inversión se refiere, como siempre, al futuro del suministro de petróleo. EXXON mantiene sus secretos de refinado como secretos de Estado y, de hecho, Bahrein, donde se realiza la mayor parte del refinado, está vigilado por buques de guerra de la 5ª Flota de la Marina estadounidense. Ni siquiera Arabia Saudí tiene acceso a esos secretos. De las más de 500 refinerías existentes, sólo 16 están en los países del Golfo Pérsico.

CAPÍTULO 12

LA CONCHA REAL HOLANDESA

La mayor empresa petrolera del Comité de los 300 es, con diferencia, Royal Dutch Shell (Het Koninklijke Nederlandse Shell), de origen anglo-holandés. Es una de las mayores empresas energéticas del mundo y una empresa emblemática del Comité de los 300. Los accionistas mayoritarios son la Casa de Windsor y la Casa de Orange de los Países Bajos. Al parecer, sólo hay catorce mil accionistas, siendo la Reina Isabel (en representación de la Casa de Windsor), la Reina Juliana (en representación de la Casa de Orange) y Lord Victor Rothschild los mayores accionistas. No hay directores, que sepamos, pero el director general es Jeroen van der Veer y el presidente Jorma Ollila, ambos empresarios holandeses.

La actividad principal de la empresa es la exploración, el transporte y la comercialización de petróleo y gas, con una importante presencia en el sector petroquímico. En 2005, sus ingresos anuales fueron de 306.000 millones de dólares, lo que la convierte en la tercera empresa del mundo. La empresa ha recorrido un largo camino desde 1901, cuando William Knox D'Arcy obtuvo una concesión para explorar petróleo en Irán.

Al igual que el Banco de la Reserva Federal, nadie sabe realmente quiénes son los mayores accionistas de Shell. En 1972, el Senado de EE.UU. hizo un único intento de obligar a la empresa a revelar la lista de sus 30 mayores accionistas. La investigación estaba en manos del senador Lee Metcalf, pero su petición fue rechazada de plano. El mensaje: no intentes interferir con el Comité de los 300. El elitista Nuevo Orden

Mundial, un gobierno mundial que ha ascendido al poder gracias al descubrimiento del petróleo y sus usos, no tolera la interferencia de nadie, ya sean gobiernos, dirigentes, jeques o ciudadanos particulares, jefes de Estado de naciones grandes y pequeñas. Hace tiempo que el mundo se ha dado cuenta de que el cártel de las Siete Hermanas controla el petróleo firmemente en sus codiciosas manos, y sigue controlando la oferta y la demanda de crudo en todo el mundo.

Los gigantes petroleros supranacionales, cuyos conocimientos y métodos contables desconcertaron a las mejores mentes de los gobiernos, recaudadores de impuestos y contables del mundo, pusieron a las Siete Hermanas fuera del control de los gobiernos ordinarios. La historia de las Siete Hermanas demuestra que los gobiernos siempre estuvieron dispuestos a repartir su soberanía y sus recursos naturales, en cuanto estos bandidos entraron en el campo nacional. John D. habría aprobado de todo corazón la tienda cerrada, el club internacional, sus tratos secretos e intrigas internacionales, de las que el público estadounidense no sabe nada hasta hoy.

En sus guaridas secretas de Nueva York, Londres y Zúrich, estos líderes todopoderosos se reúnen para tramar y planificar guerras en todo el mundo. Son mucho más poderosos en 2008 que en cualquier otro momento desde que comenzaron sus actividades en el siglo XIX. Los mismos miembros del "Comité de los 300", la mayoría de los cuales son también miembros de los Illuminati, las antiguas y famosas familias increíblemente ricas, se deleitan en su poder. Son ellos los que deciden qué gobiernos deben desaparecer y qué líderes políticos deben caer.

Cuando los problemas reales llamaban a sus puertas secretas -como la nacionalización del petróleo iraní por parte del Dr. Mossadegh-, siempre estaban dispuestos a tomar represalias y "neutralizar" a los alborotadores, si no podían ser comprados. Cuando estalló la crisis de Mossadegh, se trató de apelar a los partidos adecuados en los países con problemas, mostrando su poder y asustando a los que no se podían comprar. Bastó con llamar al ejército, la marina, la fuerza aérea y los funcionarios del gobierno para deshacerse de las plagas. No era más difícil que aplastar una mosca. Las Siete Hermanas se convirtieron en un gobierno dentro de los gobiernos, al estilo de la Compañía de las Indias Orientales, y nadie intentó desalojarlas durante mucho tiempo.

Si uno quiere conocer la política árabe de Gran Bretaña, sólo tiene que consultar a BP y Shell. Si querías saber sobre la política estadounidense en Oriente Medio, igualmente, sólo tenías que buscar EXXON, ARAMCO, Mobil, etc. ARAMCO se ha convertido en sinónimo de la política de Estados Unidos hacia Arabia Saudí. De hecho, ¿quién podía imaginar que la Standard Oil de Nueva Jersey dirigiría un día el Departamento de Estado? ¿Puede alguien imaginarse a alguna otra empresa o grupo disfrutando de enormes exenciones fiscales especiales por valor de miles de millones de dólares? ¿Ha habido alguna vez un grupo tan favorecido como los miembros del cártel de la industria petrolera?

A menudo me han preguntado por qué la industria petrolera estadounidense, antaño llena de promesas y garante de la continuidad de la gasolina barata en el surtidor, ha entrado en tal declive y por qué los precios de la gasolina han subido de forma desproporcionada con respecto a la oferta y la demanda globales. La respuesta es la codicia del cártel del petróleo, las Siete Hermanas. Ninguna organización o empresa puede igualar la codicia de las Siete Hermanas.

Uno de estos grupos, EXXON, aun cuando obtuvo beneficios récord de 8.400 millones de dólares en el primer trimestre de 2008, pidió y recibió aún mayores concesiones y exenciones fiscales. Ni un solo céntimo se trasladó al consumidor en forma de precios más bajos de la gasolina en el surtidor.

¿Se benefició el pueblo estadounidense de los obscenos beneficios de Mobil, EXXON y Gulf Oil? No hay pruebas de ello. Gracias a las maniobras en Washington, donde, debido a la 17ª Enmienda, los senadores y representantes pueden ahora ser comprados y vendidos, las compañías petroleras nunca, nunca, han invertido nada de sus obscenos beneficios en bajar el precio del gas en el mercado nacional, ni en explorar y perforar en busca de petróleo en el territorio continental de Estados Unidos. No es una historia bonita, y la culpa la tiene el Congreso.

La 17ª Enmienda modificó las secciones 3 y 4 del artículo 1, que se referían al hecho de que el pueblo de los estados ya no podía elegir a sus senadores. Esto significaba ahora que los senadores eran elegidos por votación y, con el potencial de abuso de las donaciones de campaña, se abría la caja de Pandora.

Nosotros, los ciudadanos, también somos culpables por permitir que este estado de cosas continúe. El consumidor estadounidense se enfrenta continuamente al aumento de los precios de la gasolina en las gasolineras, mientras las arcas de las Siete Hermanas crecen cada vez más, la industria petrolera se dedica a la especulación de precios y a todo tipo de engaños para desplumar al pueblo estadounidense, y el pueblo estadounidense se acuesta y deja que la industria petrolera lo atropelle. Se mire como se mire -y algunos apologistas intentan confundir la cuestión comparando los precios de la gasolina en EE.UU. y Europa (una comparación inválida)- sólo se puede concluir que la industria petrolera nunca se ha apartado de los principios y preceptos del viejo John D. Rockefeller. Era entonces, y es ahora, una ley en sí misma. La codicia y el beneficio motivaron y gobernaron la vida del viejo John D. y poco ha cambiado desde su apogeo. Los beneficios obtenidos "aguas arriba" en lugares como Aruba y Bahrein se mantienen alejados del consumidor estadounidense.

John D. aconsejaba a sus hijos que no se hicieran amigos ni "confraternizaran" con otros, manteniendo así a los aspirantes a independientes fuera del negocio del petróleo. Sin embargo, no dudó en romper su regla de "no amistad" cuando vio una ventaja.

Por ejemplo, se hizo querer por Henry Flagler, el magnate del ferrocarril que abrió Florida. Siendo un hombre de negocios nato, John D. se dio cuenta muy pronto de que su punto de entrada en el negocio del petróleo era el refinado y la distribución del producto acabado. Su amistad con Flagler era para este propósito, para asegurar el control de la refinación y la distribución, y ganaría. En secreto, hasta el punto de la paranoia, John D. llegó a un acuerdo confidencial con Flagler para que se concedieran descuentos especiales en el transporte a sus empresas. De este modo, Rockefeller pudo reducir la "competencia" y dejar fuera de juego a varios de sus rivales.

La "libre empresa" no era algo que le importara a John D., y le importaban aún menos las personas a las que arruinaba con sus prácticas desleales. El credo de Rockefeller era ser totalmente despiadado con sus rivales. El secreto era otro de sus principios y vivió según estas dos "guías" toda su vida. Sólo fueron necesarios 7 años de prácticas despiadadas para eliminar a la mayoría de los competidores y permitir a John D. crear la Standard Oil Company de California.

En 1870, Standard controlaba el 10% del mercado petrolero estadounidense, una hazaña asombrosa. Al optar por seguir la tortuosa forma de hacer negocios de Rockefeller, los ferrocarriles vendieron efectivamente al público y se pusieron en el bolsillo de John D. La Asociación Central controlaba las tarifas ferroviarias. La Asociación Central controlaba las tarifas del ferrocarril, y las otras compañías petroleras que se unieron tuvieron que pagar mucho dinero para entrar, pero obtuvieron descuentos en las tarifas del ferrocarril. Los que no querían jugar el juego se fueron al paredón.

El libro de la autora/profesora/periodista Ida Tarbell, "The History of the Standard Oil Company", ofrece un relato claro y conciso de las tácticas extremadamente dudosas empleadas por John D., y fue su conducta básica la que le valió el odio y la enemistad de la mayoría de los independientes, un odio que Standard Oil pudo barrer e ignorar porque, en 1970, John D. había establecido mercados para sus productos petrolíferos en Europa, lo que suponía un asombroso 70% del negocio de Standard. El hecho de tener un monopolio virtual significaba que la opinión pública contaba poco.

Para eliminar a sus rivales, Rockefeller creó un ejército privado de espías que, en número -por no hablar de las capacidades-, superaba con creces todo lo que podían reunir los gobiernos de los países en los que operaba Standard. Se dice en los círculos de inteligencia que "ni un gorrión estornuda sin que John D. lo sepa". Aunque se suponía que era un bautista estricto, se trataba de una parodia de la Biblia, donde está escrito que ni un gorrión cae al suelo sin que Dios lo vea, y pretendía burlarse de la Biblia, algo que a John D. le encantaba hacer.

Pero la marcha de Rockefeller por el continente norteamericano hacia los mercados extranjeros no pasó desapercibida, a pesar de los métodos encubiertos de John D. Lloyd, que había una corporación, aparentemente por encima del gobierno local, estatal y federal y de las leyes de los Estados Unidos, una corporación que "declaraba la paz, negociaba la guerra, reducía los tribunales, las legislaturas y los estados soberanos a un nivel que ninguna agencia gubernamental podía frenar". Miles de cartas airadas llegaron al Senado, lo que dio lugar a la promulgación de la Ley Antimonopolio de Sherman. Pero sus términos son tan vagos (probablemente de forma deliberada) que es fácil evitar su cumplimiento, especialmente con un cliente escurridizo como John D. Pronto se hizo evidente que John D. ejercía una enorme influencia en el Senado de los Estados Unidos. La Ley Antimonopolio de Sherman resultó ser poco más que un ejercicio de relaciones públicas, lleno de normas, pero sin poder. Finalmente, las cosas cambiaron en 1907, cuando la ley fue invocada en una demanda del Departamento de Justicia de Estados Unidos presentada por el abogado Frank Kellogg.

Durante el juicio, Rockefeller subió al estrado con su espíritu público, describiéndose como un benefactor de la humanidad y especialmente de los ciudadanos estadounidenses. Cuando Kellogg le presionó para que explicara sus numerosas transacciones irregulares, John D. respondió que "no se acordaba".

El 11 de mayo de 1911, el presidente del Tribunal Supremo Whyte tomó su decisión: Standard debía deshacerse de todas sus filiales en un plazo de seis meses. Rockefeller, como de costumbre, contrató a un verdadero ejército de abogados y periodistas para explicar que el negocio del petróleo no podía gestionarse como otras empresas. En resumen, había que tratarla como una entidad especial a la manera de Rockefeller.

Para mitigar el efecto de la decisión del juez Whyte, Rockefeller estableció un sistema de mecenazgo inspirado en las cortes reales de Inglaterra y Europa, junto con fundaciones filantrópicas diseñadas para proteger el imperio y la fortuna de Rockefeller de la próxima ley del impuesto sobre la renta, que su ejército de espías y senadores comprados le habían advertido que se avecinaba y que, de hecho, se promulgó en 1913 de una forma tan indirecta que desafiaba la lógica y la razón.

CAPÍTULO 13

John D. Rockefeller, los hermanos Nobel, Rusia

Que el CFR debe su existencia a John D. y Harold Pratt no está en duda. Es un mal formidable, parte del caso contra la industria petrolera que, con miles de millones de dólares y la ayuda del CFR, ha sido capaz de tomar el control de esta nación que ha gobernado desde entonces.

Otros siguieron el plan de Rockefeller, entre ellos Occidental Petroleum, la empresa de Armand Hammer, que fue la principal responsable de la adopción del Tratado de Fuerzas Nucleares de Alcance Intermedio, negociado por el "gemelo siamés" de David Rockefeller, Kissinger, cuyo continuo apego a su mentor se hizo evidente tras el descubrimiento de los archivos Bamberg antes mencionados. El tratado INF fue una de las traiciones más escandalosas a los intereses de Estados Unidos. Sin duda hay otros tratados de traición, pero en mi opinión, el Tratado INF los supera a todos.

La deshonestidad de John D. sigue haciéndose notar en la política de Estados Unidos hacia varias naciones, y la perniciosa influencia de sus compañías petroleras se mantiene hasta hoy. En 1914, el "gobierno secreto de Rockefeller" se menciona en el Registro del Congreso. Fue el mismo año en que el "Gran Hombre" (Winston Churchill) tuvo la mortificación de ver rechazada su oferta de hacer un "blanqueo" de John D., porque el precio que pedía, 50.000 dólares, fue considerado "demasiado alto". Churchill anunció entonces con disgusto: "Dos gigantescas corporaciones controlan prácticamente la industria petrolera mundial". Se refería, por supuesto, a Shell y Standard Oil. La primera empresa fue fundada por Marcus Samuel, que fabricaba cajas decorativas para la realeza con conchas, de ahí el nombre de "Shell Oil Company". Samuel había empezado su carrera enviando carbón a Japón, pero cuando vio la luz, se pasó al petróleo. El cambio resultó ser muy beneficioso.

En 1873, el zar ruso, mal aconsejado por un grupo de traidores infiltrados en su círculo íntimo, otorgó una concesión a la compañía Nobel Dynamite para que explorara en busca de petróleo en el Cáucaso. Los hijos de los Nobel, Albert, Ludwig y Robert, entraron en la brecha, financiados por los bancos franceses Rothschild, un movimiento que finalmente dio a los Rothschild un control sobre las finanzas de Rusia y condujo a la revolución bolchevique.

Nobel, Rockefeller, Rothschild y sus empresas y bancos violaron a Rusia, la vaciaron de sus recursos y luego la entregaron a las hordas bolcheviques para que completaran la destrucción de lo que siempre había sido un país hermoso, noble y cristiano.

La participación de la industria petrolera en la violación de la Rusia cristiana por parte de los bolcheviques y su caída en la era oscura de la esclavitud es una acusación importante contra este gobierno dentro del gobierno, y no se puede dejar de lado a la ligera. Es una acusación a la que la industria petrolera nunca ha tenido que responder.

Después de su éxito en Rusia, con la Standard prácticamente apoderada de los campos rumanos, John D. dirigió su atención a Oriente Medio. La primera en ser golpeada fue la antigua Turkish Petroleum Company. Los británicos ofrecieron a John D. una participación del 20% en su sociedad turca, que Exxon aceptó. Entonces, las codiciosas multinacionales empezaron a fijarse en Irak, y Mobil, Exxon y Texaco no tardaron en instalarse en el país. El acuerdo era para una asociación igualitaria, pero los iraquíes fueron engañados desde el principio. Según el acuerdo de San Remo, Irak debía tener una participación del 20% en el consorcio, pero de hecho no obtuvo nada. Así comenzó la profunda aversión y el miedo a las compañías petroleras británicas y estadounidenses que se extendió por todo el mundo. Exxon canalizó el dinero a través de una empresa fantasma suiza para ocultar su participación. Los soviéticos, ocupados en Irak e Irán, acogieron con satisfacción la llegada de las empresas estadounidenses. Años más tarde, Henri Deterding, director general de Shell, acusó a EXXON de colaborar estrechamente con los bolcheviques, un hecho ampliamente respaldado por los documentos de inteligencia del MI6 en posesión de Lord Alfred Milner. Deterding declaró que EXXON siempre había apoyado a los bolcheviques, con muchos de sus programas diseñados específicamente para favorecer al gobierno comunista. EXXON, al más puro estilo de John D., cerró las escotillas y sobrevivió a la tormenta de críticas que las acusaciones generaron en Estados Unidos. En cuanto a Deterding, debido a sus revelaciones, que perjudicaron a la industria petrolera, fue incluido en la lista negra y cayó en desgracia.

En los documentos relativos a la campaña de la Rusia Blanca para derrotar al Ejército Rojo, conservados en los archivos de Whitehall, se revela que la Standard Oil prometió a los generales de la Rusia Blanca, Wrangle y Deniken, que si lograban expulsar al Ejército Rojo de los ricos campos petrolíferos de Bakú, recibirían un apoyo sustancial del gobierno estadounidense.

La tarea fue realizada por las fuerzas militares de la Rusia Blanca. De hecho, aplastaron al Ejército Rojo, haciéndolo retroceder hasta las mismas puertas de Moscú. Pero en lugar de recibir dinero y armas como se había prometido, Lloyd George, representante personal del Departamento de Estado de los Estados Unidos, y William Bullit, el Primer Ministro británico, actuando siguiendo las instrucciones del Comité de los 300 a través de su Consejo de Relaciones Exteriores (CFR), tiraron de la manta bajo los ejércitos rusos blancos, dejándolos sin dinero, sin armas y sin otra opción que la de disolverse.

El boicot de las municiones para las fuerzas rusas blancas fue una conspiración del CFR, dirigida por Lloyd George, y aseguró el colapso de la única fuerza militar capaz de destruir al Ejército

Rojo y acabar con el régimen bolchevique en Rusia, pero no era lo que la Gran Bretaña imperial y un socio estadounidense tenían en mente.

¿Por qué Bullit y Lloyd George apuñalaron por la espalda a los ejércitos de la Rusia Blanca? ¿Por qué, cuando el Ejército Rojo estaba mirando la derrota en la cara, cuando la revolución bolchevique estaba en peligro inminente de colapso, los gobiernos estadounidenses y británicos actuaron tan traicioneramente? En los documentos a los que ya me he referido, que se encuentran en la Oficina de Guerra en Whitehall, Londres, se revela que el CFR quería llegar a un acuerdo para mantener a Lenin en el poder, a cambio de una concesión única para el petróleo de los vastos campos rusos. Pensaron que Lenin tenía más posibilidades de llegar a un acuerdo que los generales rusos blancos. Este fraude, esta traición, es lo que ayudó a los bolcheviques a volver del borde de la derrota para convertirse en una fuerza poderosa capaz de someter a Rusia a costa de la vida de millones de sus ciudadanos.

Cuando Gran Bretaña reconoció oficialmente al gobierno bolchevique en 1924, lo hizo con la condición de que un funcionario firmara un acuerdo con British Petroleum (BP), garantizando enormes extensiones de tierra petrolífera para la exploración por parte de los intereses británicos. El trabajo de base para este acuerdo había sido establecido por Sydney Reilly, un agente británico del MI6, durante la revolución bolchevique. Reilly tenía siete pasaportes con diferentes nombres oficiales del MI6 y representaba a Lord Alfred Milner, responsable en gran medida de la financiación de la revolución bolchevique, más directamente que al gobierno británico.

Del mismo modo, la Standard Oil estadounidense firmó acuerdos similares con el imperialista Lenin. Para dar la impresión de que EE.UU. y Gran Bretaña estaban realmente luchando contra el ascenso de los bolcheviques, se envió una fuerza expedicionaria aliada a Arcángel, en el extremo norte de Rusia. Sus tropas se limitaron a holgazanear en sus cuarteles, excepto una vez, cuando realizaron una marcha ceremonial por las calles de Arcángel, tras la cual la llamada fuerza expedicionaria subió a un barco y partió hacia casa.

El único hombre de principios en el consorcio era Deterding, que se negó categóricamente a trabajar con los bolcheviques. Sobre el tema de la traición de los rusos blancos y el acuerdo bolchevique sobre el petróleo, Deterding dijo:

> Creo que un día todos se arrepentirán de haber tratado con estos ladrones.

No es de extrañar que Deterding fuera relegado a la oscuridad. La historia juzgará si sus palabras fueron proféticas, y no estamos hablando de la historia escrita por los llamados historiadores pagados por Rockefeller. Para evitar una futura competencia, que Rockefeller estaba seguro de que se produciría, el 18 de agosto de 1928 se celebró una reunión secreta en el castillo de Achnacarry (Escocia), en las reservas del conde de Achnacarry. La reunión fue organizada por la Anglo-Iranian Oil Company (posteriormente llamada British Petroleum-BP) y a ella asistieron ejecutivos de Standard, Shell, Anglo-Iranian Oil Company y Mobil. Deterding asistió como representante de Royal Dutch Shell, pero su vida se convirtió en un infierno por Rockefeller, que no ocultó su odio hacia el hombre que se había opuesto públicamente a sus acuerdos petroleros con los bolcheviques.

La Anglo-Iranian Oil Company redactó el orden del día que fue firmado por todas las partes el 17 de septiembre de 1928. El único objetivo de los imperialistas achacadores era dividir el comercio mundial de petróleo en "esferas de interés", que las grandes empresas controlarían, lo que en realidad significaba que todo debía quedar "como está".

El acuerdo de Yalta que siguió en 1945 se basó en el acuerdo de Achnacarry, y los "tres grandes" pudieron aplicar este acuerdo hasta 1952. El acuerdo Achnacarry violaba las leyes antimonopolio Sherman de EE.UU., y más que eso, demostraba que los gigantes del petróleo eran lo suficientemente poderosos como para fijar los precios y asignar los suministros, sin importar lo que dijeran los gobiernos legítimos del mundo.

¿Se benefició el consumidor estadounidense del acuerdo Achnacarry de 28 años? La respuesta es no. De hecho, los consumidores estadounidenses fueron víctimas de precios más altos en un momento en que los precios podrían haber bajado considerablemente. En realidad, el acuerdo de Achnacarry fue una gigantesca conspiración contra las leyes antimonopolio de EE.UU. con la intención de defraudar a los consumidores de todo el mundo, pero fue el consumidor estadounidense quien se llevó la peor parte de la fijación de precios.

Si alguna vez hubo un caso criminal flagrante esperando a ser procesado, era éste. Pero, al parecer, sólo había unos pocos valientes en el Departamento de Justicia de los Estados Unidos dispuestos a enfrentarse a los gigantes de la industria que han "estafado" sistemáticamente al consumidor estadounidense a lo largo de su larga historia. A su favor, "los pocos" del Departamento de Justicia intentaron perseguir al cártel, pero sus esfuerzos fueron bloqueados por Eisenhower y Truman.

El hecho de que las "Tres Grandes" obtuvieran petróleo barato de todo el mundo no hizo más que agravar la situación. La "gran mano" del viejo John D. estaba en todas partes, y a medida que pasaba el tiempo, los hombres honestos en la industria petrolera eran cada vez más difíciles de encontrar.

Pero lo peor estaba por llegar. No satisfechas con sus beneficios inflados, las tres grandes empresas buscaron y obtuvieron concesiones fiscales en Estados Unidos con la ayuda de altos funcionarios del Departamento de Estado. Las compañías petroleras argumentaron que su estatus especial estaba justificado porque

> "seguimos la política de Estados Unidos hacia estos países".

Su afirmación va más allá:

> "Estamos ayudando a mantener frescos los puntos calientes, mientras que la intervención directa de Estados Unidos en estos puntos calientes sólo empeoraría la situación,

dijo un ejecutivo a la Comisión de Asuntos Exteriores del Senado en 1985. Veremos cómo este argumento no se sostiene.

El principal impulso de EXXON después de Bakú fue hacia Arabia Saudí. Everette Lee De Goyler había dicho en 1943:

> "Este petróleo en esta región (Arabia Saudí) es el mayor precio de la historia".

Con el pretexto de ayudar al clan reinante Abdul Azziz a contrarrestar la amenaza israelí, EXXON pudo establecer su posición asegurándose de que los intereses de Arabia Saudí no fueran minimizados por el formidable y amenazante lobby israelí en Washington.

El Departamento de Estado desempeñó su papel al decirle al rey Ibn Saud que Estados Unidos mantendría una política imparcial hacia Oriente Medio si los saudíes trabajaban con EXXON. Por supuesto, el rey aceptó este nefasto trato. Como "quid pro quo", EXXON pagó la modesta suma de 500.000 dólares para asegurarse los derechos exclusivos sobre el petróleo saudí. Sin embargo, ni EXXON ni el Departamento de Estado pudieron cumplir su promesa de mantener la imparcialidad de la política de Washington en Oriente Medio debido a las protestas del lobby israelí. Esto no sentó bien a los saudíes, que se habían opuesto amargamente a la creación de Israel como Estado en 1946. El senador Fulbright siempre había adoptado un enfoque no partidista y, en general, era capaz de mantenerse firme, incluso cuando las cosas se ponían difíciles en Washington. Sin embargo, cuando Fulbright fue nominado para Secretario de Estado, el lobby sionista se unió a Exxon para cancelar la nominación, que recayó en Dean Rusk, un enemigo de las naciones árabes y un imperialista de la peor calaña. Como resultado, la política exterior de Estados Unidos hacia los países árabes/musulmanes de Oriente Medio, siempre terriblemente desequilibrada y totalmente sesgada a favor de Israel, se ha vuelto mucho más pro-israelí.

La familia real saudí exigió entonces a Exxon un canon anual para mantener la concesión, que alcanzó los 50 millones de dólares en el primer año de su implantación. A medida que la producción de petróleo barato saudí alcanzaba cotas vertiginosas, el "truco de las concesiones fiscales doradas" crecía en proporción, y sigue siendo hasta hoy uno de los mayores fraudes de proporciones monumentales. En virtud de un acuerdo con el Departamento de Estado, EXXON (ARAMCO) puede deducir los sobornos de sus impuestos en EE.UU., con el argumento de que el soborno es un pago legítimo del "impuesto sobre la renta saudí".

En realidad, se trataba de un enorme pago de ayuda exterior a Arabia Saudí -aunque no se registró como tal- para que EXXON pudiera seguir produciendo y exportando petróleo saudí barato. Seis años después de que se utilizara la laguna fiscal, Israel empezó a reclamar su parte del botín, llegando a obtener unos 13 millones de dólares, gracias a los contribuyentes estadounidenses. El importe total de la ayuda exterior que Israel recibe de Estados Unidos es actualmente de unos 50.000 millones de dólares al año. ¿Reciben los contribuyentes estadounidenses, que pagan la factura, algún beneficio de este acuerdo, como la bajada del precio de la gasolina en el surtidor? Después de todo, ya que el petróleo saudí es tan barato, ¿no debería repercutirse el beneficio en el cliente? La respuesta es "no en lo que respecta a ARAMCO".

Los consumidores estadounidenses no recibieron ningún beneficio. Y lo que es peor, el precio del petróleo nacional sufrió una enorme subida de la que nunca se ha recuperado, ya que el crudo barato de Oriente Medio acabó con todos los esfuerzos locales por hacer que Estados Unidos fuera independiente energéticamente produciendo más petróleo y gas de fuentes estadounidenses, como los yacimientos del Ártico.

CAPÍTULO 14

Nixon cierra la ventana de oro

Muchas de las pequeñas empresas independientes de prospección petrolífera, los "wildcatters", se vieron obligadas a abandonar el negocio por el aumento de los impuestos y un laberinto de nuevas y más estrictas medidas para restringir sus actividades. La oportunidad de subir los precios de la gasolina en el surtidor llegó con la minirrecesión de 1970, al final del mandato del presidente Nixon. La economía estadounidense estaba en recesión y los tipos de interés se redujeron bruscamente, lo que provocó una alarmante fuga de capitales extranjeros. El presidente Nixon, aconsejado por Sir Sigmund Warburg, Edmond de Rothschild y otros banqueros de la City londinense del "Comité de los 300", decidió cerrar la ventanilla del oro de los bancos de la Reserva Federal.

El 15 de agosto de 1971, Nixon anunció que los dólares estadounidenses dejarían de cambiarse por oro. La disposición central de la Conferencia de Bretton Woods se hizo añicos. La desmonetización del dólar hizo que el precio de la gasolina en el surtidor se disparara.

Según las pruebas presentadas al Comité de Audiencias Multinacionales en 1975, las grandes petroleras estadounidenses obtenían casi el 70% de sus beneficios en el extranjero, por los que no tenían que pagar ningún impuesto sobre la renta en Estados Unidos. Dado que la mayor parte de su negocio se realiza "aguas arriba" (en países extranjeros), las grandes empresas estadounidenses no estaban dispuestas a invertir un capital importante en perforaciones y exploraciones locales, por las que habrían tenido que pagar impuestos.

¿Por qué gastar dinero en explorar y explotar yacimientos petrolíferos en Estados Unidos cuando el producto puede obtenerse, libre de impuestos y a un precio menor, en Arabia Saudí? ¿Por qué permitir que pequeños operadores independientes exploren en busca de petróleo y encuentren importantes vilayetas, lo que inevitablemente reduciría los beneficios de las Siete Hermanas? EXXON hizo lo que mejor sabe hacer. Se dirigió a los congresistas complacientes y exigió (y obtuvo) un fuerte impuesto sobre la exploración petrolera en el territorio continental de Estados Unidos.

Los consumidores estadounidenses han seguido subvencionando a las grandes empresas imperialistas de los países extranjeros, mientras pagan precios artificialmente altos en el surtidor, lo que, si se añade el coste de todos los impuestos ocultos, hace que la gasolina estadounidense sea una de las más caras del mundo, una situación chocante y creada artificialmente que debería haberse eliminado hace décadas. La inmoralidad de este acuerdo es que si las grandes empresas no hubieran sido tan codiciosas, podrían haber producido y vendido más gasolina en Estados Unidos a un precio muy reducido. En nuestra opinión, la forma en que la industria petrolera fomentó una práctica ilegal la expone a cargos penales de conspiración para defraudar al consumidor estadounidense.

En 1949, el Departamento de Justicia de EE.UU. presentó cargos penales contra el "cártel internacional del petróleo", que incluía a las principales compañías petroleras estadounidenses, pero antes de que el caso llegara muy lejos, Truman y Eisenhower intervinieron y obligaron al Departamento de Justicia a reducir los cargos a un caso civil.

Cuando los tipos de cambio flotantes llegaron al mundo económico, los Estados árabes productores de petróleo exigieron y obtuvieron la promesa de un precio fijo para el petróleo, de modo que no sufrieran inesperadamente una fuerte caída de sus ingresos petroleros debido a las fluctuaciones monetarias. Las grandes empresas cumplieron amañando el precio de la gasolina.

Así, las petroleras pagaban impuestos sobre un precio artificial, que no era el real del mercado, pero que se compensaba con los menores impuestos que pagaban en Estados Unidos, una ventaja de la que no ha disfrutado nunca ninguna otra industria en ese país. Esto permitió a EXXON y Mobil, así como a las demás grandes empresas, pagar una media de sólo el 5% de impuestos, a pesar de los enormes beneficios que obtenían. De lo anterior se desprende que las grandes compañías petroleras no sólo estaban desplumando al contribuyente estadounidense -y siguen desplumando a los consumidores por todo lo que valen- sino que estaban aplicando la política exterior imperialista de Estados Unidos al actuar como patrocinadores de países extranjeros, cuyo petróleo compraban a precios de ganga. Este acuerdo situaba a las grandes compañías petroleras por encima de la ley, dándoles una posición desde la que podían dictar constantemente a los gobiernos elegidos. ¿Cómo se logró esta enorme victoria sobre el consumidor estadounidense? Para responder a esta pregunta, debemos analizar la reunión secreta celebrada en la isla de Saltsjöbaden, propiedad de los suecos Wallenberg, miembros del Comité de los 300. En mayo de 1973, el Grupo Bilderberg celebró una reunión secreta a la que asistieron Sir Eric Roll de Warburg, Giani Agnelli del conglomerado Fiat, Henry Kissinger, Robert O. Anderson de la Atlantic Richfield Oil Company, George Ball de Lehman Brothers, Zbignew Brzezinski, Otto Wolf von Armerongen y David Rockefeller. La idea central de la reunión fue cómo desencadenar un embargo petrolero mundial para elevar los precios del petróleo hasta un 400%.

La reunión de Saltsjöbaden fue sin duda un punto álgido para el Comité de los 300, ya que nunca antes tan pocos habían controlado el futuro económico del mundo entero. Los pasos que decidieron dar para lograr su objetivo de aumentar en un 400% los ingresos del petróleo, y el consiguiente gran impulso del dólar, no son conocidos más que por los que asistieron a la reunión. Pero el resultado de sus deliberaciones no se hizo esperar.

Apenas seis meses después, el 6 de octubre de 1973, Egipto y

Siria lanzaron una guerra contra Israel, la llamada guerra de "Yom Kippur". Dejemos de lado por el momento todas las razones ostensibles del ataque a Israel y vayamos a los bastidores. Por lo que hemos podido descubrir leyendo una serie de despachos e informes, es casi seguro que Henry Kissinger orquestó el estallido de la guerra desde Washington a través de los canales traseros. Es bien sabido que Kissinger era muy cercano al embajador israelí en Washington, un tal Simcha Dinitz. Al mismo tiempo, Kissinger estaba trabajando en sus relaciones con Egipto y Siria. Kissinger utilizó la fórmula más antigua del mundo: distorsionó deliberadamente los hechos para ambas partes.

El 16 de octubre de 1972, la OPEP se reunió en Viena y anunció al mundo que subía el precio de su petróleo de 1,50 a 11 dólares el barril y que boicotearía a Estados Unidos por su descarado y continuo favoritismo hacia Israel. Los Países Bajos fueron elegidos para un ataque especial porque en ellos se encuentran los principales puertos petroleros de Europa. Los conspiradores de Bilderberg han logrado su objetivo. Si observamos los precios del petróleo de 1949 a 1970, vemos que el precio del barril de crudo sólo subió unos 1,89 dólares. En enero de 1974, el precio del crudo había subido un 400%, objetivo del Grupo Bilderberg en Saltsjöbaden.

Hay pocas dudas de que Henry Kissinger, en nombre del Grupo Bilderberg, orquestó y ejecutó el plan elaborado en el retiro de Wallenberg, mientras culpaba a los productores árabes y de la OPEP del aumento del 400% de los precios del crudo, mientras el consumo mundial de petróleo se ha multiplicado por 5,5 desde 1949. El senador "Scoop" Jackson pidió el desmantelamiento inmediato y la desinversión de las grandes compañías petroleras, calificando sus beneficios de "obscenos".

Luego volvemos a México y al muy odiado Henri Deterding de Shell, que compró algunas de las concesiones de Cowdrey (que John D. había rechazado porque consideraba que no valían mucho de todos modos). Este fue el comienzo de las prácticas corruptas de las compañías petroleras, apoyadas por un gobierno cuyos funcionarios eran muy sensibles a los sobornos.

El petróleo fue descubierto en México por el magnate británico de la construcción Weetman Pearson, al que ya hemos conocido. Pearson no estaba realmente en el negocio del petróleo, pero lo descubrió por casualidad tras una visita a Laredo, Texas, según su relato de los hechos. El presidente mexicano Porfirio Díaz concedió a Weetman el derecho de prospección (de forma privada) y el empresario británico instaló su equipo de perforación en un terreno que se creía que contenía enormes reservas de petróleo, al lado de donde el viejo John D. había presentado sus reclamaciones. John D., siempre rápido para odiar, comenzó entonces a dinamitar las reclamaciones de Weetman y a incendiar sus pozos. Todos los trucos sucios enseñados por William "Doc" Avery fueron utilizados inmediatamente contra su rival. Pero Weetman siguió con su tarea y, por primera vez en su vida, Rockefeller se vio frustrado. Tras hacerse con el control de todos los recursos petrolíferos de Estados Unidos, a Rockefeller no le gustó. Su máscara de filantropía benévola, exhibida en la sala del juez Whyte, se cae, revelando toda la fealdad del carácter del hombre, un rostro moldeado en la rapacidad despiadada.

Weetman era más inteligente que Rockefeller, lo que le hizo calcular mal. "Creo que los yacimientos petrolíferos mexicanos son demasiado caros", le dijo a Avery, pero poco sabía que su valoración de la situación mexicana era muy equivocada. Pero entre bastidores, el servicio de inteligencia privado de Rockefeller estaba decidido a crear los máximos problemas para Weetman, y disturbios y derramamiento de sangre para el pueblo mexicano.

El gobierno británico ascendió a Weetman a la Cámara de los Lores en reconocimiento a su trabajo en los campos petrolíferos de México para su país, y por la construcción de bombarderos para el Royal Flying Corps (RFC) durante la Primera Guerra Mundial. Era un amigo íntimo de Sir Douglas Haig, que inició el programa del Royal Flying Corps (RFC). A partir de entonces se le conoce como Lord Cowdrey. Pronto se hizo muy amigo del recién elegido presidente Woodrow Wilson.

Enfadado por haber sido derrotado, John D. comenzó a ejercer una enorme presión sobre Wilson. La Standard Oil quería volver a entrar en el juego, y si para ello tenía que utilizar al ejército estadounidense, que así fuera. Esto era el imperialismo en su peor forma, con las compañías petroleras utilizando a los militares estadounidenses como su propio ejército privado, como vimos cuando el presidente Bush ordenó más tarde la invasión de Panamá e Irak.

En México, el ejército de inteligencia privada de Rockefeller fomentaba los disturbios a todas horas y, para aumentar la crisis inminente, México eligió al general Huerto como nuevo presidente. En su programa electoral, Huerto había prometido que recuperaría el control del petróleo mexicano para su pueblo. A través de Lord Cowdrey, el gobierno británico pidió a Wilson que buscara ayuda estadounidense para deshacerse del aguerrido Huerto. Gran Bretaña y Estados Unidos unieron sus fuerzas "contra el enemigo común", como dijo Cowdrey, mientras bombeaba todo el crudo que podía, noche y día, antes de que el globo volara. Pero fue Estados Unidos quien hizo el mayor daño a México, sumiendo al país en una serie de guerras civiles, mal llamadas "revoluciones", y derramando innecesariamente la sangre de cientos de miles de mexicanos, para que los imperialistas extranjeros pudieran conservar el control de los recursos naturales de México. México estaba plagado de rencores y conflictos, pero mientras tanto Cowdrey se enriquecía cada vez más. Su imperio personal incluía a Lazard Frères, el banco internacional y casa de bolsa, Penguin Books, The Economist y el Financial Times de Londres, todo ello construido sobre la sangre y las lágrimas del pueblo mexicano y la sangre de millones de muertos en la Primera Guerra Mundial, que no podría haberse librado si no se hubiera utilizado el petróleo mexicano. El pueblo mexicano fue robado a manos llenas, primero por Cowdrey y luego por Shell, que compró la participación del multimillonario en México en 1919, al final de la Primera Guerra Mundial, cuando Cowdrey, malherido por la muerte de su hijo en la Primera Guerra Mundial, decidió que había ganado suficiente dinero para retirarse.

Se produjo una guerra civil (llamada "revolución" en la prensa británica y estadounidense) en la que el pueblo mexicano trató de recuperar el control de sus recursos naturales. Mientras Cowdrey vivía en el lujo total, los trabajadores petroleros mexicanos estaban peor que los esclavos del faraón, apiñados en la miseria negra y escuálida en las indescriptibles "ciudades" petroleras que consisten en las chozas más escuálidas sin saneamiento ni agua.

En 1936, 17 países extranjeros se dedicaban a bombear el petróleo que legítimamente pertenecía a México. Finalmente, cuando los trabajadores petroleros mexicanos estaban a punto de rebelarse contra sus empleadores por sus condiciones, el presidente mexicano Lázaro Cárdenas exigió tardíamente mejores condiciones y salarios para ellos. En Estados Unidos, la prensa anunció que "el comunismo intentaba apoderarse de México".

Las 17 empresas infractoras se negaron a ceder a las justas demandas de los trabajadores, y Cárdenas nacionalizó entonces todas las empresas petroleras extranjeras, como tenía derecho a hacer. Al igual que hicieron con Irán, cuando la brutal agresión de Churchill arruinó la economía al instituir un boicot mundial al petróleo iraní, los gobiernos británico y estadounidense anunciaron que aplicarían un embargo contra todo aquel que enviara petróleo fuera de México. PEMEX, la empresa nacional que dirige la industria petrolera, se vio tan perturbada por el boicot que se volvió totalmente incompetente y, a medida que el boicot continuaba, los empleados de PEMEX comenzaron a sucumbir a los sobornos y la corrupción. Todas estas fechorías fueron obra del ejército privado de agentes y espías de Rockefeller, que estaban por todas partes. En 1966, varios escritores destacados trataron de exponer el papel desempeñado por los imperialistas británicos y estadounidenses en México. Cowdrey contrató entonces a Desmond Young, un prominente escritor de la época, para que preparara una crónica de sus actividades, por la que Young cobró el precio de las prostitutas.

Volviendo a Europa, justo antes de la Segunda Guerra Mundial. En 1936, los comunistas intentaron tomar el control de España. Era su gran premio después de capturar Rusia. Texaco, viendo una ganancia en ciernes, se puso del lado del general Franco. Sus petroleros, cargados de petróleo mexicano, fueron desviados a puertos españoles controlados por Franco.

Aquí es donde entra Sir William Stephenson, el hombre que conspiró para hacerse con el control de la inteligencia estadounidense durante la Segunda Guerra Mundial y que posteriormente organizó el asesinato del presidente John F. Kennedy. Stephenson se enteró del acuerdo petrolero Texaco-Franco y se apresuró a comunicárselo a Roosevelt. Como es costumbre del gobierno secreto de Estados Unidos -y hay una larga historia de esto- cuando los gobiernos de derecha están comprometidos en una lucha a vida o muerte contra las fuerzas comunistas que intentan derrocarlos (como en Cuba), el CFR adopta una posición de neutralidad, mientras socava secretamente al gobierno legítimo y apoya a las fuerzas comunistas, o se pone abiertamente del lado de las fuerzas insurgentes (como en España y, más tarde, en Sudáfrica).

En la guerra española contra el comunismo, conocida como la Guerra Civil Española, Estados Unidos fue oficialmente "neutral". Pero Roosevelt permitió que el CFR suministrara secretamente dinero, armas y municiones a los comunistas contra los que luchaba Franco. Cuando Stephenson entró al galope en su despacho con las "malas noticias", Roosevelt se enfadó mucho y ordenó indignado a Texaco que respetara las leyes de neutralidad y dejara de suministrar petróleo a Franco.

Sin embargo, Roosevelt no detuvo el flujo de dinero, armas y alimentos hacia los comunistas. Tampoco ordenó a los bolcheviques que no reclutaran hombres en Estados Unidos para luchar por los comunistas en España.

Los comunistas pronto comenzaron a reclutar voluntarios estadounidenses para luchar en la "Brigada Abraham Lincoln" en oposición a Franco. Roosevelt no intentó perseguir a los responsables. A Franco nunca se le perdonó el aplastamiento del intento de toma de posesión comunista de la España cristiana. Tampoco le perdonarán nunca los socialistas que componen la mayor parte del Departamento de Estado estadounidense. Aunque no desempeñó un papel importante en la Guerra Civil española, el Consejo de la Reserva Federal, órgano de gobierno de los 12 bancos de la Reserva Federal, fue un actor importante en la Primera y Segunda Guerras Mundiales. Sin ella, no habría habido guerras mundiales, ni guerras de Corea y Vietnam. Los bancos de la Reserva Federal fueron creados por el senador Nelson Aldrich, a instancias y al servicio de los Rockefeller. El senador Nelson Aldrich fue comprado y pagado por los Rothschild y se convirtió en el principal impulsor del proyecto de ley para establecer un banco central en los Estados Unidos, en violación de su juramento de defender y mantener la Constitución de los Estados Unidos.

Es justo decir que el dinero de Rothschild y Rockefeller pagó el costo (legítimo, y en sobornos) de la creación de los Bancos de la Reserva Federal. La hija del senador Aldrich, Abbey Green Aldrich, se casó con John Rockefeller Jr. y Abbey siempre ha sido muy generosa con sus subvenciones a instituciones de izquierda y directamente comunistas.

México y la Reserva Federal son otras dos acusaciones en el caso contra la industria petrolera. También se acusa a los Rockefeller de canalizar su dinero del petróleo hacia focos comunistas como el Consejo Mundial de Iglesias y la Rockefeller Riverside Church de Nueva York. Estas dos instituciones de izquierdas estuvieron al frente de la campaña para acabar con la iglesia cristiana en Sudáfrica.

La industria petrolera se volvió tan imperialista que, con la ayuda de una vasta red de espionaje, muy poco sucedía sin que los Rockefeller lo supieran. Muy poco después del final de la Segunda Guerra Mundial, el petróleo comenzó a fluir desde los campos saudíes, mientras que el precio de la gasolina subió de 1,02 a 1,43 dólares el galón, sin ninguna razón económica. La pura codicia de la industria petrolera ha costado al consumidor estadounidense miles de millones de dólares, por no hablar de los miles de millones de dólares que los contribuyentes estadounidenses han tenido que aportar para mantener la "gallina de los huevos de oro".

EXXON no mostró ningún temor al pueblo estadounidense ni al gobierno. El ejecutivo secreto del gobierno en la sombra de alto nivel, conocido como el Consejo de Relaciones Exteriores, se aseguró de que nadie se atreviera a mover un dedo sobre EXXON y su empresa saudí, ARAMCO.

Como resultado, ARAMCO pudo salirse con la suya vendiendo petróleo a Francia a 0,95 dólares por barril, mientras que cobraba a la Marina estadounidense 1,23 dólares por barril por el mismo petróleo. Fue un robo descarado y arrogante al pueblo estadounidense. Pero a pesar del encubrimiento de la prensa y la radio, en 1948 el senador Brewster decidió que tenía suficiente información para desafiar a la industria petrolera.

Brewster acusó a los mayores de actuar de mala fe,

> ... con un codicioso deseo de obtener enormes beneficios, mientras buscan constantemente la protección y el apoyo financiero de Estados Unidos para preservar sus vastas concesiones.

Las grandes compañías petroleras respondieron con un memorando dirigido a Brewster, en el que declaraban con arrogancia que no debían ninguna lealtad especial a los Estados Unidos. El "imperialismo" de Rockefeller nunca se exhibió con más descaro ante Estados Unidos que durante las audiencias de Brewster.

Aparte de las consideraciones geopolíticas, las grandes compañías petroleras también fueron culpables de una simple manipulación de los precios. El petróleo árabe barato, por ejemplo, se cotizaba al precio más alto de Estados Unidos cuando se vendía a Europa Occidental y se importaba a Estados Unidos. Esto se hizo a través de lo que se llamó "tarifas de flete en la sombra".

Uno de los mejores informes que arrojan mucha luz sobre la conducta de la industria petrolera es el "International Petroleum

Cartel; A report compiled by the staff of the Federal Trade Commission".[6] Este incisivo informe debería ser de lectura obligatoria para todos los miembros de la Cámara de Representantes y del Senado de los Estados Unidos.

Me sorprende que este informe haya visto alguna vez la luz, y supongo que era motivo suficiente para que Rockefeller y sus conspiradores estuvieran muy preocupados. Inspirada por el difunto senador John Sparkman y cuidadosamente perfilada por el profesor M. Blair, la historia del cártel del petróleo se remonta a la conspiración del castillo de Achnacarry, en Escocia.

---

6 "El cártel internacional del petróleo"; informe elaborado por el personal de la Comisión Federal de Comercio. "Ndt.

CAPÍTULO 15

El senador Sparkman se enfrenta al imperio petrolero de Rockefeller

El senador Sparkman no escatimó esfuerzos, atacando especialmente al imperio petrolero de los Rockefeller. El profesor Blair construyó cuidadosamente, y de forma convincente, el caso contra la industria petrolera palmo a palmo, proporcionando finalmente pruebas irrefutables de que las principales compañías petroleras estaban involucradas en una conspiración para lograr los siguientes objetivos:

- Controlar todas las tecnologías y patentes relacionadas con la producción y el refinado de petróleo.
- Para controlar los oleoductos y los camiones cisterna entre siete empresas, "Las Siete Hermanas".
- El reparto de los mercados mundiales y la división de las esferas de influencia.
- Controlar todos los países extranjeros productores de petróleo en lo que respecta a la producción, venta y distribución del mismo.
- Actuar conjunta y solidariamente para mantener los precios del petróleo artificialmente altos.

El profesor Blair dijo que ARAMCO era culpable, entre otras cosas, de mantener los precios del petróleo altos mientras bombeaba petróleo en Arabia Saudí a precios increíblemente bajos. A la luz de las amplias acusaciones del senador Sparkman, el Departamento de Justicia inició su propia investigación sobre las prácticas comerciales de ARAMCO para ver si se estaban violando las leyes estadounidenses. La Standard Oil y los Rockefeller enviaron inmediatamente a Dean Acheson, su mercenario en el Departamento de Estado, para desbaratar la investigación. Acheson, que podría haber sido acusado de traición, es el mejor, o quizás el peor ejemplo de cómo el gobierno de Estados Unidos está subyugado y puesto patas arriba por las grandes petroleras. Esto ha sucedido cada vez que se ha intentado investigar a los conspiradores que desde hace tiempo han declarado que no deben ninguna lealtad particular a los Estados Unidos. En su comparecencia ante un Comité Selecto del Senado en 1952, Acheson citó los intereses del Departamento de Estado como primordiales para proteger los intereses de la política exterior estadounidense en Oriente Medio (admitiendo así tácitamente que las Grandes Petroleras dirigían la política exterior), Acheson pidió al comité y al Departamento de Justicia que dejaran en suspenso sus investigaciones sobre los negocios de ARAMCO, para no debilitar las iniciativas diplomáticas estadounidenses en Oriente Medio. Acheson utilizó muy hábilmente la crisis de Mossadegh en Irán para demostrar su punto de vista, y el Departamento de Justicia cumplió debidamente. Pero el Fiscal General pudo hacer un comentario agudo, antes de que se cerraran las puertas a las desagradables prácticas comerciales de ARAMCO:

> El comercio del petróleo está en manos de unos pocos. Los monopolios petrolíferos no benefician al libre comercio. La libre empresa sólo puede preservarse protegiéndola de los excesos de poder, tanto gubernamentales como privados.

Pero la reprimenda más mordaz del Fiscal General se dirigió al cártel del petróleo, del que dijo que era "profundamente perjudicial para los intereses de la seguridad nacional". Un furioso Rockefeller adoptó inmediatamente medidas de control de daños, utilizando a su perro de presa, Acheson, para acusar a los fiscales antimonopolio de ser "perros policía de la sección antimonopolio del Departamento de Justicia, que no quieren enfrentarse a Mamón y a los injustos". Su tono era beligerante y ampuloso.

Al alinear los ministerios de Defensa e Interior, Acheson declaró el credo imperialista:

> "Las empresas (las Siete Hermanas) desempeñan un papel vital en el suministro del mundo libre de su producto más esencial. Las operaciones petroleras estadounidenses son, a todos los efectos prácticos, instrumentos de nuestra política exterior hacia estas naciones."

El golpe maestro de Acheson fue agitar el espectro de una posible intervención bolchevique soviética en Arabia Saudí:

> No podemos pasar por alto la importancia del papel desempeñado por las empresas petroleras en la lucha por promover los ideales de la antigua Unión Soviética, ni podemos dejar sin respuesta la afirmación de que estas empresas están involucradas en una conspiración criminal para la exploración depredadora.

La posición de Acheson era bastante equivocada. El cártel del petróleo se dedicó, y sigue haciéndolo, a la violación imperial de los países productores de petróleo, y sus actividades de injerencia o toma de decisiones de política exterior basadas en sus intereses, son un peligro para las buenas relaciones del mundo árabe e islámico con Estados Unidos, y amenazan, en lugar de proteger, nuestros intereses de seguridad nacional. En cuanto a la pista falsa soviética de Acheson, desde la revolución bolchevique, la industria petrolera, y los Rockefeller en particular, han disfrutado de una relación muy cómoda y cálida con los dirigentes bolcheviques. Cuando uno de sus miembros, Sir Henri Deterding, se burló de estar aliado con los bolcheviques, se le mostró la puerta. Los Rockefeller llevaban mucho tiempo en la cama con los bolcheviques en una relación descaradamente ilícita y, en cualquier caso, ¿no fue Churchill, con la plena aprobación de la industria petrolera, quien invitó a los rusos a unirse a la invasión de Irán e Irak? El poder del cártel del petróleo nunca estuvo en duda. El Fiscal General de Truman había advertido años antes que el mundo debía liberarse del control de la industria petrolera imperial:

> El cártel mundial del petróleo es un poder de dominación

> autoritaria sobre una importante y vital industria mundial en manos de particulares. Una decisión de poner fin a la actual investigación sería vista por el mundo como una admisión de que nuestra aversión a los monopolios y a las actividades restrictivas de los cárteles no se extiende a la mayor industria del mundo.

Este es, en esencia, mi caso contra la industria petrolera. Como era de esperar, Rockefeller y su equipo legal, especialmente Acheson, ganaron. Sin nada que perder, mientras se preparaba para dejar la Casa Blanca, Truman pidió al Fiscal General que abandonara el caso contra el cártel "en interés de la seguridad nacional".

CAPÍTULO 16

Kuwait se creó a partir de tierras iraquíes robadas

Para complacer al pueblo estadounidense, aunque no tenía sentido, Truman declaró que se permitiría la continuación del proceso civil. Pero la artimaña se reveló como lo que era, cuando las compañías petroleras se negaron a aceptar las citaciones. El caso se abandonó discretamente cuando Eisenhower y Dulles, dos de los principales servidores del Comité de los 300, los Rockefeller y el CFR, sustituyeron a Truman y Acheson. El escenario estaba preparado para la propagación del cáncer del imperialismo petrolero.

Kermit Roosevelt estuvo involucrado desde el principio en el complot para derrocar al Primer Ministro Mossadegh. Incluso mientras se preparaba un caso civil contra sus amos corruptos en abril de 1953, Kermit estaba en Teherán supervisando el próximo golpe de Estado contra Mossadegh, que estalló el 15 de abril y tuvo éxito. El pobre Mossadegh, sin saber que Rockefeller y Eisenhower estaban confabulados, siguió apelando a Eisenhower, quien, siendo el patético juguete de los Rockefeller y del cártel del petróleo, no hizo nada para detener las actividades ilegales de la CIA en Irán.

Tras el derrocamiento de Mossadegh, el Sha regresó a Irán, pero pronto se desilusionó cuando descubrió -a través del trabajo del Dr. Mossadegh- cómo las compañías petroleras estadounidenses estaban agotando las reservas de petróleo de Irán y obteniendo grandes beneficios de ellas.

Basándose en el precedente de las demandas mexicanas y

venezolanas, y en el gran soborno pagado a Arabia Saudí, el Sha pensó que era el momento de exigir una parte de los ingresos del petróleo mucho mayor que la que había recibido Irán. El Sha se enteró de que la industria petrolera venezolana había sido corrompida por Juan Vincente Gómez, que había sido sobornado para permitir que un estadounidense redactara las leyes petroleras de Venezuela, lo que dio lugar a una desastrosa huelga en Maracaibo en 1922. Pero la información proporcionada por el Sha iba a ser su perdición. Los juicios civiles en Washington contra los miembros del cártel del petróleo empezaron a tambalearse, e incluso mientras Kermit Roosevelt arremetía contra Teherán, Eisenhower pidió a su fiscal general que elaborara un compromiso para salvar la cara entre los tribunales y el cártel del petróleo, un compromiso que creía que sería un éxito,

> "... protegería los intereses del mundo libre en Oriente Medio como fuente principal de suministro de petróleo.

Y lo que es más sorprendente, Eisenhower ordenó entonces al Fiscal General que "considerara las leyes antimonopolio como algo secundario frente a los intereses de la seguridad nacional a partir de ahora". No es de extrañar que el ayatolá Jomeini llamara a Estados Unidos "el Gran Satán". En lo que respecta a la industria petrolera, es un epíteto bien merecido. Actuando bajo la bandera del imperialismo estadounidense, Eisenhower dio al cártel del petróleo carta blanca para hacer lo que quisiera.

Jomeini se cuidó de decir que el "Gran Satán" no era el pueblo estadounidense, sino su gobierno corrupto. Cuando consideramos la forma en que el gobierno estadounidense ha mentido a su propio pueblo, la forma en que ha pedido a los hijos e hijas de esta nación que sacrifiquen sus vidas en interés de la industria petrolera, podemos ver ciertamente cómo Jomeini podría estar justificado en tal caracterización.

A lo largo del farsante proceso civil contra los miembros del cártel del petróleo, el Departamento de Estado se refirió continuamente a los acusados como "el llamado cártel del petróleo", sabiendo perfectamente que no había nada de "llamado" en las Siete Hermanas y los participantes en la conspiración del Castillo de Achnacarry. Podríamos añadir que el Departamento de Estado de aquella época estaba densamente poblado de simpatizantes de los Rockefeller y los Rothschild, y todavía lo está hoy.

Las disculpas del Departamento de Estado a los miembros del cártel acabaron por permitir que éste se impusiera. Así, la justicia fue pervertida y violada y los conspiradores se salieron con la suya, como todavía hoy. La afirmación del Departamento de Estado de que las Siete Hermanas estaban en primera línea para repeler la penetración soviética en los yacimientos petrolíferos saudíes e iraníes fue una mentira descarada de una serie de mentiras presentadas por la industria petrolera desde los tiempos de John D. Rockefeller.

En 1953, las principales compañías petroleras de la Gran Bretaña imperial y de Estados Unidos entraron en una gigantesca conspiración que exigía una necesidad unificada de actuar contra lo que denominó "el problema iraní". (¿Recuerdan México y el "enemigo común"?) Sir William Fraser escribió a Mobil, Texaco, Socol, BP, Shell y Gulf Oil, proponiendo que se organizara una reunión de mentes lo antes posible, para resolver las dificultades con Irán de una vez por todas.

Los representantes de las principales compañías petroleras estadounidenses se unieron a sus homólogos británicos en Londres (un antiguo lugar de encuentro favorito para quienes buscan evitar las leyes de conspiración en Estados Unidos). A ellos se unieron representantes de la empresa francesa Française des Pétroles. Se acordó que se formaría un cártel, sólo que se llamaría "consorcio" para tomar el control total del petróleo en Irán. Décadas más tarde, cuando el Sha intentó oponerse al cártel, fue puesto en fuga y luego asesinado.

Esta carta y el subsiguiente acuerdo del cártel constituyeron la base de la conspiración de la Administración imperial de Carter para deshacerse del Sha, y fue de hecho un calco de los métodos utilizados para deshacerse del Dr. Mossadegh. Unos 60 agentes de la CIA de la "Facción de los Banqueros" fueron enviados a

Teherán para socavar al Sha. Otro ejemplo del poder de la industria petrolera ocurrió durante la guerra árabe-israelí de 1967.

El 4 de junio de 1967, el ejército israelí invadió Egipto, lo que provocó un efímero boicot árabe a todo Occidente. Este boicot se redujo posteriormente a los principales patrocinadores financieros de Israel, Gran Bretaña y Estados Unidos. En lugar de abrir nuevos yacimientos petrolíferos nacionales, las compañías petroleras subieron el precio del gas cuando no había ninguna razón para hacerlo. Decimos que no había razón para subir el precio, porque las compañías petroleras tenían a mano una enorme reserva de miles de millones de galones de gasolina refinada a partir de petróleo saudí barato. El Ministro de Asuntos Exteriores egipcio sugirió que

> "...el apoyo al agresor, Israel, que nos atacó, ha costado al contribuyente estadounidense miles de millones de dólares, no sólo por los vastos envíos de armas al Estado agresor de Israel, sino también por el aumento del precio de la gasolina que el público estadounidense debe pagar ahora".

Creo que he establecido un caso sólido de conspiración criminal contra la industria petrolera, que se ha involucrado en una conspiración con las compañías petroleras extranjeras para saquear, robar y hurtar al pueblo estadounidense; para socavar la política exterior del gobierno elegido, y en general, para actuar como un gobierno dentro del gobierno que ha cometido cientos de actos criminales. Estados Unidos se ha convertido en una potencia imperial en todos los sentidos.

El otro aliado de Estados Unidos y de Kuwait, Arabia Saudí, está ahora enfrentado a Irán y teme por su seguridad. Discretamente, y entre bastidores, el rey Fahd está sometido a una gran presión por parte de los miembros de su familia para que pida a Estados Unidos que traslade sus bases militares fuera del reino. El rey Fahd, al intentar frenar el creciente malestar en la nación, debía instituir una serie de reformas tras la Guerra del Golfo. Al igual que en Kuwait, las reformas "democráticas" se quedaron en la retórica y en la acción. Las familias gobernantes no están dispuestas a aflojar su control sobre el país, y mucho menos a enfrentarse al cártel del petróleo.

En marzo de 1992, el rey Fahd declaró que se levantaría la censura como parte de las reformas prometidas. Esta declaración se produjo tras el brutal trato dado a un periodista saudí, Zuhair al-Safwani, que fue detenido el 18 de enero de 1992 y condenado a cuatro años de prisión por hacer un comentario ligeramente desfavorable sobre la familia Abdul Aziz, que la Casa de Saud consideró incómodamente cercano a la verdad. Además de la condena de cuatro años de prisión, Al Safwani recibió 300 latigazos que le dejaron paralizado el lado izquierdo del cuerpo.

Una tortura tan horrible habría sido noticia en la CNN, la ABC, la NBC, la FOX y el *New York Times* si hubiera tenido lugar en Sudáfrica, Irak o Malasia. Cuando un joven estadounidense fue condenado a nueve golpes de vara por un tribunal de Singapur tras ser declarado culpable de tráfico de drogas, incluso el Presidente Clinton pidió clemencia.

Pero como esta horrible brutalidad ocurrió en Arabia Saudí, nuestros intrépidos gigantes de los medios de comunicación, a quienes les encanta decir la verdad, toda la verdad, han mantenido un silencio ensordecedor. Ni una palabra de condena a Arabia Saudí salió de CNN, CBS, ABC, NBC y FOX.

El gobierno de EE.UU. está confabulado con los déspotas saudíes, y por eso llevamos allí nuestras fuerzas militares si hay alguna amenaza, real o imaginaria, para la "democracia" saudí. El hecho es que las tropas estadounidenses tienen su base en Dhahran, Arabia Saudí, únicamente para proteger y perpetuar uno de los regímenes más despóticos del mundo actual. Lo correcto sería traer a las tropas estadounidenses a casa y cancelar los miles de millones de dólares en pagos por "derecho a la protección" desde que el programa fue iniciado por los Rockefeller. El dinero pagado a los gobernantes saudíes para inducir a las compañías petroleras estadounidenses a bombear petróleo de sus pozos se deduce de los impuestos sobre la renta de Estados Unidos como impuestos pagados en un país extranjero. El pueblo estadounidense debe soportar injustamente este coste.

Mientras tanto, las cosas no iban bien para la industria petrolera en Somalia. Como revela mi monografía "What Are We Doing in Somalia",[7] el ex presidente Bush, todavía al servicio de la industria petrolera, envió fuerzas armadas estadounidenses a Somalia, aparentemente para alimentar a la hambrienta población somalí. Mi monografía ha arrancado esta máscara de la cara de la administración Bush, revelando la verdadera intención y propósito detrás de la presencia de las unidades de las fuerzas armadas estadounidenses en Somalia.

La revista *World In Review* informó de que Estados Unidos se había comprometido a renovar la antigua base de la ciudad portuaria de Berbera, situada estratégicamente en el Mar Rojo, a caballo entre los campos petrolíferos de Arabia Saudí. También reveló que las fuerzas estadounidenses se encontraban en Somalia para proteger a los equipos de perforación petrolífera que buscaban petróleo en ese país, del que se dice que es abundante. Aunque la base de Berbera, recientemente renovada, puede ayudar a disipar los temores de los chiíes sobre la presencia de tropas estadounidenses en Arabia Saudí, el inconveniente es la posible pérdida de ingresos para el reino si el petróleo somalí empieza a fluir, aunque pueden pasar veinte años o más antes de que eso ocurra. Sin embargo, la insistencia de los elementos religiosos de Riad en que se advierta a Estados Unidos que abandone el reino no ha sentado bien al rey Fahd y a algunos de sus hijos.

Ha sacado a la superficie las diferencias familiares dentro del palacio de una manera muy clara. Con el deterioro de su salud y los llamamientos a aflojar el control de la familia saudí sobre el país, lo que parecía un interminable futuro brillante para la familia real saudí comenzó a oscurecerse.

La fuerza de la oposición religiosa a la continuidad del poder absoluto de los saudíes y los wahabíes fue reveladora. Cada día

---

[7] "¿Qué estamos haciendo en Somalia?

se producen nuevas provocaciones de los chiíes y otros fundamentalistas que quieren que el rey Fahd cumpla su promesa de celebrar elecciones en un futuro inmediato, lo que no está en absoluto dispuesto a hacer. En el pasado, los despóticos gobernantes de la familia Abdul Aziz de Arabia Saudí presentaron un frente unido a todos los extranjeros que se oponían a su régimen dictatorial.

Fuentes de inteligencia me dicen que esto ya no es así. Las intensas rivalidades familiares y la muerte del rey Fahd amenazan el que fuera un frente unido. A ello se suma la creciente presión de los fundamentalistas musulmanes, que ha culminado con la detención de varios centenares de sus líderes, a los que Riad ha calificado de "radicales religiosos", pero que en realidad son un grupo de mulás que buscan tener voz en el gobierno del país.

La guerra entre Hezbolá y el ejército israelí en Líbano, que comenzó en julio de 2006, tuvo un efecto preocupante en Riad. Los fundamentalistas querían que el régimen saudí se declarara abiertamente del lado de Hezbolá, algo que el clan gobernante Abdul Aziz esperaba evitar. En sus continuas guerras petroleras contra los Estados árabes y musulmanes productores de petróleo, la industria petrolera depende cada vez más de los militares estadounidenses para que se involucren y libren sus batallas petroleras.

Hay que recordar que Bush no tenía autoridad constitucional para enviar tropas estadounidenses a luchar contra Irak. Sólo el Congreso puede declarar la guerra. El Presidente no tiene autoridad para enviar tropas a ningún sitio ni para mantener tropas estacionadas en Arabia Saudí en virtud de la custodia de los activos de BP en Kuwait.

Así, Bush, que no tiene autoridad para enviar tropas estadounidenses a ningún sitio sin la aprobación del Congreso (en forma de declaración de guerra), se libró literalmente de un grave delito, el de violar su juramento de cargo, por el que debería haber sido procesado por no respetar la Constitución y por crímenes de guerra, entre otras cosas.

El representante Henry Gonzales llegó a enumerar los crímenes cometidos por G.H.W. Bush y trató de someterlo a un juicio político, pero sus esfuerzos fueron bloqueados por los demócratas y los republicanos de la Cámara, que consideraron desleal no acompañar la marcha contra el presidente Saddam Hussein, sino proteger a Bush de las acusaciones de traición. Esto demuestra que en cuestiones vitales hay poca diferencia entre los dos partidos políticos estadounidenses. Como resultado, la política exterior de Estados Unidos se ha deteriorado hasta convertirse en una potencia imperialista. Desde 1991, el Congreso ha aprobado todo tipo de leyes inconstitucionales con el pretexto de luchar contra el "terrorismo". El Congreso de Estados Unidos debe dar a Bush y al Departamento de Defensa un fuerte golpe en las articulaciones. Cualquier intento de Estados Unidos de interferir en los asuntos soberanos de otras naciones sólo podría ser visto por el mundo -y por la mayoría de los estadounidenses- como un acto de extrema violencia, que supera con creces, en términos de terrorismo y depravación total, cualquier beneficio marginal que pudiera resultar.

Una de las cosas más escalofriantes es que no ha habido ninguna protesta pública contra George Bush por proponer siquiera el uso de armas nucleares contra naciones pequeñas, y muestra lo lejos que está Estados Unidos en el camino hacia un gobierno mundial. Hace treinta años que Estados Unidos dice que hay que prohibir el uso de armas nucleares. Sin embargo, aquí hay alguien que no fue elegido por los votantes y que está sentando un peligroso precedente al decir que está bien atacar a las naciones siempre que esas naciones sean "estados rojos" sentados encima de valiosas reservas de petróleo. No debemos permitir que nuestros militares se conviertan en los perros de presa de la industria petrolera. Seguro que hemos aprendido algo de la Guerra del Golfo.

Si uno estudia la obra del gran erudito constitucional, el juez Joseph Story, el volumen III de los *Comentarios a la Constitución de los Estados Unidos*, y en particular el capítulo cinco, no se menciona el hecho de que el Secretario de Defensa y el Pentágono tienen el poder de hacer y aplicar la política exterior de los Estados Unidos. Todos los miembros del Congreso deberían estar obligados a leer este libro para poder frenar abusos de poder tan flagrantes como los que Bush ha cometido en Oriente Medio. La industria petrolera pensó que sería una buena manera de debilitar a las dos principales naciones productoras de petróleo y prepararlas para un rápido colapso. El presidente Bush, sin ninguna autoridad del Congreso, creó un clima de odio contra Irak, pensando que el ejército estadounidense tendría una excusa para emprender una guerra imperialista de desgaste contra el pueblo iraquí, todo ello en beneficio exclusivo de la industria petrolera. ¿Cuándo aprenderá esta nación que la industria del petróleo está dirigida por los globalistas del gobierno mundial cuya codicia no tiene límites? No se puede confiar en la industria petrolera: sus dirigentes son verdaderos alborotadores, que hundirán a esta nación en todo tipo de problemas si eso les beneficia.

Las últimas bajas de las tropas estadounidenses en Irak son una vergüenza nacional. Nuestras tropas no están allí luchando por los Estados Unidos. Están en Bagdad asegurando las reservas de petróleo de Irak para el cártel del petróleo. Y nuestras tropas están en Arabia Saudí para mantener a la dinastía de Abdul Azziz en su lugar, porque su régimen es un régimen de mountebank que mantiene el flujo de petróleo para el gigante estadounidense ARAMCO. Ni un solo soldado estadounidense debe volver a ser sacrificado en el altar de la codicia de la industria petrolera.

¿Quién puso a nuestros militares en esta zona de peligro y bajo qué autoridad constitucional se hizo? La frenética carrera de George Herbert Walker Bush y el Pentágono para defender a Kuwait, una de las dictaduras más insalubres del mundo (después de Arabia Saudí) es indicativa del estado de anarquía y caos en Washington. Las tropas y los suministros estadounidenses que se precipitaron a Kuwait en nombre de British Petroleum y de los banqueros de la City de Londres revelaron el avanzado nivel de lavado de cerebro al que se ha llevado a la opinión pública estadounidense. Pongamos las cosas en perspectiva:

Kuwait no es un país. Es un apéndice de British Petroleum y de los banqueros de la City de Londres. El territorio conocido como Kuwait pertenecía a Irak y fue reconocido como parte integrante de Irak durante más de 400 años, hasta que el ejército británico desembarcó, trazó una línea sobre las arenas del desierto y declaró: "Esto es ahora Kuwait". Por supuesto, la frontera imaginaria estaba justo en medio de los campos petrolíferos más ricos de la región, los campos petrolíferos de Rumaila que habían pertenecido a Irak durante 400 años, y que siguen perteneciendo a Irak. El robo de tierras nunca transfiere la propiedad.

Cita de "La diplomacia del engaño:"[8]

> En 1880, el gobierno británico se hizo amigo de un jeque árabe llamado Emir Abdullah al Salam al Sabah, que fue nombrado su representante en la zona de la frontera sur de Irak, donde se habían descubierto los yacimientos petrolíferos de Rumaila dentro del territorio iraquí. En ese momento, no había más país que Irak, al que pertenecían todas las tierras, ya que la entidad Kuwait no existía.
>
> La familia Al Sabah vigilaba el rico botín... En nombre del Comité de los 300, el 25 de noviembre de 1899 -el mismo año en que los británicos entraron en guerra con las pequeñas repúblicas bóer de Sudáfrica- el gobierno británico llegó a un acuerdo con el emir Al Sabah por el que se cedían al gobierno británico las tierras que invadían los yacimientos petrolíferos iraquíes de Rumaila, aunque esas tierras eran parte integrante de Irak y ni el emir Al Sabah ni los británicos tenían ningún derecho sobre ellas.

El acuerdo fue firmado por el jeque Mubarak Al Sabah, que viajó a Londres con estilo... Kuwait" se ha convertido en un protectorado británico de facto. La población local y el gobierno iraquí nunca son consultados y no tienen voz. Los Al Sabah, dictadores absolutos, demostraron rápidamente una crueldad

[8] *Diplomacy by Lie - An Account of the Treachery of the Governments of England and the United States*, John Coleman, Omnia Veritas Ltd, www.omnia-veritas.com.

despiadada. En 1915, los británicos entraron en Bagdad y la ocuparon en lo que George Bush habría llamado un acto de "agresión brutal".

El gobierno británico estableció un autoproclamado "mandato" y envió al Alto Comisionado Cox para dirigirlo, quien nombró al antiguo rey Faisal de Siria para que encabezara un régimen títere en Basora. Gran Bretaña tenía ahora un títere en el norte de Irak y otro en el sur...

En 1961, el primer ministro iraquí Hassan Abdul Kassem atacó ferozmente a Gran Bretaña por la cuestión de Kuwait, señalando que las negociaciones prometidas por la Conferencia de Lausana no habían tenido lugar. Kassem dijo que el territorio llamado Kuwait era parte integral de Irak y había sido reconocido como tal durante más de 400 años por el Imperio Otomano. En cambio, el gobierno británico concedió la independencia a Kuwait...

No había ninguna frontera real entre "Kuwait" e Irak; todo era una farsa. Si Kassem hubiera logrado retomar las tierras ocupadas por Kuwait, los gobernantes británicos habrían perdido miles de millones de dólares en ingresos petroleros. Pero cuando Kassem desapareció tras la independencia de Kuwait (hay pocas dudas de que fue asesinado por agentes del MI6 británico), el movimiento para desafiar a Gran Bretaña perdió su impulso.

Al conceder la independencia a Kuwait en 1961, e ignorar que la tierra no les pertenecía, Gran Bretaña pudo dejar de lado las justas reclamaciones de Irak. Sabemos que el gobierno británico hizo lo mismo en Palestina, India y, más tarde, en Sudáfrica.

Durante los siguientes 30 años, Kuwait siguió siendo el estado vasallo de Gran Bretaña, ingresando miles de millones de dólares en los bancos británicos por la venta del petróleo iraquí, mientras que Irak no recibía nada... La toma por parte de Gran Bretaña de las tierras iraquíes, a las que llamó Kuwait y concedió la independencia, debe considerarse uno de los actos de piratería más audaces de los tiempos modernos y contribuyó directamente a la Guerra del Golfo.

Me he esforzado por explicar los acontecimientos que

condujeron a la Guerra del Golfo, para mostrar el poder del Comité de los 300 y la injusticia de la actitud de Estados Unidos hacia Iraq.

El presidente G.H.W. Bush ha repetido las mismas tácticas 100% ilegales practicadas por el cártel del petróleo. Este tipo de comportamiento es el que está llevando a Estados Unidos a la anarquía y al caos. Desde 1991, las mujeres y los niños iraquíes han muerto por centenares de miles, a causa de enfermedades, muchas de ellas provocadas por la radiación de los casquillos de uranio empobrecido (DU), y por la desnutrición resultante del inhumano boicot de 19 años.

Irak no tenía dinero para comprar alimentos y suministros médicos, cosa que sí hizo la UE.

El embargo de la ONU fue autorizado magnánimamente. ¿Cómo podría Irak comprar estos productos esenciales cuando sus ingresos por petróleo se redujeron a niveles inferiores a los de subsistencia? La meningitis hacía estragos entre los niños de Bagdad, mientras Gran Bretaña y Estados Unidos jugaban con la vida de un pueblo que nunca les había hecho daño. El imperialismo contra Irak ha reinado durante los últimos 18 años. No hay ninguna justificación para ello y es completamente inconstitucional que Estados Unidos esté a sueldo del cártel del petróleo. Ninguna estafa es demasiado grande o demasiado pequeña o demasiado desagradable para el cártel del petróleo.

A mediados de 2008, volvemos a ser testigos de cómo el cártel imperial del petróleo es una ley en sí misma, una organización despiadada que ningún gobierno ha sido capaz de frenar o controlar. Hemos sido testigos de una situación bastante sorprendente en la que las reservas de petróleo de EE.UU. en Alaska alimentan ahora regularmente las refinerías de China. ¿Llegarán a las manos Estados Unidos y China? Eso está por ver.

En Oriente Medio, hemos sido testigos de la política de exterminio de los gigantes del petróleo, de la que es víctima el pueblo iraquí. Esta historia de horror en curso ha sido bien ocultada por los medios de comunicación, no sea que algunas personas abran los ojos y comiencen a cuestionar lo que está sucediendo. No olvides nunca que Estados Unidos y Gran Bretaña son los dos países más imperialistas y decadentes del mundo actual, y que bajo su dirección el imperialismo ha florecido y se ha extendido como la peste. El pueblo estadounidense tolera hoy cosas que no habría tolerado hace sólo unos años.

Tanto el ex presidente George Bush como el presidente Clinton fueron culpables de injerencia. Cuando George Bush padre estableció unilateralmente, y sin ninguna autoridad en virtud del derecho internacional y la Constitución de Estados Unidos, dos de las denominadas "zonas de exclusión aérea" sobre Irak, actuó en violación de la Constitución de Estados Unidos, imponiendo su voluntad a la nación soberana de Irak y al pueblo estadounidense, sin ninguna autoridad que respaldara sus acciones.

Este acto se hizo supuestamente para proteger al pueblo kurdo que corría el peligro de ser invadido por Saddam Hussein. Nunca se ha llevado a cabo un acto dictatorial más unilateral en nombre del pueblo estadounidense, reforzado por el peso de las fuerzas armadas de Estados Unidos. Y ahora, en 2008, seguimos soportando las dudosas acciones de George Bush como si fuera un rey al que todo el mundo teme y tiembla. América, ¿qué te ha pasado?

No existe una secretaría de la ONU para el número de resolución del Consejo de Seguridad que autoriza las zonas de exclusión aérea y el Consejo de Seguridad no ha emitido ninguna resolución que contemple las zonas de exclusión aérea. El Sr. Bush tomó esta medida de forma unilateral. El Departamento de Estado no ha podido citar una autorización para las "zonas de exclusión aérea" en ninguna ley estadounidense establecida o en la ley suprema, la Constitución de Estados Unidos. La acción unilateral de George Bush padre fue un claro caso de dictador imperialista en acción. El antiguo respeto al Estado de Derecho, el respeto a nuestra Constitución, ha sido pisoteado por un arrogante e imperialista Presidente Bush. Al parecer, los estadounidenses se contentan con dejar que los magnates del petróleo se salgan con la suya en sus conductas ilegales e ilícitas.

George Bush padre es uno de los hombres más importantes de la industria petrolera; no le interesa el bienestar de los kurdos. La industria petrolera a la que este grupo anárquico ha echado el ojo es a las enormes reservas de petróleo sin explotar de los vilayets de Mosul en Irak. Casualmente, los kurdos, a los que George Bush quería "proteger", resultan ocupar el mismo terreno en Irak bajo el que se encuentran los campos de petróleo de Mosul. Por ello, el magnate del petróleo y amigo de la reina Isabel II, George Bush, declaró que ningún avión iraquí podía volar en las "zonas de exclusión aérea".

Bush padre dijo que las "zonas de exclusión aérea" deberían proteger a los kurdos. Sin embargo, a pocos kilómetros de distancia, el número de kurdos muertos por el ejército turco ofrece un extraño telón de fondo. Por supuesto, esto tiene sentido cuando sabemos que la política exterior de EE.UU. está dictada por los gigantes del petróleo, y tiene aún más sentido cuando empezamos a entender que los vilayetes petroleros de Mosul son la verdadera razón de las "zonas de exclusión aérea" y del lanzamiento de dos misiles de crucero multimillonarios sobre los indefensos ciudadanos de Bagdad.

El pueblo estadounidense es el más crédulo, iluso, confabulador, regimentado y regulado del mundo, que vive en una densa jungla de desinformación y en matorrales aún más densos de propaganda descarada. Como resultado, el pueblo estadounidense no se da cuenta de que su gobierno es un gobierno bajo la dirección de un organismo paralelo secreto de alto nivel, el Comité de los 300, que permite a los aspirantes a dictadores y tiranos encubrir sus acciones despóticas e inconstitucionales. Cualquiera que cuestione la política exterior de Bush con respecto a Iraq es tachado de antipatriota, cuando en realidad los antipatriotas son la familia Bush y quienes apoyan su política de cártel del petróleo con respecto a Iraq y, de hecho, a todo Oriente Medio. Estas son las personas que apoyaron el bombardeo totalmente inconstitucional y el boicot ilegal (según el derecho internacional) de Iraq, el bombardeo inconstitucional de Serbia y los actos de agresión contra los pueblos iraní y libanés. Ninguna nación está a salvo de los magnates del petróleo. California cuenta con decenas de refinerías, desde Los Ángeles hasta Bakersfield, pasando por la zona de San Francisco. Hay mucho petróleo en el estado. Sin embargo, durante años, los ciudadanos de California han sido engañados por la codicia de la industria petrolera. Cuando la gasolina costaba 79 céntimos el galón en Kansas, los californianos pagaban 1,35 dólares el galón.

Nunca estuvo justificado, pero con el poder legislativo de California en el bolsillo, ¿de qué tenían que preocuparse los magnates? Y así continuó la escalada de precios. Los precios de la gasolina en los surtidores subieron a la asombrosa cifra de 2,65 dólares para la gasolina normal y 3,99/10 para la premium. No había ninguna justificación para estas escandalosas subidas de precios. La codicia fue el factor motivador. Las refinerías nunca se han quedado sin crudo y las existencias de gasolina se han mantenido en niveles casi normales.

El ejército estadounidense es ahora un mercenario del monstruo de la industria petrolera. El ejército estadounidense se verá arrastrado a una guerra regional tras otra en interés de la codicia y el beneficio de los monstruos de la industria petrolera. Los contribuyentes estadounidenses seguirán financiando el "precio del chanchullo", que permite a ARAMCO seguir bombeando petróleo en Arabia Saudí. Lo que se necesita es un gran despertar del pueblo estadounidense. Al igual que un antiguo despertar religioso, se necesita un espíritu de ley y orden y de amor a la Constitución estadounidense para arrasar con esta otrora gran nación y restaurarla como una nación de leyes, no de hombres.

Los modernos barones del robo están defraudando al pueblo estadounidense en el surtidor de la manera más descarada y desvergonzada de su larga historia. El cártel del petróleo es despiadado, está bien organizado y no tolera ninguna interferencia del gobierno, ya sea el de Estados Unidos o el de cualquier otra nación. Los contribuyentes estadounidenses se ven obligados a asumir el coste de los sobornos pagados a la familia gobernante saudí a través de sus agentes en el gobierno, que compraron y pagaron y siguen pagando cada vez que llenan el depósito de su coche.

Los estadounidenses tienen que saber qué es este gigantesco cártel que se salta las leyes de muchos países, incluido el suyo, y con el conocimiento vendrá el deseo de tomar medidas correctivas y una protesta pública que presione a los legisladores para romper el monopolio. Detrás de este cártel está el poder de la Agencia Central de Inteligencia (CIA). Cualquiera que se oponga a este cartel todopoderoso no puede estar seguro. Han impuesto el "gran robo, la gasolina" al pueblo estadounidense sin ninguna oposición significativa de nuestros representantes elegidos en Washington. Esta es una historia de corrupción que supera todo lo que se ha hecho en la historia moderna.

O bien la Cámara de Representantes y el Senado no harán nada para impedir que los magnates consuman nuestras vidas, o bien tienen tanto miedo a su poder que no harán el más mínimo intento de limitarlo.

Dejemos que la industria petrolera estadounidense elabore cuadros y gráficos y diga todo lo que quiera; dejemos que sus economistas nos expliquen por qué tenemos que soportar el coste de su negocio; los tratos turbios; por qué el pueblo estadounidense tiene que pagar los sueldos de la CIA que se dedica a mantener su monopolio, pero resulta evidente que sus esfuerzos equivalen a una gran mentira cuando conocemos los hechos.

¿Cuáles son los hechos? Debido a la forma en que el cártel ha manipulado las leyes fiscales, desde 1976 no se han construido nuevas refinerías de petróleo en Estados Unidos, mientras que en Arabia Saudí, gracias a los impuestos estadounidenses pagados en forma de sobornos a la familia real saudí, se han invertido miles de millones de dólares en la ampliación de las instalaciones petrolíferas.

Entre 1992 y hoy, nada menos que 36 refinerías estadounidenses han cerrado. Entre 1990 y hoy, el número de plataformas petrolíferas estadounidenses ha descendido de 657 a 153. El número de estadounidenses que se dedican a la prospección petrolífera en Estados Unidos ha descendido de 405.000 a 293.000 en el espacio de diez años. Entonces, ¿de dónde procede el petróleo que utilizamos en cantidades cada vez mayores? ¡El Oriente Medio! Así, recibimos tres golpes:

- La estructura fiscal de Estados Unidos hace imposible que los perforadores independientes se mantengan en el negocio de la exploración petrolera.
- El refinado y la distribución del producto acabado son un monopolio.
- El beneficiario de esta traición es ARAMCO, que puede cobrar más por la gasolina de origen saudí y obtener beneficios obscenos a costa del automovilista estadounidense.

Su chanchullo es tal que la riqueza de todas las "familias" mafiosas de Estados Unidos es como calderilla, lo que quizás convierte a los miembros del cártel del petróleo en chantajistas. ¿Por qué no se aplica la ley RICO a la industria petrolera? Gracias a sus agentes en la legislatura, han podido salirse con la suya "robando gas" durante décadas.

Que los legisladores se ocupen de este deplorable caso y pongan fin al robo desenfrenado en los surtidores de gasolina, que, por su silencio, se ha convertido en una característica permanente del paisaje estadounidense. Esté seguro de una cosa, los chantajistas del cártel del petróleo no se detendrán hasta que nos impongan un precio de 4,50 dólares por galón.

CAPÍTULO 17

Rockefeller se queja ante el Departamento de Estado Gran Bretaña invade Irak

La historia de la codicia británica y estadounidense por el petróleo iraquí se remonta a 1912, cuando aún no había nacido el malvado presidente Saddam Hussein, ahorcado por un tribunal títere, y Henri Deterding, fundador de la Royal Dutch Shell Company, había obtenido concesiones petrolíferas en varios estados productores de petróleo. En 1912, Deterding se interesó por los intereses petrolíferos estadounidenses en California adquiriendo varias empresas petroleras grandes y pequeñas, como la California Oil-Field Company y Roxana Petroleum.

Naturalmente, la Standard Oil Company de John D. Rockefeller presentó una queja contra Deterding ante el Departamento de Estado, pero Deterding permitió a la Standard comprar acciones de las empresas de Shell en California para anular la queja. Lo que el viejo John D. no parecía darse cuenta era que, al apresurarse a aceptar las ofertas de Deterding, estaba subvencionando los esfuerzos de Shell por acaparar el mercado estadounidense. Pero todo cambió en 1917 cuando el presidente Wilson, en flagrante violación de su juramento, arrastró a Estados Unidos a la Primera Guerra Mundial.

De repente, de la noche a la mañana, Gran Bretaña, que había atacado a Standard y especialmente a Deterding de Royal Dutch Shell, se da la vuelta. El villano de la obra se convierte en el Kaiser Wilhelm II y Henry Deterding se convierte de repente en un importante aliado.

Justo un año antes de este cambio de opinión, los británicos invadieron Irak en flagrante violación del derecho internacional, pero no lograron llegar a Mosul al ser abandonados por Francia, cuyas tropas no apoyaron a los invasores británicos. En lugar de ayudar a los británicos, Francia firmó un acuerdo con Turquía, cediéndole parte de los yacimientos petrolíferos de Mosul. ¡Imagina el descaro de estos agresores! Llamaron a Stalin "dictador", pero nadie ha actuado de forma más dictatorial con Irak que Gran Bretaña, Francia, Turquía y, más recientemente, Estados Unidos.

Las disputas entre los supuestos ladrones de petróleo iraquíes continuaron hasta la conferencia de San Remo del 24 de abril de 1920, en la que Gran Bretaña, Francia y Turquía acordaron que la mayor parte de Mosul sería cedida a Gran Bretaña a cambio de ciertas consideraciones relativas a un conglomerado petrolífero, que no incluía a Irak y del que éste no obtenía ningún beneficio. El gobierno iraquí no fue consultado en ningún momento.

En mayo de 1920, el Departamento de Estado se dirigió al Congreso de los Estados Unidos para quejarse de la toma por parte de Gran Bretaña de Mosul y otros importantes campos petrolíferos. No es que el Departamento de Estado se preocupara por los derechos del pueblo iraquí. Repito, nunca se consultó a Irak mientras su tierra y su riqueza petrolera se parcelaban y se vendían al mejor postor: los miembros del cártel del petróleo. Más bien, lo que preocupaba al Departamento de Estado era que John D. Rockefeller y la Standard Oil quedaran completamente excluidos del "acuerdo" de Mosul.

El Departamento de Estado ejerce presión y presiona para que se celebre una nueva conferencia multipartidista en Lausana. Bajo el pretexto de acordar aparentemente una reunión con Estados Unidos y otras "naciones interesadas", los británicos aprovechan la oportunidad para lanzar una nueva invasión de Irak, y esta vez las tropas británicas consiguen llegar a Mosul y hacerse con su control. Por fin, Gran Bretaña se ha hecho con el gran premio. La prensa mundial no dijo nada sobre este descarado acto de agresión.

Si había alguna duda sobre la agresión de las fuerzas imperiales británicas en Sudáfrica en su despiadada búsqueda por arrebatar el control del oro a la República Sudafricana del Transvaal, se disipó años después con las acciones de las fuerzas armadas británicas en Irak.

La búsqueda de oro iniciada por Cecil John Rhodes en nombre de sus amos, los Rothschild, se repite ahora en Irak, esta vez en busca de "oro negro". No hubo ningún intento de invitar a Irak a Lausana para suavizar la imagen del "gran robo de crudo". De hecho, la prensa británica se regodeaba del éxito de la llamada diplomacia de Whitehall.

Por mucho que lo intentara Turquía, no pudo desalojar a los británicos de lo que consideraba su legítimo derecho al petróleo iraquí. Piénsalo por un momento. No fue hasta el 23 de abril de 1921, en la segunda Conferencia de Lausana, que Turquía concedió que Gran Bretaña tenía lo que pintorescamente describió como "posesión legal" de Mosul, y esto sin el consentimiento del pueblo iraquí, al que pertenecía Mosul. Así, sólo en virtud de su superioridad militar, Gran Bretaña se apoderó de Mosul y de los súper ricos yacimientos petrolíferos de Ahwaz y Kirkuk.

No es de extrañar que el corresponsal británico del *Financial Times* de Londres estuviera encantado:

> Los británicos tendremos la satisfacción de saber que tres enormes yacimientos muy próximos entre sí, y capaces de abastecer las necesidades de petróleo del Imperio durante muchos años, son desarrollados casi en su totalidad por la empresa británica.
>
> Fuente: The *Financial Times* of London,
> El Museo Británico de Londres

Pero el triunfo británico duró poco. Cuando la Sociedad de Naciones se vio obligada a volver a reunirse por una furiosa Francia, Rusia y Turquía, se negó a reconocer como legítima la agresión armada y la adquisición de Mosul por parte de Gran

Bretaña, y devolvió la ciudad a sus legítimos propietarios, el pueblo iraquí. Desde entonces, Gran Bretaña y Estados Unidos han tratado de robar Mosul a Irak y los combates que se libran hoy en día contra Irak tienen la esperanza de que su sueño se haga realidad.

Tal vez ahora tengamos una visión más equilibrada de por qué George Bush padre ordenó a las fuerzas estadounidenses que atacaran Irak, a pesar de que debía ser consciente de que no tenía ningún mandato del Congreso, y de que, por tanto, estaba violando su juramento de cargo y el derecho internacional. La Cámara de Representantes y el Senado de los EE.UU. no lograron detener esta acción ilegal cortando la financiación, una acción constitucional que tenían demasiado miedo de tomar; miedo a las represalias del Comité de los 300. El miedo juega un papel muy importante en el destino de las naciones. El miedo no ha desaparecido. Cuando los Rothschild ordenaron a un grupo de hombres que atemorizaran al gobierno francés para que aceptara sus condiciones para el control financiero de la nación, una gran fuerza de despiadados comunistas se precipitó a los Comunes de París. Asustado por la demostración de fuerza, el gobierno francés capituló ante las exigencias de los Rothschild. Parece que el Congreso de Estados Unidos se encontró en el mismo aprieto: demasiado miedo al cártel del petróleo para actuar contra él. Si los Estados Unidos de América no estuvieran dirigidos por el Comité de los 300, los Rothschild, los Rockefeller y su cártel del petróleo, respaldados por el poder de los banqueros internacionales, y si tantos miembros clave de la Cámara de Representantes y del Senado de los Estados Unidos no estuvieran dictados por el Consejo de Relaciones Exteriores (CFR), la Cámara de Representantes y el Senado de los Estados Unidos habrían detenido la guerra genocida contra Iraq. La siguiente lista parcial de la que disponemos corresponde a 2006, pero da una idea del control del CFR, que debe haberse intensificado en los dos últimos años:

La Casa Blanca	5
El Consejo de Seguridad Nacional	9
Departamento de Estado	27
Embajadores de Estados Unidos en el extranjero	25
Departamento de Defensa	12
Los Jefes de Estado Mayor de las Fuerzas Armadas	8
Departamento de Justicia	6
Senado	15
Cámara de Representantes	25

Dado que la Cámara de Representantes y el Senado de Estados Unidos no declararon la guerra a Irak, ni dieron el debido consentimiento constitucional en forma de declaración de guerra vinculante, la invasión de Irak en 1991 y 2003 fue claramente ilegal e ilegítima, y convirtió a Estados Unidos en una nación de bandidos bajo el control del padrino de todos los bandidos, los magnates del cártel del petróleo. Los hombres del cártel del petróleo, cuyo lema es "Luchamos por el petróleo", no han descuidado otras zonas: China, Alaska, Venezuela, Indonesia, Malasia y el Congo. Ya les llegará su turno.

CAPÍTULO 18

El medio ambiente pierde a Alaska por el petróleo

En abril de 1997, WIR informó sobre un "acuerdo" con ramificaciones y alcance mucho más amplios que los que se estaban gestando. Para que Tommy Boggs, el lobista que impulsó el acuerdo, y el gobernador Tony Knowles tuvieran éxito en liberar las enormes reservas de petróleo bajo los parques estatales de Alaska para su explotación final por parte de British Petroleum (BP), necesitaban la plena cooperación del secretario de Interior, Bruce Babbitt.

Knowles discutió el plan de juego de Tommy Boggs con el presidente Clinton en un "café" de la Casa Blanca, y fue invitado a pasar la noche en enero de 1995. El plan de juego fue detallado por el vicegobernador de Alaska, Fran Ulmer, en otro de estos interminables "cafés", esta vez, de forma bastante apropiada, en la Sala de Mapas de la Casa Blanca en la mañana del 28 de febrero de 1996.

Después de establecer el curso de acción -vender las reservas nacionales de petróleo de Alaska a British Petroleum, que utilizaría el petróleo para satisfacer la creciente necesidad de crudo de China-, Knowles comenzó por la grandilocuencia, utilizando su mensaje sobre el Estado de 1996 como foro:

> Hace apenas cinco años, dijeron que apagaríamos las luces de la industria que más gente emplea en el estado. Hoy en día, nuestro lema debería ser aquella vieja pegatina para el parachoques: 'Señor, deja que haya un boom petrolero más, y te prometo que no lo estropearemos'".

Knowles obtuvo una respuesta a su plegaria: el 7 de febrero, el Secretario de Estado del Interior, Bruce Babbitt, se presentó en el plato del bateador en el momento justo. Aprovechando el protagonismo, Babbitt trató de excusar el hecho de haber puesto el carro delante de los bueyes: en primer lugar debería haberse realizado un estudio medioambiental de la nueva zona de perforación propuesta, y Babbitt dijo que se aseguraría de que se respetara el medio ambiente, aunque ahora estaba dispuesto a aprobar la empresa, antes de que se hubiera iniciado ningún estudio, y mucho menos completado.

Babbitt anunció una nueva forma de hacer negocios con los dictadores de la industria petrolera, a la vez que ponía al Congreso en su lugar al ignorar la Ley Nacional de Política Ambiental, que establece claramente que estos estudios deben realizarse e informarse al Congreso antes de que pueda comenzar cualquier perforación en las tierras de los parques nacionales. Con su halo de positividad, Babbitt dijo a la gente de Alaska y de la nación:

> Nos gustaría romper el estilo adversario y ver si podemos poner en marcha una nueva forma de hacer negocios con la industria petrolera. Creo que tenemos muchas posibilidades.

Una vez más, no se mencionó que el beneficiario final sería British Petroleum (BP). El "nosotros" al que se refería Babbitt era el gigante Shell Oil y un grupo de empresas petroleras multinacionales que siempre han mostrado desprecio por las leyes de las naciones que desobedecen con frecuencia.

El cártel del petróleo pone en perspectiva el "tenemos" y demuestra sin lugar a dudas que es un grupo rapaz, una cábala, capaz de hacer mucho daño sin tener en cuenta las consecuencias de sus actos, y de conseguir siempre su objetivo, sin importar quién se oponga o cómo amenace la seguridad nacional de Estados Unidos.

El Congreso tiene la obligación constitucional de llevar a los modernos barones del robo ante comités especiales para proteger un importante activo del pueblo de Estados Unidos y plantear serias objeciones a la exportación de petróleo de Alaska a China, una nación comunista. Pero el Congreso fracasó estrepitosamente en el cumplimiento de su deber.

Continuando con la farsa, Babbitt dijo:

> Quiero salir al campo este verano y examinar cada centímetro cuadrado (23 millones de acres) de la Reserva Nacional de Petróleo. Pienso volar a Anchorage, cambiar de avión en Barrow, y luego desaparecer en la RNP durante el tiempo que sea necesario para comprender cada estructura geológica, cada lago, y examinar cada problema de la vida silvestre, de modo que esté preparado para participar de manera significativa en este proceso.

Este es un ejemplo perfecto de cómo el pueblo estadounidense es el más cómplice y engañado del planeta. Podemos ver lo engañosa que era la declaración de intenciones de Babbitt, si tenemos en cuenta el tiempo que llevaría explorar "cada centímetro" de 23 millones de acres. La Reserva Nacional de Petróleo (RNP) tiene el tamaño de Indiana, pero el Secretario no explicó cómo se proponía "explorar cada centímetro" de la misma, ni cómo podía permitirse estar fuera de su oficina durante al menos un año. ¿Estaría el Secretario acompañado por representantes de British Petroleum y haría que se encerrara toda la bahía de Prudhoe, de la que se expulsaría sumariamente a las pequeñas empresas de exploración petrolífera?

El pueblo estadounidense no tardaría en descubrirlo: El DNR estaba a punto de convertirse en el coto de BP, Shell (dos de las mayores compañías petroleras extranjeras del mundo), Mobil, ARCO y el resto de los conspiradores de Jackson Hole, Wyoming, en beneficio de las "Siete Hermanas". Este fue un caso claro de beneficio por encima de la seguridad nacional de los Estados Unidos. En otros tiempos, esto se habría llamado traición.

Entonces, el presidente Clinton se convirtió en la propiedad personal del cártel del petróleo, como lo demuestra su discurso de presentación en su nombre:

> Muchos estadounidenses no lo saben, pero un porcentaje

> importante del petróleo y el gas natural que se produce en Estados Unidos procede de tierras federales. Hasta ahora, la burocracia reglamentaria y las decisiones judiciales contradictorias han disuadido a muchas empresas de aprovechar plenamente estos recursos.

También debería haber señalado que el acuerdo sobre el petróleo de Alaska implicaba petróleo de nuestra Reserva Nacional de Emergencia, que no se puede tocar. Es una de nuestras reservas estratégicas nacionales. Lo que siguió fue una de las mayores estafas de la historia de EE.UU., una que empequeñece el escándalo de la Cúpula del Té, y convenientemente, fue ARCO la que se tragó la antigua empresa de Harry Sinclair en 1969. A lo que Clinton se refería era a las artimañas, argucias, engaños y esclavitudes emprendidas en los últimos días de la sesión de verano de 1996 del Congreso 104. Este Congreso, sin ningún impedimento de la prensa, sin ninguna protesta de los grupos ecologistas, sin ninguna protesta de la ABC, la NBC, la CBS o cualquier otro chacal de los medios de comunicación, aprobó uno de los proyectos de ley más arrogantemente titulados y engañosos que jamás hayan manchado los salones del poder, "La Ley Federal de Simplificación y Equidad del Petróleo y el Gas". Este proyecto de ley fue obra de los grupos de presión petroleros que infestan el Congreso.

Lo que la "Ley de Equidad" ha hecho es verter dinero en un flujo constante a las ya llenas arcas de las grandes compañías petroleras. Como he dicho antes, este escándalo eclipsa el de la Cúpula del Té, un asunto de poca monta comparado con la Ley Federal de Simplificación y Equidad del Petróleo y el Gas.

El funcionamiento del sistema consiste en que se ha declarado una moratoria en las auditorías federales durante un periodo de siete años sobre los pagos de royalties al Tesoro por el petróleo extraído de las tierras federales. Más aún -y tuvimos que frotarnos los ojos para asegurarnos de que lo que estábamos leyendo estaba realmente en la ley- ¡hay una cláusula que establece que las compañías petroleras pueden demandar al gobierno federal por el "pago excesivo" de regalías! Y eso no es todo. La ley permite a los barones del robo fijar su propio "precio justo de mercado" para el petróleo extraído de las tierras federales que pertenecen al pueblo estadounidense. ¿Quizá los lectores no se crean esta increíble cláusula? Yo tampoco, pero después de leer el proyecto de ley varias veces, vi que dice exactamente lo que hará: permitir beneficios masivos a dos de las mayores compañías petroleras extranjeras del mundo (BP y Shell) en una bandeja de oro del Congreso.

El precio de mercado del crudo determina el importe de los cánones que las empresas petroleras deben pagar al gobierno federal, pero una disposición legal aprobada por el Congreso permite a las empresas petroleras fijar su propio precio, lo que en los próximos años privará a los ciudadanos de miles de millones de dólares en cánones. Es una estafa que empieza a parecerse a la Ley de la Reserva Federal de 1912. Este fue el orden del día de la reunión de los conspiradores en Jackson Hole, en la que Clinton desempeñó el papel de genial anfitrión. Así, por una cantidad relativamente pequeña de donaciones de campaña -350.000 dólares en el caso de ARCO- se entregaron miles de millones de dólares a las grandes compañías petroleras que iban a participar en la estafa del petróleo de Alaska para China. Pobre pueblo estadounidense, sin un líder en el Congreso, sin un defensor que defienda lo mejor para los Estados Unidos; a merced de un montón de supercharlatanes que practican una cosa y predican otra; cómo podían saber lo engañados que estaban, cuando Clinton prometió vetar cualquier proyecto de ley que abriera los 17 millones de acres de desierto ártico a los perforadores, mientras que con su otra mano, a sus espaldas, abría la puerta a un premio mucho más rico, el petróleo bajo las reservas de los parques nacionales, preservado exclusivamente para el combustible de emergencia nacional.

La reunión en Jackson Hole, Wyoming, el patio de recreo de la familia Rockefeller, pretendía preparar el terreno para el acuerdo entre el petróleo y China. El Presidente Clinton desempeñó el papel de amable anfitrión y anunció sus intenciones a sus invitados de honor, complacido de que tan estimadas personalidades hubieran accedido a disfrutar de su hospitalidad, en un ambiente muy parecido al de un padrino de la mafia que reúne a los jefes de las "familias" en su finca a orillas del lago Tahoe, y los recibe como a la realeza. De hecho, la realeza no podría haberlo hecho mejor si el lugar de celebración hubiera sido el castillo de Balmoral.

Así que, apenas unos años después de prometer a los líderes chinos que tendrían el petróleo de nuestra Reserva Nacional de Emergencia de Alaska, la administración Clinton ha cumplido su promesa. No esperes que los republicanos renieguen del acuerdo con BP, Shell, Mobil y ARCO. La política petrolera no conoce líneas partidistas. El dinero es móvil. Mira lo que pasó en el momento álgido de la guerra de Vietnam.

A cambio de concesiones petrolíferas en la costa de Vietnam, la Standard Oil de Rockefeller envió médicos a Haiphong, en el norte de Vietnam, para ver al muy enfermo Ho Chi Min. Estos eran médicos estadounidenses, que deberían haber sido juzgados por traición. No tenemos una segunda fuente para verificar, pero la fuente indicó que Kissinger Associates negoció el acuerdo. En cualquier caso, aquí teníamos a los estadounidenses comerciando con el enemigo en tiempos de guerra mientras nuestros soldados morían en las selvas y los campos de arroz de Vietnam del Sur. Mira la arrogancia del cártel del petróleo. ¡Ya sabían que Estados Unidos iba a perder la guerra! ¿Cómo ha podido ocurrir esto? Simplemente porque Henry Kissinger tenía que ir a París para hacer un trato de "paz" con los norvietnamitas, que ya conocían la fecha en que iría a París y sabían precisamente cómo entregaría Vietnam al control comunista.

George Bush padre estuvo en esto desde el principio, habiendo mantenido una buena relación con Kissinger durante toda la guerra. A Kissinger se le puede llamar traidor, pero estaba al servicio de un presidente republicano. No fue casualidad que el petrolero George Bush fuera enviado a China, cuando había otros mejor calificados para hacer el trabajo. Pero Bush conocía el negocio del petróleo, y el petróleo era lo que China necesitaba.

A la vuelta de su visita a China, Bush puso en marcha los engranajes para y en nombre del gobierno chino, al que se le había prometido la parte del león del petróleo de Alaska. Y ahora pasamos de Oriente Medio a Alaska, donde encontramos al Cártel del Petróleo ocupado en robar al pueblo estadounidense sus reservas de petróleo de Alaska desafiando la ley; demostrando una vez más, como si se necesitara una prueba, que el Cártel del Petróleo era una ley en sí misma, más allá del alcance de cualquier gobierno de este planeta.

China tiene muchos buenos amigos en las altas esferas de la rapaz industria petrolera, que no conocen ni respetan las fronteras nacionales e internacionales ni la soberanía nacional.

Uno de estos amigos es ARCO, que está en lo alto de la escala corporativa del Comité de los 300 y que, junto con otra joya de la corona de las compañías petroleras del Comité de los 300, BP, comenzó a maquinar y conspirar para enviar el crudo de Alaska a la enorme refinería de Zhenhai en las afueras de Shanghai, que estaba lista para comenzar a operar.

Lodwrick Cook era el antiguo director general de ARCO y, como los viejos soldados o los líderes de los partidos políticos que nunca se apagan, Cook estuvo activo en 1996, haciendo campaña por la reelección de su viejo amigo, Bill Clinton, el "outsider" de Arkansas. En 1994, el mismo año en que Cook consiguió que Tony Knowles fuera elegido gobernador de Alaska, fue invitado a la Casa Blanca para celebrar su cumpleaños con Bill Clinton, quien regaló a su amigo una tarta de cumpleaños gigante y luego le permitió viajar a China con el Secretario de Comercio Ron Brown, donde los dos hombres dijeron al gobierno chino que ARCO invertiría miles de millones en la nueva refinería de Zhenhai. En respuesta a las preguntas de la delegación del gobierno chino, las fuentes dijeron que Cook les aseguró que el crudo de Alaska estaría disponible para la refinería de Zhenhai, a pesar de que en agosto de 1994 se prohibió permanentemente la exportación de petróleo de Alaska. Aproximadamente un año después del viaje de Brown-Cook a China, Robert Healy, presidente de asuntos gubernamentales de ARCO, fue invitado a tomar un café en la Casa Blanca con Al Gore y Marvin Rosen, entonces presidente financiero del Comité Nacional Demócrata. Para mostrar la gratitud de ARCO, Healy dejó una "propina" de 32.000 dólares al DNC.

Aquí es donde entra Charles Manatt, ex presidente del Partido Demócrata y director de Manatt, Phelps and Phillips, la antigua alma mater de Mickey Kantor, una firma de cabildeo que atiende y sirve de fachada a las grandes compañías petroleras, EXXON, Mobil, BP, ARCO y Shell. El 26 de mayo de 1995, Manatt fue invitado a otro café de la Casa Blanca para una reunión con Clinton.

Manatt pagó 117.150 dólares como agradecimiento, y luego, de forma bastante independiente, por supuesto, Kantor, como miembro del gabinete de Clinton, hizo oír su voz para pedir que se levantara la prohibición de exportar petróleo de Alaska. Hasta ahora, la ley federal prohibía la exportación de petróleo de la Reserva Nacional de Petróleo, porque se suponía que era una reserva para emergencias nacionales.

En mi libro de 1987 "Environmentalism: The Second Civil War Has Begun", se expone a las grandes petroleras como el mayor contribuyente a los movimientos ecologistas "Earth First" y "Greenpeace". Se explican detalladamente las razones de la aparente contradicción entre las décadas de apoyo al movimiento ecologista y las grandes sumas de dinero aportadas por las grandes petroleras. El ecologismo es una artimaña cuando se trata de tierras petroleras.

Las grandes compañías petroleras querían que las tierras de la reserva nacional, que en gran parte contenían enormes reservas de petróleo, se mantuvieran a salvo de los "forasteros" para que, cuando llegara el momento, pudieran entrar y hacerse con las reservas de petróleo que había bajo las tierras del parque nacional a precios de ganga. En el caso de los refugios nacionales de vida silvestre de Alaska, ese día llegó en 1996. Las hipócritas grandes petroleras han mostrado poca o ninguna preocupación por la ecología o la protección de la vida salvaje de estas zonas, como demuestra lo que han hecho en Prudhoe Bay.

En 1996, se llamó al famoso lobista Tommy Boggs para que trabajara en el oráculo del levantamiento de la prohibición del crudo de Alaska. Boggs es el hijo del difunto senador Hale Boggs, cuya misteriosa desaparición en los bosques de Alaska en 1972 nunca se resolvió. Tommy Boggs es el principal lobista en Washington del bufete de abogados Patton Boggs y entre sus clientes se encuentran ARCO, EXXON, BP, Mobil y Shell y, casualmente, era un amigo íntimo de Bill Clinton que jugaba al golf.

Boggs, un formidable lobista, es considerado el principal responsable de conseguir que el 104º Congreso anulara la prohibición de exportar crudo de Alaska, por lo que en 1996 Clinton firmó una orden ejecutiva que levantaba la prohibición, tal como Ron Brown y Lodwrick Cook habían prometido al gobierno chino dos años antes. Habría que estar ciego para no ver que los movimientos para privar a la nación de sus reservas de petróleo de Alaska se pusieron en marcha en 1994. En 1996, después de los "cafés" en la Casa Blanca, el presidente Clinton concedió a las grandes compañías petroleras implicadas en China y Alaska una sorprendente recompensa. La prensa debería haber puesto el grito en el cielo por esta venta, pero Dan Rather, Peter Jennings y Tom Brokaw, por no hablar de Larry King, guardaron el mismo silencio que la tumba sobre este trascendental acontecimiento. Silenciosamente, y sin fanfarrias, Clinton puso fin a la prohibición de exportar nuestras reservas de petróleo bajo el desierto de Alaska y dio a los gigantes del petróleo un regalo multimillonario gratuito.

Con los precios del petróleo y del combustible en máximos históricos en 1996, Clinton y sus controladores se dedicaron a vender a los Estados Unidos pisoteando nuestros derechos a cambio de grandes contribuciones en efectivo a su fondo de campaña para la reelección.

En previsión de esta catástrofe nacional -aunque no la llamó así-, Tommy Boggs escribió un memorando a sus clientes en el que predecía que conseguiría que el Congreso levantara la prohibición de las exportaciones de petróleo de Alaska104.

Pero ésta no fue la única conmoción que recibió el pueblo estadounidense; el último día de la sesión de verano de 1996 del

Congreso, Clinton también firmó la Ley de Simplificación y Equidad del Petróleo y el Gas Federal. Como su nombre indica, este proyecto de ley estaba diseñado para engañar y era otra forma de fraude a gran escala. La parte de la "equidad" no pretendía beneficiar al pueblo estadounidense. De hecho, la legislación fue una traición total al pueblo estadounidense por parte de la administración Clinton. En otras palabras, la legislación consistía en jugar a la ligera con el precio del petróleo por el que las empresas debían pagar regalías al gobierno federal.

Esta masiva estafa al pueblo estadounidense, sancionada por el gobierno, ha dado a las grandes petroleras miles de millones de dólares absolutamente gratis. Esta ley es uno de los robos a la luz del día más audaces jamás perpetrados por la industria petrolera. Y a lo largo de este gran robo, los chacales de los medios de comunicación -tanto impresos como electrónicos- han guardado un silencio sepulcral.

Aquí es donde entra Tony Knowles, el Gobernador de Alaska. No olvidemos que ARCO hizo 352.000 dólares en contribuciones durante las elecciones de 1996. En 1994, Knowles recibió 32.000 dólares y esto contribuyó a su elección como primer gobernador demócrata de Alaska, probablemente también el primer gobernador de un estado dormido en la Casa Blanca, todo ello parte de la conspiración global para robar al pueblo estadounidense.

CAPÍTULO 19

El petróleo libio y el atentado de Pan Am

Este no es el final de la historia del desvío del petróleo de Alaska por parte de las grandes petroleras. Más bien, es el primer capítulo de una saga en curso que terminará con el pueblo estadounidense como perdedor, mientras que China y el cártel del petróleo se van con miles de millones de dólares en botín ilícito.

El siguiente capítulo de nuestra saga petrolera tiene lugar en Libia, ya que los intrépidos miembros del cártel, que nunca duermen y siempre están en movimiento, siendo su lema "Luchamos por el petróleo", llevaban mucho tiempo viendo el petróleo libio como una bendición, si tan sólo pudieran poner sus manos en él. El líder libio Muammar Gaddafi ha demostrado ser más que un adversario para los hombres del cártel del petróleo, y al haber fracasado todos sus esfuerzos por deponerlo, se buscan constantemente nuevos métodos y oportunidades.

No pudieron envenenarlo; a Gadafi siempre le probaron la comida. El asesinato sería difícil, porque sólo viajaba con sus guardias de confianza, sin sobornos, y nunca utilizaba el transporte público. Entonces, de forma bastante inesperada, se presentó la oportunidad con el atentado del vuelo 103 de Pan Am, que se estrelló sobre Lockerbie, Escocia, matando a las 270 personas que iban a bordo. Ayudados (como siempre) por la CIA, los hombres del cártel se pusieron a trabajar.

En su empeño por arrebatar el control del petróleo libio a sus legítimos propietarios, los hombres del cártel del petróleo aprovecharon la oportunidad para culpar a Muammar Gaddafi del trágico atentado del vuelo 103 de Pan Am. Para lograr su objetivo, los hombres del cártel del petróleo convencieron fácilmente al presidente Ronald Reagan de que era deseable y necesario que la Fuerza Aérea estadounidense bombardeara la capital libia de Trípoli. Para ello, se lanzaron bombarderos estadounidenses desde bases en Gran Bretaña, y efectivamente bombardearon Trípoli en flagrante violación de la Constitución estadounidense, la Ley de Neutralidad de 1848, las cuatro Convenciones de Ginebra y la Convención de La Haya sobre bombardeos aéreos de la que Estados Unidos es signatario. Tal es el poder del cártel del petróleo que este ataque inconstitucional a un país contra el que EE.UU. nunca ha declarado la guerra, un país que nunca ha realizado un acto de beligerancia probado contra EE.UU., no ha sido condenado como un acto ilegal, sino que ha sido aclamado por el pueblo estadounidense, durante mucho tiempo víctima de la máquina infernal de lavado de cerebro del Instituto Tavistock, y por los chacales de la prensa. Gadafi perdió a un miembro de su familia en el atentado, lo que hizo tambalear su determinación de mantener la independencia de Libia. La tragedia de Pan Am 103 nunca se explicará del todo porque la vasta maquinaria de propaganda a disposición de los gobiernos estadounidense y británico se asegurará de que nunca se revele la verdad sobre este crimen contra el pueblo estadounidense. Vale la pena citar la observación de Benjamin Disraeli en 1859, agente de Lionel Rothschild:

> Todos los grandes acontecimientos han sido distorsionados, la mayoría de las causas importantes han sido ocultadas, algunos de los actores principales nunca aparecen, y todos los que aparecen son tan malinterpretados y distorsionados que el resultado es una completa mistificación. Si la historia de Inglaterra la escribe alguna vez alguien con conocimientos y valor, el mundo se asombrará.

Los gobiernos británico y estadounidense han demostrado su inusual habilidad para prevaricar y ofuscar de la manera más convincente. Este talento no es nuevo, pero fue considerablemente perfeccionado por los empleados de la Casa

Wellington, de la que Bernays, pariente de los Rothschild, era el principal propagandista. Esta gran fábrica de propaganda se desarrolló al principio de la Primera Guerra Mundial, para contrarrestar la falta de entusiasmo del pueblo británico por la guerra contra Alemania.

La historia del atentado contra la Pan Am 103 comenzó el 3 de julio, cuando un Airbus de Iranian Airways, que transportaba 290 pasajeros de camino al Haj en La Meca, fue derribado por el USS Vincennes. El Airbus, que había despegado del aeropuerto civil de Bandar Abbas (Irán), acababa de alcanzar su altura de crucero cuando un misil Aegis disparado por el USS Vincennes lo alcanzó. El Airbus se estrelló, matando a todos los que estaban a bordo. ¿Sabía la tripulación del Vincennes que su objetivo era un avión civil? Todos los consultados sobre el atentado, sin excepción, confirmaron que el Airbus no podía ser confundido con otra cosa que no fuera un avión civil. Un indignado Jomeini mantuvo una relativa calma, pero había ordenado en secreto al jefe del Pasdaran (servicio secreto) que seleccionara cuatro aerolíneas estadounidenses como objetivo para un ataque de venganza. El jefe de los Pasdaran informó a Ali Akbar Mohtashemi de que había elegido a Pan American Airways como objetivo.

El plan fue presentado a Mohtashemi en Teherán el 9 de julio de 1988 y fue aprobado por él para que se llevara a cabo inmediatamente. A continuación, se entregó a un antiguo oficial del ejército sirio, el coronel Ahmed Jabril, que comandaba el Frente Popular para la Liberación de Palestina (FPLP), con sede en Damasco, bajo la protección del difunto presidente Hafez al Assad.

La suerte estaba echada cuando Jabril atentó contra el vuelo 103 de Pan Am, que partía de Fráncfort (Alemania) con escala en Londres y cuyo destino final era Nueva York. Aunque Gran Bretaña y Estados Unidos lo negaron posteriormente, el propio Jibril afirmó haber recibido 10 millones de dólares para llevar a cabo su misión, y algunos informes afirmaron que la CIA había rastreado efectivamente 10 millones de dólares en transferencias a una cuenta suiza numerada de la que era titular Jibril.

La experiencia de Jibril es incuestionable: era conocido como un maestro bombardero que había llevado a cabo una serie de atentados contra aviones británicos, suizos y estadounidenses desde 1970. Además, Jibril se enorgullecía de sus interruptores de bomba, que llevaban su propia marca y método de activación, lo que, según los expertos en inteligencia, hacía que su "trabajo" fuera indiscutible.

Dos ciudadanos libios, Abdel Basset Ali al-Megrahi y Lamen Khalifa Fhimah, fueron acusados del atentado, a pesar de que no tenían experiencia en la fabricación de bombas ni disponían de las instalaciones necesarias para fabricar una bomba tan sofisticada. Nunca hubo ninguna prueba positiva, ninguna prueba que relacionara la bomba y la caída del Pan Am 103 con los dos acusados. Por el contrario, había muchas pruebas de que el atentado era obra de Jibril y del FPLP. Se estableció claramente que el equipo de Jibril estaba formado por expertos en la fabricación de bombas, Hafez Kassem Dalkamoni y Abdel Fattah Ghadanfare, ambos residentes en Frankfurt (Alemania). El 13 de octubre, a Dalkamoni se le unió otro experto en la fabricación de bombas, un tal Marwan Abdel Khreesat, cuya residencia estaba en Ammán (Jordania). Khreesat era conocido entre los oficiales sirios y el FPLP como el mejor "experto en explosivos". Además, Khreesat había empezado a trabajar recientemente en ambos bandos: también era informante del servicio de inteligencia alemán, la BKA. Publiqué la historia completa bajo el título "PANAM 103, un rastro mortal de engaño", en 1994.

Se lanzó una campaña internacional de calumnias y denigración contra Libia por su responsabilidad en el atentado. Nunca se proporcionó ninguna base fáctica, salvo los nombres de los dos libios acusados del crimen. Cuando Libia se negó a entregar a los "acusados" a un tribunal escocés, se instituyó un boicot internacional contra la venta de crudo libio, acompañado de una guerra de palabras contra Libia, como no se había visto desde la Segunda Guerra Mundial.

Como se ha mencionado anteriormente, un impresionable presidente Reagan fue convencido fácilmente para que aceptara un bombardeo sobre Trípoli. Se congelaron todos los activos libios en bancos extranjeros, donde pudieran ser localizados. De hecho, se lanzó una guerra total contra el país. Un avión civil libio que se dirigía a Trípoli desde Sudán fue derribado por "fuerzas desconocidas" en la creencia errónea de que Gadafi estaba a bordo. Se interrumpió todo el comercio entre Libia y Occidente.

Libia fue acusada falsamente de fabricar "armas de destrucción masiva" e incluida en la lista del Departamento de Estado de patrocinadores oficiales del terrorismo internacional. Mientras tanto, el clamor internacional para que Libia entregue a los dos "sospechosos" a Gran Bretaña o a Escocia se mantuvo y aumentó en intensidad. Acusaciones descabelladas e infundadas contra Libia vienen de todas partes. Mientras tanto, Libia siguió vendiendo petróleo a Europa Occidental y Rusia, pero algunos países, como Francia e Italia, empezaron a resentir las restricciones y negociaron en privado el fin del boicot. Pero Gran Bretaña y Estados Unidos no tienen nada que ver, y Robin Cook (Ministro de Asuntos Exteriores británico) dice a los ministros de la UE que Gadafi ha aceptado entregar a los dos "sospechosos", siempre que sean juzgados por un tribunal escocés, un anuncio que Gadafi califica inicialmente de "mentira". Rusia ha comenzado a aumentar sus compras de crudo libio, hasta el punto de que Gran Bretaña y Estados Unidos se han dado cuenta de que el boicot no será efectivo durante mucho tiempo.

Un equipo de negociadores estadounidenses se desplazó a Trípoli para llegar a un acuerdo con Gadafi que permitiera a las dos grandes potencias salvar la cara y a Libia librarse de los problemas, al tiempo que parecía cumplir con las exigencias de entregar a los dos "sospechosos" a un tribunal escocés en territorio neutral. Esto satisfaría la ley musulmana de que los ciudadanos libios nunca son extraditados para ser juzgados en países extranjeros que los acusan de un delito, lo cual es una solución que se puede esperar de las mentes retorcidas.

El "Tribunal Escocés" se reunió en Camp Zeist, Holanda, ya que este país no estaba entre los países acusadores que pretendían procesar a los dos libios. Esto resolvió la cuestión del derecho musulmán. El campamento Zeist fue declarado "territorio escocés" en un espectáculo de magia que habría enorgullecido a Las Vegas. Los dos "sospechosos" se presentaron entonces "voluntariamente" a juicio y se fijó una fecha para la apertura del proceso contra ellos.

¿Por qué la jurisdicción era la ley escocesa? La respuesta es que, además de que la causa de la acción surgió en Escocia, el derecho escocés permite un tercer veredicto especial, el de "no probado", que se sitúa entre la culpabilidad y la inocencia. Se aseguró a Gadafi que las pruebas presentadas por la fiscalía no serían suficientes para condenar a los libios. Así, mientras se ve que se hace "justicia", los libios serían libres. Pero la promesa no se cumplió.

Este fue el contexto del juicio, que comenzó con una explosión. El caso del fiscal contra al-Megrahi y Khalifa era débil. El abogado defensor esperó hasta el inicio del juicio para anunciar su defensa. Iban a presentar pruebas de que Jabril y el FPLP habían cometido el atentado y llamar a 32 testigos para apoyar su defensa. Los expertos con los que hablé opinaban que si resultaba que los testigos del FPLP iban a comparecer efectivamente, el juicio se detendría por "no probado". Lo último que querían Gran Bretaña y Estados Unidos era que se revelaran todos los hechos en un tribunal abierto. A cambio de su "cooperación", se garantizó a Gadafi el levantamiento del boicot contra Libia y la apertura del grifo del crudo libio.

Los principales beneficiarios serían, por supuesto, los miembros del cártel del petróleo. El verdadero villano responsable del atroz crimen de Pan Am nunca ha sido acusado. ¿Y el USS Vincennes y el Airbus iraní que destruyó? Eso también fue parte del acuerdo hecho por el gobierno en la sombra. Se declararía oficialmente que la tripulación del Vincennes creyó por error que estaba siendo atacada por un avión militar.

Los únicos que se beneficiaron fueron los cárteles del petróleo, que casi inmediatamente empezaron a obtener enormes beneficios con la venta del crudo libio. En cuanto a los familiares de los que murieron a manos del FPLP de Jabril, no obtuvieron la resolución que habían estado buscando durante doce años, a pesar de que el veredicto oficial declaró a dos hombres inocentes culpables del atentado atroz.

Hay que añadir una nota más, a saber, el papel desempeñado por George Bush y Margaret Thatcher para garantizar la cobertura de cualquier investigación completa sobre el atentado de la Pan Am 103 que pudiera exigirse posteriormente. El diputado escocés Tom Dalyell dijo a la Cámara que

> "las autoridades británicas y estadounidenses no están interesadas en averiguar la verdad porque les incomodaría".

Dalyell es el diputado que procesó sin ayuda a Thatcher por su acto criminal de ordenar a un submarino británico que torpedeara y hundiera el crucero argentino "Belgrano" en aguas internacionales, en clara violación de la Convención de Ginebra.

Debido a la persistencia de Dalyell, Thatcher perdió la confianza de sus controladores y se vio obligada a dejar el cargo en desgracia y retirarse prematuramente de la vida pública. No cabe duda de que las dos personas que más vergüenza sufrirían si se descubriera la verdad serían George Bush y Margaret Thatcher. A continuación, se escenificó otro tipo de terrorismo en la frontera entre Kuwait e Irak. El corrupto régimen dictatorial de Al Sabah obtuvo un gran triunfo al persuadir a George Bush de que ordenara a una nación cristiana civilizada, por delegación, que volviera a llover misiles de crucero sobre un Irak que ya sufría, como castigo colectivo por un supuesto intento de asesinato de Bush padre. No todo el mundo acepta la palabra de los despiadados dictadores de Al Sabah de que el supuesto complot de asesinato de Bush era auténtico. Muchos países han expresado serias dudas sobre la validez de la reclamación de Al Sabah. Esto es lo que dijo una fuente de inteligencia:

> ... Las "pruebas" que supuestamente tienen los Al Sabah serían rechazadas por cualquier tribunal estadounidense o británico. Las "pruebas" están tan amañadas que no es de

> extrañar que el gobierno estadounidense no se atreva a revelarlas en un foro abierto. Este caso (el supuesto atentado contra la vida de George Bush por parte de ciudadanos iraquíes) es tan amañado y escandaloso que uno se pregunta por la profundidad de la depravación a la que ha descendido Estados Unidos. Si hubiera habido senadores independientes, deberían haber exigido que Clinton les presentara sus pruebas en una audiencia abierta de la comisión, pero, por supuesto, Clinton no tiene ninguna prueba que resista el escrutinio en un tribunal abierto con testigos bajo juramento, por lo que los senadores pudieron eludir su deber.

Un observador que asistió al juicio dijo:

> Los iraquíes acusados eran contrabandistas ordinarios sin experiencia en inteligencia o explosivos. Sería difícil encontrar un grupo más improbable, no el tipo de personas que el gobierno iraquí emplearía si quisiera matar a George Bush. El camión que supuestamente contenía explosivos estaba en realidad lleno de contrabando y fue "encontrado" a kilómetros de la Universidad de Kuwait, el lugar al que supuestamente iban a ir los "agentes de inteligencia iraquíes" para llevar a cabo el "complot" para asesinar a George Bush.

El caso contra los dos contrabandistas iraquíes está tan lleno de agujeros y tan envuelto en un doble discurso, ofuscación y "pruebas" fabricadas, que sería un buen argumento para una comedia de Laurel y Hardy si no fuera tan trágico. Los investigadores estadounidenses entrevistaron a los dos hombres que confesaron haber intentado llevar a cabo un atentado contra George Bush, pero cualquier confesión obtenida mientras los acusados estaban en manos de los Al Sabah debía ser tratada con el máximo escepticismo. Kuwait tiene una historia infame de torturas, linchamientos, odio a los extranjeros -especialmente a los iraquíes-, propaganda inteligente y mentiras descaradas. La familia Al Sabah es tan cruel, vengativa, dictatorial y bárbara como cualquier otra del mundo actual. No se puede confiar en su palabra. Todo este episodio huele a montaje apresurado y torpe para hacer ver que Bush estaba en peligro.

En cualquier caso, supongamos por un momento que los

supuestos terroristas ineptos llegaron a Kuwait con la intención de asesinar a George Bush. ¿Por qué entonces no se llevó a Irak ante las Naciones Unidas o la Corte Internacional de Justicia de La Haya?

Si Bush y los Al Sabah estaban tan deseosos de envolver sus acciones en el manto de las Naciones Unidas, ¿por qué Estados Unidos y Kuwait no acudieron a La Haya y al Consejo de Seguridad de la ONU para presentar su caso? Estados Unidos no debería haber participado en esta cruel farsa. En el "juicio" de estos dos pobres y convenientes chivos expiatorios no se presentó ni una sola prueba verificable. Todo el asunto fue una vergüenza, un acto político, que nada tenía que ver con el castigo judicial de un delito.

Estados Unidos ha comenzado a castigar a cualquier nación que se atreva a discrepar de él, y operamos bajo la dudosa premisa de que la fuerza es el derecho. Nos estamos convirtiendo en el matón número uno del mundo. Es de dominio público que los magnates del cártel del petróleo pagaron a varios países grandes sumas de dinero para que participaran en la guerra ilegal contra Irak. Los países que recibieron un soborno han sido enumerados en los informes, incluyendo las cantidades pagadas.

Uno de estos informes trataba sobre el acuerdo de Al Sabah con Hill and Knowlton, la famosa agencia de publicidad, por el que recibió la suma de 10 millones de dólares para convencer al pueblo estadounidense de que había que salvar a los dictadores de Al Sabah.

Fue a través de la mentira bien entrenada y ensayada de Nayira Al Sabah ante un comité del Senado que Hill y Knowlton vendieron su retorcido caso a Estados Unidos, con el apoyo de las prostitutas mantenidas de los medios de comunicación controlados. A continuación, una fuente muy fiable, el *Financial Times* de Londres, confirmó las acusaciones formuladas contra los dictadores de Al Sabah y sus secuaces estadounidenses en 1990 y 1991. Según el *Financial Times del* 7 de julio, los Al Sabah utilizaron la Oficina de Inversiones de Kuwait (KIO) en Londres para distribuir dinero a los países dispuestos a ser sobornados para defender a Kuwait en la Guerra del Golfo. El *Financial Times* afirmó que "se utilizaron 300 millones de dólares en la ONU para comprar votos a favor de Kuwait", lo que se denunció en plena fiebre de la Guerra del Golfo. "Esto (los votos de la ONU) proporcionó la base legal para la liberación de Kuwait por fuerzas multinacionales".

El Al Sabah, pillado in fraganti, lanzó un furioso contraataque contra el artículo del *Financial Times*. El Ministro de Finanzas, Nasser Abdullah al-Rodhan, dijo:

> Kuwait nunca ha recurrido a estos medios, ni en el pasado ni en la actualidad. La acusación pretendía empañar la imagen del país y su derecho a restablecer su soberanía tras la invasión iraquí de 1990.

El ministro de finanzas continuó diciendo que los 300 millones de dólares fueron robados de la Organización de Industrias Culturales y que los autores simplemente intentaban cubrir sus huellas acusando a Kuwait de comprar votos. Las comisiones responsables del Senado tenían el deber de investigar estas acusaciones y un deber aún mayor de averiguar por qué Estados Unidos se puso de acuerdo con los déspotas de Kuwait y lanzó misiles de crucero sobre Bagdad en dos ocasiones, cuando no teníamos ningún derecho constitucional, legal o moral para llevar a cabo esa acción. Es absolutamente necesario, incluso a estas alturas, que se presente al pueblo estadounidense la verdad sobre Kuwait e Irak, algo que los magnates del petróleo se empeñan en impedir. Moverán cielo y tierra para proteger a los dictadores de Al Sabah, y seguirán mintiendo sobre Irak el tiempo que haga falta. El remedio está en manos de Nosotros el Pueblo. El modo en que el Congreso ha estado dispuesto a inclinarse y a rascarse ante los dictadores de Al Sabah no es más que una vergüenza nacional.

CAPÍTULO 20

Una historia que necesita ser contada

La historia de Venezuela merece ser contada, ya que es un país en el que el desequilibrio entre la extrema pobreza y la extrema riqueza es más evidente de lo habitual. Venezuela siempre ha sido explotada descaradamente y desangrada por el cártel del petróleo, sin ningún beneficio para el país o su pueblo. Esta fue la situación cuando en 1998 los pobres fueron federados por un antiguo paracaidista, Hugo Chávez, y animados a acudir a las urnas en un número récord. Chávez fue elegido presidente en una victoria aplastante que sacudió a los amos del cártel del petróleo.

Una vez en el poder, Chávez no perdió tiempo en cumplir sus promesas electorales. El Congreso venezolano, en los bolsillos de los barones del petróleo durante 30 años, fue disuelto. Chávez denunció a Estados Unidos como el enemigo de los pobres de la nación. El nuevo presidente instituyó una ley de hidrocarburos muy similar a la ley aprobada por el patriota mexicano, el presidente Carranza, que arrebató el control de la industria petrolera al cártel del petróleo y lo puso directamente en manos del pueblo de Venezuela.

Entonces Chávez golpeó al cártel del petróleo donde más le dolía, en la cartera, al introducir un aumento del 50% en las regalías que debían pagar las compañías petroleras extranjeras. La empresa estatal Petróleos de Venezuela sufrió una remodelación que dejó sin empleo a la mayoría de los dirigentes empresariales pro-estadounidenses. Esto fue un golpe para Estados Unidos y, de hecho, para el resto del mundo.

Venezuela no es un actor pequeño en la industria petrolera. En 2004, era el cuarto exportador de petróleo del mundo y el tercer proveedor de crudo a Estados Unidos. Petróleos de Venezuela emplea a 45.000 personas y tiene una facturación anual de 50.000 millones de dólares. El antiguo paracaidista de voz estruendosa se subió audazmente a la silla de un caballo salvaje. La gran pregunta era cuánto tiempo pasaría antes de que los magnates del cártel del petróleo lo desbancaran. Al tomar el control de esta gran industria, Chávez se estableció repentinamente en la escena mundial como un hombre a tener en cuenta, más bien como el Dr. Mossadegh.

Maracaibo es el centro del poder de Chávez. Los trabajadores del petróleo le apoyaron firmemente y, aunque carecían de dinero, tuvieron mayoría en las elecciones. Al igual que el enorme géiser de petróleo que estalló de la tierra el 14 de diciembre de 1922 (cien mil barriles diarios se derramaron por el aire durante tres días antes de ser contenidos), los trabajadores del petróleo necesitan estar organizados y controlados. Chávez tendría mucho trabajo para detener el petróleo.

En los siguientes cuarenta años, Venezuela pasó de ser un país sudamericano pobre e indigente a uno de los más ricos del continente. El embargo petrolero de la OPEP triplicó el presupuesto nacional de Venezuela, atrayendo la atención de los tiburones depredadores que surcan sus aguas internacionales. Los agentes del cártel del petróleo han persuadido al país para que gaste en exceso. El Fondo Monetario Internacional (FMI) ha inundado al gobierno venezolano con enormes préstamos.

El escenario estaba preparado para el sabotaje económico y llegó con el colapso de los precios mundiales del crudo. Venezuela estaba a punto de descubrir que los simpáticos hombres con trajes de negocios que llevaban maletines con el sello "FMI" también llevaban dagas afiladas. Las medidas de austeridad más imposibles se impusieron en Venezuela. Como resultado, los pobres tuvieron que devolver los préstamos y la renta per cápita del país cayó casi un 40%.

Se estaba estableciendo el clásico modelo de toma de posesión de los cárteles del petróleo. El resentimiento y la ira crecieron a la par hasta que la presión ya no pudo contenerse. Se produjeron disturbios en los que murieron más de doscientas mil personas. La clase media emergente fue la más afectada y la mayoría de la gente se vio reducida a la pobreza en los dos años siguientes. Sorprendentemente, Chávez se aferró al poder. ¿Montará Estados Unidos otra operación del tipo "Gustavo Roosevelt" o simplemente el país será invadido por mercenarios militares estadounidenses? Pero mientras el cártel del petróleo sopesaba sus opciones, intervino el 11 de septiembre. Venezuela tuvo que esperar. Pero no esperó mucho tiempo. Los primeros disparos los hizo el *New York Times,* que presentó a Chávez como un enemigo de la libertad. Los comentaristas norteamericanos predijeron un malestar laboral masivo que llevaría a la caída de Chávez. Cualquier analista que se precie podía ver que el modelo iraní se estaba aplicando a Venezuela; de hecho, Washington no parecía dispuesto a ocultarlo.

Como en el caso del general Huyser en Teherán, los agitadores estadounidenses instaban a los trabajadores del petróleo a la huelga, y así lo hicieron. El *New York Times* apenas pudo contener su alegría. Los titulares de los gritos declararon:

> Cientos de miles de venezolanos llenaron hoy las calles declarando su compromiso con una huelga nacional, que ya cumple 28 días, para forzar la salida del presidente Hugo Chávez. En los últimos días, la huelga ha llegado a un punto muerto, y Chávez ha utilizado a los trabajadores que no están en huelga para intentar normalizar el funcionamiento de la empresa petrolera estatal. Sus opositores, encabezados por una colación de líderes empresariales y sindicales, dicen que su huelga empujará a la empresa, y por tanto al gobierno de Chávez, al colapso.

Si se superpusiera el plan de Gustavo Roosevelt, la CIA y el general Huyser (el hombre que derribó al Sha), a la situación de Caracas, encajaría perfectamente. Los provocadores entrenados por Estados Unidos estaban trabajando. Pero esta vez no fue Kermit Roosevelt, sino Otto J. Reich, un veterano agitador con amplia experiencia en fomentar revoluciones en Guatemala,

Ecuador, Filipinas, Sudáfrica, Chile, Nicaragua, Panamá y Perú. En Washington, la administración Bush levantó copas de champán para celebrar el éxito de Reich en Venezuela. Pero su celebración duró poco. Reuniendo a sus partidarios más duros entre los trabajadores del petróleo, Hugo Chávez, el ex paracaidista, es capaz de mantener a los militares de su lado. Todos los intentos de Reich de poner al cuerpo de oficiales en contra de su presidente fracasaron. Reich tuvo que volver con el rabo entre las piernas y volar a Washington a toda prisa.

Setenta y dos horas más tarde, el presidente Chávez tomó el control firme de su gobierno y comenzó inmediatamente a eliminar a los traidores y mercenarios del agente Otto Reich. Los ejecutivos de las compañías petroleras que se habían cambiado prematuramente de bando fueron expulsados del país, junto con un puñado de oficiales desleales del ejército. Dos de los golpistas, que admitieron su complicidad con Reich y sus jefes de Washington, fueron condenados a veinte años de prisión. Por una vez, la CIA tuvo que salir con un ojo morado.

En otro país, bajo el ataque de los magnates del cártel del petróleo, Irán se vio envuelto en una batalla con los herederos de los Illuminati. Sus planes, cuidadosamente elaborados, tuvieron un éxito aparente con la llegada al poder del líder fundamentalista Ayatolá Jomeini, y servirían de modelo para futuros ataques contra otros estados-nación seleccionados con codiciados recursos naturales.

En este libro examinaremos quiénes fueron los conspiradores, cuáles fueron sus motivos y qué ganaron con la destrucción del Sha y la instalación de un fundamentalista fanático en su lugar. Intentaré desentrañar el misterio de cómo Irán volvió a la edad oscura de la que tanto había intentado salir bajo el liderazgo del Sha, basándose en la modernización de su industria petrolera.

Los conspiradores son los herederos de la orden secreta del siglo XVIII cuyo proyecto fue trazado por Adam Weishaupt y su orden de los Illuminati. La lista de hombres prominentes del cártel del petróleo que son miembros de los Illuminati nunca se ha hecho pública, pero todo indica que es un número importante.

Nos limitaremos aquí a una breve descripción de los Illuminati.

El objetivo del Iluminismo es establecer un gobierno de un solo mundo derrocando el orden existente y destruyendo todas las religiones, especialmente el cristianismo. Pide un nuevo orden mundial, el "Novus Seclorum" impreso en el reverso de los billetes de 1 dólar de la Reserva Federal. Pide que se devuelva al hombre a la edad oscura, bajo un sistema feudal, donde se ejerce un control absoluto sobre todas las personas del mundo. Este sistema se probó en la Unión Soviética, dirigida por los señores feudales del Partido Comunista, y casi se reprodujo en Estados Unidos, Gran Bretaña y la URSS antes de que se hundiera, por considerarse inviable. Fue este sistema contra el que advirtió George Orwell.

Los conspiradores son conocidos con diferentes nombres: la nobleza negra veneciana, los aristócratas y las familias reales, el Consejo de Relaciones Exteriores, la Fundación Cini, los Fondi, etc. Las antiguas familias han ejercido un poder absoluto durante los últimos cinco siglos, ya sea en Europa, México, Gran Bretaña, Alemania o Estados Unidos. En la Unión Soviética, las antiguas familias ("raskolniks") han sido derrocadas y sustituidas por un nuevo conjunto de aristócratas mucho más represivos. El plan es que todas las naciones se pongan bajo la dirección del "Comité de los 300".

La mayoría de los miembros de la vieja nobleza europea profesan el cristianismo como su fe, pero en realidad no creen en él ni practican sus principios. Por el contrario, la mayoría de ellos son adoradores de cultos. No creen que Dios exista realmente. Piensan que la religión es sólo una herramienta que se utiliza para manipular a las masas de gente corriente y mantener así su control sobre la población.

A Karl Marx se le atribuye erróneamente la afirmación de que la religión es el opio de las masas. Pero esta doctrina fue formulada y seguida cientos de años antes, por las familias reales que asistían regularmente a la Iglesia cristiana, con una muestra externa de pompa y ceremonia, mucho antes de que Marx se permitiera copiar el plan de Weishaupt y reclamarlo como propio.

Uno de los cultos más antiguos que la Nobleza Negra sigue de cerca es el culto a Dionisio, que enseña que ciertas personas están situadas en la Tierra como gobernantes absolutos del planeta, y que todas las riquezas y recursos naturales de la Tierra les pertenecen. Esta creencia arraigó hace unos 4.000 años y, entonces como ahora, sus seguidores se llaman olímpicos.

Los olímpicos forman parte del Comité de los 300. La perpetuación de la línea familiar y su reinado es el primer artículo de fe de los olímpicos. Están convencidos de la escasez de recursos naturales, especialmente del petróleo, que está reservado a su propiedad exclusiva. Afirman que los recursos petrolíferos se consumen y agotan con demasiada rapidez por una población en rápida expansión de "comedores inútiles", personas de poco valor. Los olímpicos se diferencian de Weishaupt en que, mientras que éste quería un grupo formalizado, un Novus Seclorum, un cuerpo, que gobernara la tierra abiertamente, los olímpicos se han conformado con una organización suelta que es difícil de identificar. Los olímpicos de hoy en día han retomado lo que dejó Weishaupt, y tienen una gran variedad de nombres: el Club de Roma, los comunistas, los sionistas, los masones, el Consejo de Relaciones Exteriores, el Real Instituto de Asuntos Internacionales, la Mesa Redonda, el Grupo Milner, la Trilateral, el Grupo Bilderberg y la Sociedad Mont Pelerin, por nombrar algunos de los principales. Hay muchos otros organismos conspiradores que se entrelazan y superponen. Los miembros seleccionados forman el Comité de los 300 con las cabezas coronadas de Europa. Todas estas organizaciones tienen una cosa en común: el control de todos los recursos naturales, con el petróleo a la cabeza.

El Club de Roma es la principal organización de política exterior que supervisa a todos los demás organismos conspiradores del mundo.

El lavado de cerebro de naciones enteras es la especialidad del Instituto Tavistock, que utiliza los métodos desarrollados por el general de brigada John Rawlings Reese en 1925, y que todavía se utilizan en 2008. Fue uno de los aprendices de Reese quien consiguió hacer creer al pueblo estadounidense que un pequeño y oscuro político de Georgia, James Earl Carter, podía llegar a dirigir la nación más poderosa del mundo. La creencia era que Carter sería la herramienta de las compañías petroleras.

Fue la decisión del Sha de liberar a su país del dominio que las compañías petroleras imperialistas británicas y estadounidenses, dirigidas por destacados miembros de los Illuminati, tenían sobre Irán lo que provocó su caída -como en los casos del Dr. Verwoerd de Sudáfrica y del general Somoza de Nicaragua.

Como se detalla en este libro, el Sha hizo un acuerdo petrolero por separado con la empresa italiana ENI a través de su presidente, Enrico Mattei. Lo hizo a pesar de las órdenes británicas de tratar sólo con Philbro, un gigantesco conglomerado, y con British Petroleum, que forman parte de lo que Mattei llamaba las "siete hermanas" de las petroleras. El Sha también se embarcó en un programa de energía nuclear de 90.000 millones de dólares, desafiando las órdenes de no hacerlo de los ejecutivos petroleros Illuminati británicos y estadounidenses. Averell Harriman, el decano del cuerpo diplomático, es enviado a Teherán para entregar un mensaje personal de Washington al Shah: "cumple con la línea o serás el siguiente". Entre los alborotadores de las calles de Teherán había un mulá llamado Ayatolá Jomeini, pero esta vez se rebelaba contra el Sha, no en su propio nombre. Para que el Sha reciba el mensaje, Richard Cottam, profesor de la Universidad de Pittsburgh, organiza una huelga de profesores en Teherán. Así, Estados Unidos se inmiscuyó en los asuntos soberanos de Irán en flagrante violación de la Constitución estadounidense y del derecho internacional, todo ello en nombre del poder de los "líderes Illuminati" del cártel del petróleo.

En respuesta a esta traición de la potencia imperial estadounidense, el Sha telefoneó a Kennedy y fue invitado a la Casa Blanca en 1962. Se llegó a un acuerdo entre Kennedy y el Sha. Irán pondría fin a las negociaciones independientes con empresas como ENI y trabajaría sólo con BP y Philbro; a cambio, el Sha podría destituir al primer ministro Amini.

Pero a su regreso a Teherán, el Sha no cumplió su parte del acuerdo. Despidió a Amini y siguió tratando con ENI mientras buscaba activamente acuerdos petroleros con otros países. Furioso por haber sido traicionado, Kennedy trajo al general Bakhtiar, entonces exiliado en Ginebra. Bakhtiar llegó a Washington en 1962 y fue directamente a la Casa Blanca.

Poco después, estallaron graves disturbios en Teherán, y el Sha denunció a los señores feudales que querían devolver a Irán a la época oscura de un estado laico. En total, unas 5.000 personas murieron como consecuencia de los disturbios fomentados por Bakhtiar y Estados Unidos. Pero en 1970, la suerte de Bakhtiar se acabó; se acercó demasiado a la frontera con Irak y fue abatido por un francotirador.

La prensa mundial lo declaró un "accidente de caza", una tapadera para las actividades de Bakhtiar contra el Sha, que en sus memorias "En respuesta a la historia" escribió:

> "No lo sabía entonces, quizá no quería saberlo, pero ahora tengo claro que los estadounidenses querían que me fuera. ¿Qué debía hacer con el repentino nombramiento de Ball en la Casa Blanca como asesor para Irán? Sabía que Ball no era amigo de Irán. Tenía entendido que Ball estaba trabajando en un informe especial sobre Irán. Pero nadie me informó de las áreas que iba a abarcar el informe, y mucho menos de sus conclusiones. Los leí meses después, cuando estaba en el exilio, y mis peores temores se confirmaron. Ball era uno de esos americanos que querían abandonarme, y en última instancia a mi país. "

El Sha se dio cuenta demasiado tarde de que cualquiera que se hiciera amigo de Estados Unidos estaba condenado a la traición, como demuestran los ejemplos de Vietnam, Corea, Zimbabue (Rodesia), Angola, Filipinas, Nicaragua, Argentina, Sudáfrica, Yugoslavia e Irak. En este punto, es necesario mencionar de nuevo el nombre del general estadounidense Huyser. Del 4 de enero al 4 de febrero de 1972, el general Huyser estuvo en Teherán. ¿Qué hacía allí? Su papel nunca fue explicado, ni por el propio general ni por nadie en el gobierno, pero más tarde se supo que estaba trabajando con la CIA para llevar a cabo una operación de "interrupción". El ejército iraní se vio privado de su comandante en jefe, el Sha, y por tanto sin líder, mientras Huyser llenaba el vacío, haciendo el papel de Judas.

Convenció al Sha de que saliera de Teherán para pasar unas "vacaciones", lo que creía que ayudaría a enfriar los ánimos de las multitudes. El Sha aceptó lo que le pareció un consejo amistoso y partió hacia Egipto. En esta época, el general Huyser hablaba a diario con los generales iraníes. Les dijo que no debían atacar a los alborotadores, o Estados Unidos les cortaría los suministros militares, las piezas de repuesto y las municiones. A su debido tiempo, Washington daría la orden, a través del Sha, de atacar a los alborotadores, dijo Huyser. Pero esa orden nunca llegó.

El ejército iraní, compuesto por 350.000 hombres, quedó efectivamente marginado, y el hombre que logró esta asombrosa hazaña fue el general Huyser, que nunca fue llamado a rendir cuentas, ni siquiera por el Senado estadounidense. Cuando el presidente Reagan llegó a la Casa Blanca en los años siguientes, quiso sinceramente llegar al fondo de la historia iraní; podría haber ordenado que el general Huyser compareciera ante una comisión del Senado para explicar su papel. Pero el presidente Reagan no hizo nada. Entre bastidores, el titiritero James Baker III, de Baker and Botts, movía los hilos. Este antiguo bufete de abogados de Houston estaba en el centro de la "protección" de los intereses de sus poderosos clientes petroleros en Irán.

James Baker III iba a desempeñar un papel decisivo en la preparación de la Guerra del Golfo de 1991. En 1990, James Baker III hizo saber al mundo por qué Estados Unidos codiciaba el petróleo iraquí e iraní:

> La línea de vida económica del mundo industrial pasa por el Golfo y no podemos permitir que un dictador como éste (Saddam Hussein) se siente sobre esa línea de vida. Para bajar esto al nivel del ciudadano medio estadounidense, yo diría que significa puestos de trabajo. Si quiere resumirlo en

una palabra, es trabajos.

La Constitución de EE.UU. establece que EE.UU. no puede inmiscuirse en los asuntos de una nación soberana, pero Baker and Botts, a través de James Baker III, cree que no tiene que obedecer la Constitución. El Sha se interponía en el camino de las grandes compañías petroleras y no se podía permitir que se quedara de brazos cruzados en esta "línea de vida económica".

Igualmente preocupante es el papel desempeñado por la administración Carter en el derrocamiento del Sha. El presidente Carter sabía de antemano que la embajada de EE.UU. sería asaltada si el Sha era admitido en EE.UU., pero no hizo nada para proteger la embajada de un ataque. De hecho, tras el regreso de Jomeini a Irán, Estados Unidos transportó por aire armas y piezas de repuesto a Irán, utilizando aviones de carga Hércules y 747 desde Nueva York, con paradas para repostar en las islas Azores.

El portavoz del gobierno británico, el *Wall Street Journal* y el *Financial Times* de Londres lo admitieron posteriormente. También revelaron que David Aaron, de la CIA, había reunido un equipo de sesenta agentes, que fueron enviados a Irán en enero de 1979, justo cuando el general Huyser llegó a Teherán. Fue sobre todo el Instituto Aspen, sede del Comité de los 300 en Estados Unidos, el que traicionó la confianza del Sha. Le halagaba como líder moderno, y si el Sha tenía un talón de Aquiles, era su susceptibilidad a la adulación. Como resultado de los halagos de Aspen, donó varios millones de dólares al instituto. Aspen prometió organizar un simposio en Irán sobre el tema "Irán, pasado, presente y futuro". Aspen cumplió su promesa y el simposio se celebró en Persépolis (Irán). Fue un evento de gala, ya que el Sha y su esposa agasajaron a los distinguidos participantes con una comida. Si el Sha hubiera estado bien informado, los habría expulsado inmediatamente. Pero los que dicen la verdad son penalizados; no ocupan las prestigiosas cátedras de famosas universidades.

El Sha recibió un brillante retrato verbal de su gobierno ilustrado. Pero entre bastidores, surgió un panorama muy diferente. Diez miembros destacados del Club de Roma, incluido su jefe, Aurelio Peccei, están presentes en Persépolis.

Otras personas notables fueron Sol Linowitz, del bufete de abogados Coudet Brothers, y el hombre que más tarde nos dio nuestro Canal de Panamá (miembro del Comité de los 300), Harlan Cleveland y Robert O. Anderson. Ambos eran miembros destacados del Instituto Aspen.

Otros con conocimiento de la trama eran Charles Yost, Catherine Bateson, Richard Gardner, Theo Sommer, John Oakes y Daniel Yankelovitch, el hombre que moldea la opinión pública mediante actividades de sondeo. El MI6 calificó este acontecimiento como el inicio de la "reforma" de Oriente Medio.

CAPÍTULO 21

La Reforma y una mirada a la historia

En el siglo XX, la "reforma" está impulsada por los auspicios de los anglófilos estadounidenses -las élites gobernantes- centrados en un grupo central en torno a las dinastías de las familias Handyside Perkins, Mellon, Delano, Astor, Morgan, Straight, Rockefeller, Brown, Harriman y Morgan, que hicieron fortunas incalculables con el comercio del opio con China. Muchas de las grandes empresas petroleras proceden de este entorno. La familia Bush, empezando por Prescott Bush, siempre ha servido de sátrapa a la cábala.

El "Comité de los 300", compuesto por imperialistas estadounidenses y sus sirvientes de la cábala británica y estadounidense, decidió justo antes de la Primera Guerra Mundial que el petróleo sería el combustible de la marina británica y de la marina mercante. Lord "Jacky" Fisher fue el primero en reconocer que el combustible de la Royal Navy debía proceder del petróleo crudo y no del carbón, como ya he explicado anteriormente.

Cuando Winston Churchill se convirtió en Primer Lord del Almirantazgo, dio instrucciones al MI6 para que elaborara un plan para apoderarse de los vastos yacimientos petrolíferos de Mesopotamia, con el transparente pretexto de "evitar que esas enormes reservas de petróleo cayeran en manos alemanas". Habiendo logrado la Primera Guerra Mundial "asegurar el mundo para la democracia", en los albores de 1919 el imperio del petróleo, que no se avergüenza de la responsabilidad ante los países o las naciones, siendo de hecho un grupo de corporaciones privadas fascistas que gobiernan el mundo, quería el control total e incuestionable de las vastas reservas de petróleo de Oriente Medio y del sur de la Unión Soviética. Para ello, los "300" financiaron los movimientos nacionalistas que se levantaron en Alemania, Italia y Japón con la esperanza de que invadieran y controlaran Rusia. Los ejecutivos del petróleo planeaban derrotar a los gobiernos alemán, italiano y japonés y hacerse con el control de las reservas de petróleo de la Unión Soviética. El círculo de Rockefeller planeaba arrebatar el control del petróleo del Golfo Pérsico al cártel petrolero británico-persa y arrebatar el control del petróleo del sudeste asiático a la Royal Dutch Shell. En 1939 y 1940, los alemanes e italianos no atacaron a Rusia como los "Tres Grandes" (etiqueta creada por Tavistock) habían planeado. En su lugar, el brillante general alemán Irwin Rommel lanzó su ejército del desierto a través del norte de África para apoderarse del Canal de Suez y controlar todos los envíos de petróleo a través de él. Rommel no tenía intención de detenerse en Suez, sino que planeaba continuar hacia Persia y expulsar a los británicos de los campos petrolíferos de Persia y Mesopotamia. Mientras tanto, tras un ataque fallido a Rusia en 1939, los japoneses arrasaron el sudeste asiático y se apoderaron de todas las propiedades petroleras de Royal Dutch Shell. Pero con la derrota de Japón en 1945, la mayoría de estos campos de la Royal Dutch pasaron a estar bajo el control de la Standard Oil de Rockefeller.

El alto mando de Hitler había planeado apoderarse de los yacimientos petrolíferos de Rumanía y Bakú antes de finales de 1939, asegurando así las propias fuentes de petróleo de Alemania. Se hizo. Entonces, el brillante general Irwin Rommel, al mando del ejército en el norte de África, iba a capturar los campos petrolíferos persas en 1941 y los rusos en 1942. Sólo entonces Hitler tendría suficiente combustible para asegurar el futuro de Alemania. Pero menos de una semana después del ataque a Pearl Harbor, los japoneses convencieron a Hitler para que declarara la guerra a Estados Unidos. Se trataba de un movimiento estratégico, ya que Hitler no disponía de los recursos y la mano de obra necesarios para entrar en guerra con los Estados Unidos.

También fue el peor error que pudo cometer, ya que dio a Roosevelt la excusa para entrar en la guerra en el bando aliado, como habían planeado Stimson, Knox y Roosevelt. Hitler sólo aceptó si los japoneses atacaban Rusia, ya que las tropas alemanas estaban ahora empantanadas en Rusia y Hitler obtendría una ventaja estratégica si los rusos se defendían de Japón en su flanco oriental. Cuando los japoneses no atacan a Rusia, el ejército alemán se ve obligado a retroceder con grandes pérdidas y no tiene suficientes suministros de combustible.

Los campos petrolíferos rumanos de Ploesti no fueron suficientes para que Alemania librara una guerra en dos frentes, y el esfuerzo bélico alemán comenzó a derrumbarse ante los terribles bombardeos de las viviendas de los trabajadores alemanes, deliberadamente dirigidos por Churchill y el "Bomber Harris" de la RAF. La última gran campaña alemana de la Segunda Guerra Mundial fue la brillantemente planificada y ejecutada Batalla de las Ardenas, en la que el mariscal de campo Gerd von Rundstedt debía atacar con sus blindados a los aliados invasores, atravesar el puerto de Amberes y capturar los depósitos de combustible aliados. Esto detendría a las fuerzas americanas y británicas y obtendría el combustible que Alemania necesitaba para continuar su esfuerzo bélico. Pero el general Eisenhower ordenó que se quemaran los depósitos de combustible de los aliados y Alemania fue derrotada por bombardeos aéreos masivos, sus aviones de combate (incluido el nuevo caza bimotor) no pudieron despegar porque no tenían combustible, y por un largo período de mal tiempo.

Volviendo a Rusia, a principios de la década de 1950, Armand Hammer, de Occidental Petroleum, un sátrapa de Rockefeller, negoció un acuerdo con el líder ruso Joseph Stalin para comprar el petróleo ruso, robándoselo de hecho al pueblo ruso, al igual que ocurriría con "Yukos" y el plan de la Escuela Wharton de Chicago del año 2000 para "privatizar" la propiedad nacional rusa. El petróleo ruso se vendió entonces en el mercado mundial a un precio mucho más alto que el que habría obtenido Stalin comercializándolo él mismo, ya que pocos países estaban dispuestos a comprarle petróleo.

Occidental Petroleum y los rusos construyeron dos grandes oleoductos desde los campos petrolíferos de Siberia, en Rusia, bajando por ambas orillas del mar Caspio hasta la antigua explotación petrolífera británico-persa -ahora Standard Oil- en Irán.

Durante los siguientes 45 años, Rusia envió secretamente su petróleo a través de estos oleoductos y la Standard Oil vendió este petróleo en el mercado mundial a precios de West Texas Crude, fingiendo que era petróleo iraní. Durante casi cincuenta años, la mayoría de los estadounidenses utilizaron el gas refinado desde Rusia por las refinerías de la Standard Oil en los principales puertos marítimos como San Francisco, Houston y Los Ángeles, a donde se enviaba la mayor parte del petróleo del Golfo Pérsico.

Se construyeron más oleoductos a través de Irak y Turquía. El petróleo ruso pasó a llamarse petróleo árabe, iraquí y de Oriente Medio de la OPEP y comenzó a comercializarse en forma de cuotas de la OPEP, a un precio aún más elevado del "mercado al contado". La enorme estafa iniciada por Kissinger con la "crisis del petróleo" de 1972 fue ahora plenamente reconocida y aceptada.

Así, entre 1972 y 1979, decenas de millones de estadounidenses y europeos engañados se enfrentaron repentinamente a la escasez de gasolina y a enormes subidas de precios que aceptaron mansamente sin inmutarse. Fue una de las estafas a gran escala más exitosas de la historia, y lo sigue siendo hoy. En 1979, los intereses petroleros rusos trataron de conseguir otra ruta de oleoducto corta y segura desde Rusia a través del vecino Afganistán. Pero la CIA se enteró del proyecto y creó desde cero una organización que llamó "Talibán". Uno de sus líderes era un saudí llamado Osama bin Laden, cuya familia mantenía desde hacía tiempo vínculos muy estrechos con la familia Bush.

Armados por la CIA, financiados por Washington y entrenados

por las fuerzas especiales estadounidenses, los talibanes se ensañaron con los rusos, a quienes los periodistas estadounidenses llamaban "los invasores". Los talibanes demostraron ser una guerrilla formidable y frustraron la construcción del oleoducto.

Pero todo esto tenía una desventaja: los talibanes, que son musulmanes muy estrictos, insistieron en detener el comercio de amapola y heroína de Gran Bretaña y de las familias liberales de la costa este de Estados Unidos. Así, desde el principio, hubo una obsolescencia planificada para los talibanes, que, sin engañarse, se aferraron a todas las armas suministradas por Estados Unidos, y a las grandes reservas de dólares estadounidenses. Varios de sus líderes visitaron Estados Unidos y fueron recibidos como invitados de honor en el rancho de Bush en Texas.

Cuando el nuevo régimen de Jomeini, controlado por los británicos, llegó al poder, la industria petrolera estadounidense, que hace la política exterior imperialista del gobierno de Estados Unidos, amenazó inmediatamente con embargar 7.900 millones de dólares de activos iraníes en bancos e instituciones financieras de Estados Unidos. El 27 de enero de 1988, el *Wall Street Journal* informó de que Standard Oil se había fusionado con British Petroleum.

De hecho, fue la venta de Standard Oil a British Petroleum, siendo el nombre de la nueva empresa fusionada BP-America. El *Wall Street Journal* no consideró oportuno mencionar las preocupaciones sobre las prácticas de marketing global depredadoras de la mal llamada Standard Oil, ni tampoco mencionó las políticas imperialistas de la Standard Oil. En los últimos 13 años, BP-America se ha fusionado con todas las "miniempresas" de la antigua Standard Oil que existían antes de la disolución inicial por parte del gobierno estadounidense en 1911, y ahora las controla.

Millones de estadounidenses no tienen ni idea de cómo han sido engañados, engañadas con mentiras, connivencia, traición y engaño. Siguen ondeando la bandera estadounidense y declarando su patriotismo como los maravillosos ciudadanos buenos, patrióticos y confiados que son. Nunca sabrán cómo fueron engañados y robados. Ahora es posible entender cómo el presidente George Bush pudo conducir una vez más a una nación que siempre estuvo dispuesta a seguir ciegamente, a un pantano en Irak.

La lucha por la supervivencia de las naciones pequeñas no es sólo una lucha por la supervivencia contra un enemigo despiadado que bombardeará y destruirá su infraestructura civil, como han demostrado Estados Unidos y sus apoderados, Israel y Gran Bretaña, en Irak, Serbia y Líbano. Hoy, la lucha desesperada de las pequeñas naciones contra Estados Unidos y Gran Bretaña es por el dominio de toda la tierra. Sólo Rusia se interpone entre el imperialismo estadounidense y la seguridad del mundo. No se trata de una lucha entre naciones individuales, sino de una lucha contra el Nuevo Orden Mundial impuesto por Estados Unidos, un gobierno mundial.

Bin Laden y Saddam Hussein se convirtieron en los portavoces de las nuevas guerras contra el imperialismo estadounidense, de hecho una nueva y mucho más grande guerra por el petróleo del Mar Caspio, Irak e Irán, la "guerra ilimitada" prometida por el Sr. Bush sin un murmullo del Congreso de los Estados Unidos o una protesta de que lo que Bush estaba proponiendo era inconstitucional. Con 600 cabezas legislativas asintiendo, Bush recibió poderes a los que no tenía derecho según la ley suprema del país, la Constitución estadounidense.

Volviendo a las maquinaciones petroleras en Extremo Oriente:

Al final de la Segunda Guerra Mundial, el general Douglas MacArthur fue nombrado por el presidente Truman gobernador militar de Japón. El papel de MacArthur era el de ayudante de Laurence Rockefeller, nieto del viejo "John D.". Durante los últimos seis meses de la guerra, se estaban llevando a cabo los preparativos para una invasión de las islas japonesas. Okinawa se convirtió en un gran depósito de municiones. Algunos cronistas cercanos a MacArthur creen que Truman dio instrucciones a Laurence Rockefeller para que entregara el armamento a Ho Chi Minh de Vietnam del Norte por la suma simbólica de un dólar estadounidense a cambio de la "cooperación y buena voluntad" de Ho. Si los 55.000 soldados que iban a morir en Vietnam se hubieran enterado del acuerdo, habrían puesto el grito en el cielo. Pero como todas las grandes conspiraciones, el hedor se ocultó cuidadosamente bajo toneladas de "desodorante" en forma de "buenas relaciones" con los comunistas en lenguaje diplomático. Traducido, significaba "poner las manos de los Rockefeller en los considerables depósitos de petróleo de la región".

¿Qué pasa con Francia? ¿No era uno de los "aliados"? ¿No era Francia una potencia colonial en Vietnam? ¿No es curioso que "nuestro bando" sea siempre "los aliados", mientras que el bloque contrario es un "régimen" oscuro, desagradable y malvado?

Hay pocas respuestas a la pregunta de por qué MacArthur se hizo a un lado y dejó que Rockefeller traicionara a los muertos de la Segunda Guerra Mundial. Un hombre que podría haber tenido la respuesta a esta pregunta fue Herbert Hoover, que más tarde se convirtió en Presidente de los Estados Unidos. Realizó un estudio que demostró que algunos de los mayores vilayets de petróleo se encontraban frente a lo que entonces era la Indochina francesa, en el Mar de China Meridional. Parece que Standard Oil estaba al tanto de este valioso estudio. Esto fue antes de que se concibiera la perforación en alta mar y, en un repaso de los acontecimientos de los años 20, un hombre llamado George Herbert Walker Bush se convertiría en el director general de una empresa mundial de perforación en alta mar llamada Zapata Drilling Company.

Al final de la Segunda Guerra Mundial, en 1945, Vietnam seguía ocupado por los franceses. No había señales de insurgencia por parte de los vietnamitas, a quienes parecían gustarles los franceses e incluso habían adoptado su lengua y muchas de sus costumbres. Pero eso estaba a punto de cambiar. Lawrence Rockefeller recibió la orden de entregar a Ho Chi Minh, el líder vietnamita, un gran arsenal de armas del ejército estadounidense almacenado en Okinawa. Así, las enormes, extensas y costosas armas americanas fueron entregadas a Ho Chi Minh con la esperanza de que Vietnam expulsara a los franceses de Indochina para que la Standard Oil pudiera hacerse con los campos marítimos sin explotar.

En 1954, el general vietnamita Giap derrotó a los franceses en Dien Bien Phu con armamento suministrado por el ejército estadounidense a través de Lawrence Rockefeller. Las peticiones desesperadas de los franceses de ayuda estadounidense no obtuvieron respuesta. ¿Estaba la administración Truman al tanto de este plan? ¡Claro que sí! ¿Lo sabe el engañado pueblo estadounidense? ¡Claro que no! A estas alturas, los acuerdos secretos realizados a puerta cerrada se han convertido en una práctica habitual para el gobierno imperial estadounidense.

Sin embargo, la cábala imperialista a las puertas de Washington no había tenido en cuenta la impenetrabilidad de Oriente. Justo cuando la cábala de Rockefeller empezaba a felicitarse por un trabajo bien hecho, Ho Chi Min renegó del acuerdo.

Educado y bien informado, Ho Chi Minh conocía de algún modo el Informe Hoover, que demostraba la existencia de una vasta reserva de petróleo frente a las costas vietnamitas, y había utilizado hábilmente a los Estados Unidos para que le ayudaran a deshacerse de los franceses antes de dar a Rockefeller una carrera por su dinero. En la década de 1950 se desarrolló un método de exploración petrolífera submarina que utilizaba pequeñas explosiones en las profundidades del agua y luego registraba los ecos sonoros que rebotaban en las diferentes capas de roca que había debajo. Los topógrafos pudieron entonces determinar la ubicación exacta de las cúpulas de sal arqueadas que contenían el petróleo debajo de ellas.

Pero si este método se utilizara frente a la costa vietnamita en una propiedad que Standard no posee ni tiene derechos, los vietnamitas, los chinos, los japoneses y probablemente incluso los franceses se apresurarían a acudir a las Naciones Unidas para quejarse de que Estados Unidos está robando el petróleo, y eso bastaría para detener la operación.

No queriendo renunciar a sus intereses en el petróleo de la costa vietnamita, Rockefeller y sus secuaces, entre ellos Henry Kissinger, se propusieron dividir Vietnam en Norte y Sur y persuadieron a otras naciones para que siguieran su ejemplo. Tras la división artificial de Vietnam en Norte y Sur, la "situación artificial" formulada por Stimson y Knox, y utilizada para forzar a EEUU a entrar en la Segunda Guerra Mundial en Pearl Harbor, se puso de nuevo en funcionamiento. El escenario estaba preparado para que Estados Unidos expulsara a los norvietnamitas de toda la región. A instancias del presidente Johnson, Estados Unidos escenificó un falso ataque a los destructores de la Armada estadounidense en el Golfo de Tonkín por parte de torpederos "fantasmas" que se creía pertenecían a la Armada norcoreana. El presidente Johnson interrumpe las emisiones regulares de televisión para anunciar el ataque, diciendo a su aturdida audiencia estadounidense que "incluso mientras hablo, nuestros marineros están luchando por sus vidas en las aguas del Golfo de Tonkin".

Fue un buen teatro, pero eso fue todo. No había ni una pizca de verdad en el dramático anuncio de Johnson. Todo era una gran mentira. Por supuesto, el incidente del Golfo de Tonkin no fue percibido como una mentira por el pueblo estadounidense y, sin más, Estados Unidos se sumergió en una nueva guerra petrolera imperialista, con resultados desastrosos.

Los portaaviones estadounidenses estaban anclados frente a Vietnam en las aguas de las cúpulas petrolíferas y comenzó la lucha de los intereses petrolíferos estadounidenses para expulsar a los norvietnamitas de los vilayets ricos en petróleo que había bajo la arena del fondo marino. Por supuesto, no se llamaba así. Quizá no sea necesario mencionar que la guerra se describió en los términos patrióticos habituales. Se luchó para "defender la libertad", "por la democracia", para "detener la expansión del comunismo", etc.

A intervalos regulares, los cazabombarderos despegaron de los portaaviones y bombardearon lugares de Vietnam del Norte y del Sur. Luego, de acuerdo con el procedimiento militar normal, a su regreso, arrojaron sus bombas no aseguradas o no utilizadas en el océano antes de aterrizar de nuevo en los portaaviones. Para ello se designaron zonas seguras de lanzamiento de munición, alejadas de los portaaviones, directamente sobre las cúpulas de sal bajo las que se encuentra el petróleo.

Incluso los observadores más cercanos no pudieron evitar notar las numerosas y pequeñas explosiones que se producían a diario en las aguas del Mar de China Meridional y pensaron que era parte de la guerra. Los portaaviones de la Marina estadounidense habían lanzado la Operación Linebacker One y Standard Oil había comenzado su estudio de diez años del fondo marino frente a la costa de Vietnam. Y los vietnamitas, los chinos y todos los demás, incluidos los estadounidenses, no sabían nada al respecto. El estudio sobre el petróleo apenas le costó a Standard Oil un céntimo, ya que lo pagaron los contribuyentes estadounidenses.

Veinte años más tarde y a costa de 55.000 vidas estadounidenses y medio millón de muertes vietnamitas, Rockefeller y la cábala de la Standard Oil habían reunido suficientes datos para mostrar exactamente dónde estaban los depósitos de petróleo, y la guerra en Vietnam podía terminar. Los negociadores vietnamitas no estaban dispuestos a ceder sin hacer concesiones, por lo que Henry Kissinger, asistente personal de Nelson Rockefeller, fue enviado a París como "negociador estadounidense" (léase agente de Rockefeller) en las conversaciones de paz de París y ganó el Premio Nobel de la Paz en el proceso.

Semejante hipocresía, herejía y charlatanería son imposibles de igualar. Una vez que se desvanecieron los melancólicos ecos de la larga guerra, Vietnam dividió sus zonas costeras en numerosos lotes petrolíferos y permitió a las empresas extranjeras pujar por ellos, siempre que Vietnam recibiera un canon acordado. La noruega Statoil, British Petroleum, Royal Dutch Shell, Rusia, Alemania y Australia ganaron ofertas y comenzaron a perforar en sus zonas.

Curiosamente, ninguno de los "competidores" encontró petróleo. Sin embargo, los lotes por los que pujó y se adjudicó la Standard

Oil resultaron contener vastas reservas de petróleo. Sus extensas investigaciones sísmicas submarinas realizadas por los bombarderos de la Marina estadounidense habían dado sus frutos.

Uno habría pensado que después de todos los horribles engaños que el pueblo estadounidense había soportado a manos de la cábala decidida a traicionarlos para convertirlos en esclavos de un gobierno mundial, habrían aprendido a finales de la década de 1970 a no tener ni una pizca de confianza en su gobierno y a dudar al 100% de todo lo que Washington hiciera y dijera, independientemente del partido que estuviera en la Casa Blanca.

Ya no era un conflicto entre naciones individuales, sino un conflicto para establecer la dominación total de toda la raza humana a través de un Nuevo Orden Mundial en un Gobierno Mundial Único.

El sentido común habría dictado una desconfianza total en el gobierno, incluso lo habría exigido. Pero no, el embrutecimiento y la matanza iban a continuar a un ritmo y ferocidad crecientes y con un alcance más amplio que nunca, durante cuarenta y cinco años. Aquí es donde el pueblo estadounidense está hoy. Completamente perdido, sin ningún recurso, con toda la esperanza aparentemente desvanecida. Desgraciadamente, el apetito y la codicia de la industria petrolera no dan señales de disminuir. Las filiales estadounidense y británica del Comité de los 300 habían desarrollado una estrategia que, según preveían, les daría el control total del suministro energético mundial y de los continentes euroasiáticos. Esto comenzó en 1905 cuando los Rothschild lanzaron a los japoneses contra Rusia en Port Arthur. Poner a Mao en el poder en China era parte de su visión. La estrategia "prospectiva" que ha postulado el imperialista Donald Rumsfeld se basa en el enfoque dialéctico.

Estados Unidos comienza vendiendo armas a un gobierno "amigo", por ejemplo en Panamá, Irak, Yugoslavia/Kosovo, Afganistán, Pakistán, los muyahidines talibanes, Arabia Saudí, Chile y Argentina, entre otros. Entonces, mientras el director de coro levanta su batuta, la orquesta sinfónica de los medios de comunicación comienza la obertura: El gobierno "amigo" tiene un oscuro secreto; aterroriza a su propio pueblo, y ahora debemos cambiar la calificación de sus bonos a la categoría de "basura".[9]

La sección de batería toca un redoble de tambores mientras la sección de metales suelta la verdad: este es un "régimen malvado", que no es agradable. Es un giro completo, pero los estadounidenses, con su notoria corta capacidad de atención, no se dan cuenta de que este es el mismo gobierno al que felicitamos y vendimos armas tan alegremente poco tiempo antes. El Sr. Cheney está tocando un solo de oboe para dejar claro que este "régimen" es ahora un peligro muy real para Estados Unidos. Tenemos que entrar y arrancar esta nación ahora mismo y ni siquiera nos molestamos en obedecer la Constitución de los Estados Unidos; no declaramos la guerra. Curiosamente, no cumplimos nuestras leyes, pero no importa, la orquesta sinfónica de los medios de comunicación toca un Gotterdammerung en toda regla. Panamá ha sido invadida por orden del emperador G.W. Bush: Irak, Afganistán resuenan al son de la marcha de los marines estadounidenses que han establecido bases en el país que acaba de ser derrotado, con el objetivo declarado de llevar la "democracia" a las naciones ocupadas.

Una evaluación más realista muestra pronto que toda la operación no fue más que una agresión imperialista y que los poderosos conquistadores han establecido una ocupación militar permanente que no tiene nada que ver con la "democracia", sino todo lo que tiene que ver con el petróleo que yace bajo las arenas de estos países.

Por supuesto, no se nos dice que las bases militares están ahí para controlar los recursos energéticos de esa nación y de los países circundantes. La política exterior actual de Estados Unidos se rige por la doctrina de la "dominación total"; Estados Unidos debe controlar los acontecimientos militares, económicos y

---

[9] Término despectivo que significa "sin valor".

políticos en todas partes como parte de su papel imperialista.

Esta nueva era de estrategia imperial comenzó con la invasión de Panamá, luego creó la llamada Guerra del Golfo, continuó con la guerra sancionada por la ONU en los Balcanes, y ahora se está expandiendo con las nuevas guerras contra el terrorismo: Afganistán, Irak, y más allá hasta Irán, cuyo petróleo ha codiciado durante mucho tiempo. El 20 de enero de 2001, el entonces Secretario de Defensa, Donald Rumsfeld, dijo que estaba dispuesto a desplegar fuerzas militares estadounidenses en "otros 15 países" si era necesario para "luchar contra el terrorismo".

La guerra de los Balcanes, sancionada por la ONU, se desencadenó por el petróleo y la servidumbre de los oleoductos desde el Mar Caspio a los mercados de Europa Occidental, pasando por Kosovo, hasta el Mar Mediterráneo. El conflicto de Chechenia gira en torno a la misma cuestión: ¿quién controlará el oleoducto? Cuando Yugoslavia se negó a capitular y a someterse a los dictados del Fondo Monetario Internacional (FMI), Estados Unidos y Alemania lanzaron una campaña sistemática de desestabilización, utilizando incluso a algunos de los veteranos de Afganistán en esta "guerra".

Yugoslavia se dividió en mini-estados conformes, tal y como se planeó en la conferencia de Bellagio en 1972, y la antigua Unión Soviética fue contenida, o al menos eso pensó Estados Unidos. La ocupación estadounidense de facto de Serbia (donde Estados Unidos construyó su mayor base militar desde la guerra de Vietnam) estaba en marcha.

Pasamos ahora a las áreas específicas donde se busca el control de la industria petrolera del imperio imperialista.

La región del Mar Caspio está en el punto de mira de la América imperial, ya que cuenta con unas reservas probadas de petróleo de entre quince y veintiocho mil millones de barriles, más unas reservas estimadas de entre 40 y 178 mil millones, lo que supone un total de 206 mil millones de barriles, el 16% de las reservas potenciales de petróleo del mundo (frente a los 261 mil millones de barriles de Arabia Saudí y los 22 mil millones de barriles de Estados Unidos). Esto podría representar un total de 3 billones de dólares en petróleo.

Hasta ahora, no hay nadie a la vista y con una nueva fuente de petróleo y gas en el Cáucaso, Standard Oil pretende crear una "democracia" en Arabia Saudí mientras desarrolla un nuevo centro de operaciones en el sur de Asia. Las enormes reservas de petróleo y gas del Mar Caspio deben transportarse hacia el oeste, a los mercados europeos, o hacia el sur, a los mercados asiáticos. La ruta occidental es llevar el petróleo de Chechenia al Mediterráneo a través del Mar Negro y el Bósforo, pero el estrecho canal del Bósforo ya está congestionado con los petroleros de los yacimientos del Mar Negro.

Una ruta alternativa sería que los petroleros del Mar Negro, evitando el Bósforo, pasaran por el Danubio y luego por un oleoducto muy corto a través de Kosovo hasta el Mediterráneo en Tirana (Albania). Sin embargo, este proceso fue detenido por China. Como se informó en una investigación de inteligencia.

El otro problema de la ruta occidental es que Europa Occidental es un mercado difícil, caracterizado por los altos precios de los productos petrolíferos, el envejecimiento de la población y la creciente competencia del gas natural. Además, la región es muy competitiva, ya que cuenta con petróleo de Oriente Medio, el Mar del Norte, Escandinavia y Rusia.

Sabemos que Rusia está a punto de embarcarse en un programa que eliminaría la tubería que atraviesa Ucrania, un récord mundial de robo de gas y petróleo ruso, que hizo multimillonaria a la "dama de la revolución naranja", Julia Tymoshenko.

La única otra forma de hacer llegar el petróleo y el gas del Caspio a los mercados asiáticos es a través de China, cuya ruta es demasiado larga, o a través de Irán, que es política y económicamente hostil a los objetivos petroleros de Estados Unidos.

En cuanto los soviéticos descubrieron nuevos y vastos yacimientos de petróleo en el mar Caspio a finales de la década de 1970, intentaron negociar con Afganistán la construcción de un gigantesco sistema de oleoductos norte-sur para llevar su petróleo a través de Afganistán y Pakistán hasta el océano Índico. Pero Estados Unidos, con la ayuda de Arabia Saudí y Pakistán, creó entonces a los "talibanes", una organización que no existía antes.

Allí nacieron las estrategias petroleras del imperialismo estadounidense. Estados Unidos jugó con la religión musulmana, presentando a Rusia como malvada y opuesta a los musulmanes de todo el mundo.

Cuando el ejército ruso entró en Afganistán, la CIA armó y entrenó a sus "amigos" y envió a Osama bin Laden a Kabul para dirigir la resistencia talibán a los invasores. Los talibanes se convirtieron en una fuerza poderosa que veía a Estados Unidos como el "Gran Satán". El resultado es una prolongada guerra entre los talibanes y los invasores rusos, en la que los talibanes salen victoriosos. La CIA, a través de su antiguo jefe, George Bush el Viejo, pensó que podía confiar en Bin Laden, debido a sus numerosas conexiones comerciales con la familia Bush, pero cuando Estados Unidos le abandonó sin miramientos tras la marcha de los rusos, Bin Laden se amargó y se volvió contra Washington y Riad, convirtiéndose en su peor pesadilla.

Esta fue sólo una de las muchas "guerras secretas" imperiales en las que la industria petrolera imperial definió la política exterior de Estados Unidos y utilizó al ejército estadounidense para imponerla. Otras guerras de este tipo han tenido lugar en México, Irak, Irán, Italia y Venezuela. Ahora sabemos que la Standard Oil influyó en la CIA para llamar la atención del gobierno estadounidense sobre el peligro de un oleoducto ruso norte-sur a través de Afganistán, y para proporcionar la autorización y la financiación del entrenamiento de grupos fundamentalistas musulmanes armados, incluido Osama Bin Laden.

El plan alternativo ruso consistía en controlar el flujo de petróleo y gas hacia Europa Occidental a través de sus oleoductos a través de las repúblicas del sur de Asia de la antigua Unión Soviética, es decir, Turkmenistán, Kazajistán, Uzbekistán, Tayikistán y

Kirguistán. Estas repúblicas habían sido completamente abandonadas por Estados Unidos antes, pero de repente recibieron una atención considerable por parte de la CIA, que las cortejó con grandes fajos de dólares y promesas de futuro.

La CIA cortejó a estas naciones como un ardiente pretendiente y, mediante esta estratagema, persuadió a sus líderes de que Rusia no los trataría como socios. Así, los antiguos estados del Lejano Oriente de la URSS comenzaron a consultar a las compañías petroleras estadounidenses y pronto descubrieron que ésta era la verdadera fuente de la política exterior de Estados Unidos. La industria petrolera imperial dirigió ahora toda su atención a los antiguos estados soviéticos del Lejano Oriente, al igual que había hecho en los días pioneros con Irak e Irán. Dirigida por la Standard Oil, elaboró planes y escenarios para el impulso estadounidense en estas repúblicas del sur de Asia. El ejército estadounidense ya había establecido una base operativa permanente en Uzbekistán, también a petición de la industria petrolera. El Instituto Tavistock fue llamado para ocultar la verdadera intención con un "cerco de faroles" en el que participó el antiguo capo de la masonería italiana P2 de Kissinger, Michael Ledeen. Se cree que Ledeen (que ahora ha borrado sus huellas trotskistas y bolcheviques y se ha transformado en un "neoconservador") calificó la estratagema de "medida antiterrorista".

Para que esa estrategia funcionara, había que culpar a Afganistán del 11-S, lo que proporcionaba la cobertura perfecta para la "situación inventada". El presidente Bush dijo al mundo que "los talibanes" eran los responsables del ataque a las Torres Gemelas, y añadió que el cuartel general de los talibanes estaba en Afganistán.

Por supuesto, "llevar la democracia" a los afganos mientras se ignora la falta de democracia en la puerta de al lado, en Pakistán, con un dictador al frente, era un reto, pero el "pensamiento innovador" se encargó de ello. Ahora el ejército estadounidense estaba exactamente donde la industria petrolera lo necesitaba.

CAPÍTULO 22

La OTAN viola su propia carta

Antes de pasar a lo que hubo detrás del bombardeo de la OTAN a Serbia, añadamos que, por muy listos que se crean Ledeen y sus compañeros neobolcheviques, Kristol, Feith, Perle, Wolfowitz y Cheney en su mejor día, no pueden ni compararse con el presidente ruso Vladimir Putin con dolor de cabeza. Lo que se puso de manifiesto en el ataque de la OTAN (léase EE.UU.) a Serbia en 1999 fue que se alzaron voces con fuertes sospechas de que EE.UU. y Gran Bretaña estaban actuando en nombre del gobierno albanés, que llevaba mucho tiempo intentando arrebatarle a Serbia el control de Kosovo. Albania tenía la baza del proyecto de oleoducto que Gran Bretaña y Estados Unidos planeaban hacer pasar desde el Mar Caspio a través de Albania.

El oleoducto debía atravesar Bulgaria, Macedonia y Albania, desde el puerto de Burgas en el Mar Negro hasta Viore en el Adriático. A plena producción, el oleoducto transportaría 750.000 barriles diarios. El proyecto fue aprobado por el gobierno británico para y en nombre de BP (British Petroleum) y sus socios estadounidenses.

Cuando se le preguntó a Robin Cook, el entonces Ministro de Asuntos Exteriores británico, se burló de la "idea" y calificó la investigación de absurda. "No hay petróleo en Kosovo", dijo Cook. Por supuesto, esto era cierto, y al hacer de la cuestión del petróleo en Kosovo una noción muy simplista y fácil de desestimar, los investigadores se quedaron fuera de juego. El proyecto de gasoducto transbalcánico nunca vio la luz en ningún periódico estadounidense o británico.

En mayo de 2005, el Departamento de Comercio y Desarrollo de Estados Unidos publicó un documento que, si bien no confirma la verdadera razón de la guerra contra Yugoslavia, hace algunos comentarios significativos.

> Curiosamente, ... el petróleo del Mar Caspio superará rápidamente la capacidad de seguridad del Bósforo como vía marítima ... el (proyecto) proporcionará una fuente constante de petróleo crudo a las refinerías estadounidenses y dará a las empresas estadounidenses un papel clave en el desarrollo del vital corredor este-oeste, avanzará la privatización del gobierno estadounidense en la región y facilitará la rápida integración de los Balcanes con Europa Occidental.

El primer paso del plan previsto se dio en julio de 1993 con el envío de tropas estadounidenses a la frontera norte de Macedonia. Esto podría considerarse, como mínimo, bastante extraño, pero el pueblo estadounidense no pareció darse cuenta de que la fuerza de "mantenimiento de la paz" de Estados Unidos no fue enviada a zonas en las que había un conflicto entre Serbia y los albaneses. El pueblo estadounidense no sabía, cuando todas las violaciones de los "derechos humanos" se producían en Serbia, que el proyecto de gasoducto transbalcánico iba a pasar por Macedonia hasta Skopje, a sólo 15 millas de la frontera serbia.

Washington dijo que quería impedir la expansión serbia en Macedonia, lo que nunca se pretendió. Pero al igual que las mentiras de la administración Bush en el período previo a la Guerra del Golfo de 1991, cuando Bush advirtió a los saudíes que Saddam Hussein no se detendría con la invasión de Kuwait, sino que una vez lograda ésta, invadiría Arabia Saudí, la mentira funcionó.

No se dijo nada sobre el verdadero objetivo de la presencia del contingente militar estadounidense en la frontera macedonia, y menos aún sobre el hecho de que formaba parte de un acuerdo de mayo de 1993 para construir el gasoducto transbalcánico. Aunque el oleoducto no pasa por Serbia, el presidente albanés que asistió a la reunión que lo lanzó tenía un mensaje para Gran Bretaña y Estados Unidos que era alto y claro en sus implicaciones:

> Personalmente creo que ninguna solución confinada dentro de las fronteras serbias traerá una paz duradera.

Los diplomáticos presentes en la reunión concluyeron unánimemente que lo que estaba diciendo era que si EE.UU. y Gran Bretaña querían el consentimiento de Albania para el oleoducto transbalcánico, Kosovo debía quedar bajo jurisdicción albanesa. Con 600 millones de dólares al mes en juego, Estados Unidos y Gran Bretaña lanzaron su cobarde ataque contra la Serbia sin petróleo bajo la apariencia de la OTAN, en la falsa causa de acabar con los abusos serbios contra los ciudadanos albaneses en Kosovo. Las palabras de Robin Cook suenan hoy aún más huecas que cuando le preguntaron por qué Gran Bretaña atacaba a Serbia:

> "Hemos demostrado que estamos preparados para la acción militar, no para tomar territorio, no para expandirnos, no para los recursos minerales. No hay petróleo en Kosovo. El Partido Socialista de los Trabajadores sigue diciendo que lo hacemos por el petróleo, lo cual es profundamente desconcertante, porque sólo hay lignito sucio, y cuanto antes les animemos a utilizar algo que no sea lignito sucio, mejor. Esta guerra es una guerra que se libra no por la defensa del territorio sino por la defensa de los valores. Así que aquí puedo decir... que la política exterior se ha guiado por estas preocupaciones. "

Bukarian habría estado orgulloso de que Robin Cook pudiera mentir de forma tan convincente.

La energía del Caspio, que representa las reservas del Mar del Norte (cerca del 3% del total del petróleo mundial y el 1% del gas), es estratégicamente importante para Gran Bretaña y Estados Unidos, tanto que decidieron iniciar una guerra contra Yugoslavia para dar cabida a Albania. La verdadera razón para deshacerse del líder serbio Slobodan Milosevic fue su determinación de expulsar a los albaneses de la provincia de

Kosovo. Esto habría supuesto un malestar continuado durante años, y habría hecho que los bancos prestamistas fueran reacios a comprometerse con la financiación a gran escala del gasoducto transbalcánico.

Desde principios de la década de 1990, las compañías petroleras británicas y estadounidenses, como Chevron-Amoco Socar y BP, han realizado grandes inversiones en la cuenca del Caspio. El TRACEA (Corredor de Transporte Europa-Cáucaso-Asia) se creó en 1993. IOGATE (Interstate Oil and Gas Transportation to Europe) se creó en 1995. SYNERGY se creó en 1997. AMBO (Albanian Macedonian Bulgarian Oil Pipeline Corp) fue financiada por la OPIC (Overseas Private Investment Corporation). No es de extrañar que las tropas estadounidenses fueran enviadas a la frontera con Macedonia para servir de mercenarios a la industria petrolera.

Pero el Informe Energético de Europa Oriental 20, de junio de 1995, Segundo Oleoducto del Mar Negro, afirmaba que "los combates en Yugoslavia son como un enorme obstáculo para todo", lo que echó por tierra este prometedor desarrollo al que la administración Clinton ya había destinado 30 millones de dólares en el marco de su Iniciativa de Desarrollo de los Balcanes del Sur (SBDI).

Un año antes de que comenzaran los bombardeos de la OTAN, el Consejo de la Unión Europea (UE) se reunió para debatir una "Declaración sobre el gasoducto del Caspio". Fue presidida por Robin Cook y fue, en efecto, una declaración de que los combates serbios debían ser resueltos. Las conclusiones que se extraen no pueden ser exageradas.

La propaganda que precedió al bombardeo fue total y global. A todo el mundo se le hizo creer, y así fue, que la guerra de la OTAN (léase Estados Unidos) contra Yugoslavia era para detener la violencia étnica que supuestamente se estaba produciendo en Serbia y las violaciones de los derechos humanos de los albaneses que vivían en Kosovo. Willi Munzenberg lo habría apoyado plenamente. En mi libro "El Comité de los 300", y "El Instituto Tavistock para las Relaciones

Humanas", se recoge la trayectoria del mayor maestro de la propaganda que ha existido, Willi Munzenberg.

Había acompañado a Lenin al exilio en Suiza, y después de que Lenin fuera enviado de vuelta a Rusia en el "tren sellado", Munzenberg se convirtió en su director de la Ilustración Popular. Fue responsable de la formación de muchos oficiales y espías del GRU, incluido el tristemente célebre Leon Tepper, maestro espía líder de la Rot Kappell ("Orquesta Roja") que engañó a todas las agencias de inteligencia occidentales, incluido el MI6, durante tres décadas.

John J. Maresca. Vicepresidente de Relaciones Internacionales de Unocal Corporation, dijo lo siguiente sobre el petróleo del Caspio:

> "Señor Presidente, la región del Caspio contiene enormes reservas de hidrocarburos sin explotar. Para que se hagan una idea de la magnitud, las reservas probadas de gas natural equivalen a más de 236 billones de pies cúbicos. Las reservas de petróleo de la región podrían alcanzar más de 60.000 millones de barriles de petróleo. Algunas estimaciones llegan a los 200.000 millones...
>
> Sigue existiendo un gran problema: cómo hacer llegar los vastos recursos energéticos de la región a los mercados donde se necesitan. Asia Central está aislada... Cada uno de estos países se enfrenta a difíciles retos políticos. Algunos tienen guerras sin resolver o conflictos latentes... Además, la infraestructura de oleoductos existente en la región es un importante obstáculo técnico al que nos enfrentamos en la industria para el transporte de petróleo. Debido a que los oleoductos de la región se construyeron durante el periodo soviético centrado en Moscú, tienden a ir hacia el norte y el oeste de Rusia, no hay conexiones con el sur y el este. Desde el principio dejamos claro que la construcción de nuestro proyecto de oleoducto en Afganistán no podía comenzar hasta que hubiera un gobierno reconocido y que tuviera la confianza de los gobiernos, los prestamistas y nuestra empresa. "

Así que ahora sabemos por qué Estados Unidos está en guerra en Afganistán. Tiene poco que ver con el 11-S y los talibanes, pero todo que ver con el establecimiento de un gobierno títere de Estados Unidos en ese país como parte de la geopolítica imperial del petróleo. También sabemos ahora la verdadera razón por la que la OTAN atacó a Serbia. Su disputa con Albania estaba molestando al gobierno implicado en el proyecto de oleoducto de la cuenca del Caspio, "a los prestamistas y a nuestra sociedad".

Rusia, jugando con la falsa afirmación de que EE.UU. es "la única superpotencia", fingió no oponerse a las incursiones de EE.UU. en Afganistán, ya que Rusia estaba muy contenta de ver a EE.UU. empantanado en Irak y Afganistán al mismo tiempo. El presidente Putin es un maestro de la "maskirovka" (engaño) y mientras la administración Bush en Washington se felicitaba por haber derrotado a Rusia, Putin negociaba con China y los antiguos territorios asiáticos de la URSS para formar un bloque de alianzas que frenara los planes expansionistas del imperialismo estadounidense. Bajo el liderazgo de Putin, China y Rusia se unieron a la Organización de Cooperación de Shanghai (OCS), que incluye a China, Rusia, Kazajstán, Kirguistán, Tayikistán y Uzbekistán. China se unió a la OCS para alinearse con Rusia, económica, militar y políticamente. El nuevo pacto de la OCS sustituye al pacto entre la familia Rockefeller y Li, que duró casi cuatro décadas.

La adhesión de Rusia a la OCS es un intento de mantener su tradicional hegemonía en Asia Central. La lógica subyacente de la OCS es el control de las enormes reservas de petróleo y gas de sus miembros. Los temores de Rusia, China, India y otras naciones de la OCS de que Afganistán e Irak estén destinados a convertirse en la base de operaciones para desestabilizar, aislar y establecer el control sobre los regímenes del sur de Asia y Oriente Medio han resultado ser fundados, pero eran más fáciles de disipar desde que la OCS estaba en marcha y funcionando bajo el liderazgo del presidente Putin.

Un vistazo al mapa de Oriente Medio muestra que Irán se

encuentra entre Irak y Afganistán, razón por la que Bush incluyó a Irán en el "Eje del Mal". La estrategia imperialista de Estados Unidos se basa en que Rusia debe mantenerse al margen mientras Estados Unidos completa la conquista de esta región y se instalan los puestos militares permanentes sin que Rusia o China se opongan. La siguiente fase es el inicio de la construcción de un oleoducto a través de Turkmenistán, Afganistán y Pakistán para llevar el petróleo a los mercados euroasiáticos.

A la cabeza del proyecto de oleoducto está Unocal para los intereses de Standard Oil. Unocal lleva décadas intentando construir un oleoducto norte-sur a través de Afganistán y Pakistán hasta el Océano Índico. El presidente Karzai, el presidente títere de Washington en Afganistán, fue un alto ejecutivo en las aventuras afganas de Unocal. De hecho, Karzai era el principal ejecutivo de Unocal que negociaba en nombre de su empresa. También es el líder de la tribu pastún Durrani.

Miembro de los muyahidines que lucharon contra los soviéticos en la década de 1980, Karzai fue un contacto clave para la CIA, manteniendo estrechas relaciones con el director de la CIA, William Casey, el vicepresidente George Bush y sus servicios de inteligencia paquistaníes (ISI) entre ellos. Tras la salida de la Unión Soviética de Afganistán, la CIA patrocinó el traslado de Karzai y de varios de sus hermanos a Estados Unidos.

Según un informe del *New York Times* :

> En 1998, la empresa californiana Unocal, que tenía una participación del 46,5% en Central Asia Gas (Cent Gas), un consorcio que proyectaba un gasoducto muy largo a través de Afganistán, se retiró tras varios años de intentos infructuosos. El oleoducto debía recorrer 7277 km desde los yacimientos de Dauletabad en Turkmenistán hasta Multan en Pakistán, una distancia de 1271 km. Su coste se estimó en 1.900 millones de dólares.

Lo que la empresa no aclaró inmediatamente fue que la fuerte oposición de Bin Laden y los talibanes había echado por tierra el proyecto del oleoducto. Con 600 millones de dólares más se podría haber llevado el gasoducto hasta la India, país que tiene gran demanda de energía.

Aquí es donde entra Haliburton, la empresa del vicepresidente Dick Cheney. La inteligencia militar rusa llevaba informando desde 1998 de que los estadounidenses estaban planeando una gran empresa petrolera en Azerbaiyán y de que Dick Cheney estaba a punto de firmar un contrato con la compañía petrolera nacional de Azerbaiyán para construir una base marina de 6.000 metros cuadrados que sirviera de apoyo a las plataformas de perforación petrolera que se iban a construir en el Mar Caspio.

El 15 de mayo de 2001, una declaración de la oficina de Cheney indicaba que la nueva base de Haliburton se utilizaría para "ayudar al barco grúa catamarán de Haliburton, el Qurban Abbasov, en las próximas actividades de instalación de tuberías en alta mar y submarinas". Como ya se ha mencionado, el anterior acuerdo de Unocal con los talibanes en 1998 se rescindió porque quedó claro que los talibanes podrían poner a todas las demás tribus afganas en contra de la empresa, desestabilizando así el entorno político para un proyecto de oleoducto norte-sur.

Aunque no puedo estar absolutamente seguro, hay pruebas que sugieren que fue en esta coyuntura crítica cuando una nueva estratagema de "guerra contra el terror" fue ideada por Unocal-Haliburton y Standard Oil. Dick Cheney proporcionó "la solución" al gobierno estadounidense. El 11 de septiembre proporcionó el pretexto para enviar a las tropas estadounidenses a librar una "guerra contra el terrorismo" en Afganistán.

Las fábricas de propaganda esparcieron una letanía de "razones" por las que las tropas estadounidenses tenían que entrar a toda prisa en Afganistán. Al parecer, los talibanes dirigidos por Bin Laden estaban planeando "grandes ataques terroristas en todo el mundo y contra instalaciones estadounidenses en el extranjero". No se ha presentado ni una sola prueba real que apoye esta afirmación, pero el siempre cómplice e iluso pueblo estadounidense la ha aceptado como "evangelio".

En 2006, los motivos transparentes de la guerra de la industria petrolera en Afganistán estaban claros para todos. El 2 de enero de 2002, el proyecto de oleoducto dio un nuevo paso adelante cuando la embajadora de EE.UU. en Pakistán, Wendy Chamberlain, actuando en nombre de Standard Oil, cumplió un antiguo compromiso de reunirse con el ministro de Petróleo de Pakistán, Usman Aminuddin. Su reunión se centró en los planes para avanzar en el oleoducto Norte-Sur y en la financiación estadounidense para la construcción de las terminales petrolíferas del Mar Arábigo en Pakistán para el oleoducto.

El presidente Bush ha declarado en repetidas ocasiones que el ejército estadounidense permanecerá en Afganistán. ¿Por qué ha de ser así cuando se supone que las fuerzas de la ONU se hacen cargo para que los militares estadounidenses puedan volver a casa? La respuesta es que las fuerzas de la ONU servirán como fuerza policial paramilitar, de modo que los soldados estadounidenses serán liberados para supervisar la construcción del oleoducto Norte-Sur. Hay informes de que también vigilarán los campos de adormidera, pero no he visto ninguna confirmación de esta misión. Esta tarea ha sido asignada a una fuerza británica.

El reciente nombramiento por parte del presidente Bush de Zalmay Khalilzad, un afgano desconocido, para su equipo de seguridad nacional ha levantado ampollas. Creemos que podemos explicar este nombramiento aparentemente inusual. Khalilzad fue miembro del proyecto CentGas. Khalilzad fue nombrado recientemente enviado especial del Presidente para Afganistán. Es pashtún e hijo de un antiguo funcionario del gobierno del rey Mohammed Zahir Shah, y estaba allí para garantizar que el proyecto del oleoducto avanzara a tiempo e informar directamente al presidente de cualquier retraso o contratiempo en el progreso del plan.

Su nombramiento fue apoyado por Condoleezza Rice, que era miembro del consejo de administración de Chevron, aunque nunca se aclaró cuál era su función exacta en Chevron. Además de ser consultor de la Rand Corporation, Khalizad fue un enlace especial entre la Unocol y el gobierno talibán y también trabajó en varios análisis de riesgo para el proyecto.

Ahora que el sector afgano de la "guerra contra el terrorismo" se considera "resuelto", aunque a nuestro entender esto está lejos de ser así, y que existen bases militares estadounidenses permanentes en Uzbekistán y Afganistán, ¿en qué país rico en petróleo podemos esperar que se infiltren los exploradores de Standard Oil en su búsqueda de más petróleo? El gobierno estadounidense dice que tiene que seguir buscando petróleo, y lo ideal (desde este punto de vista) es que la mayoría de estos lugares estén en países que han sido designados como refugio de terroristas: Irak, Siria, Irán y Sudamérica, especialmente Venezuela y Colombia. Algunos dirán: "Qué conveniente".

Pero los guerreros imperiales del petróleo también empezaron a buscar en el patio trasero de Rusia, en Siberia. EXXON, Mobil, Royal Dutch Shell y la francesa Total SA obtuvieron en los años 90 contratos de la entonces URSS para buscar petróleo y gas natural en la región del Ártico. La guerra no declarada, inconstitucional y, por tanto, criminal de Bush el Viejo, la Guerra del Golfo de 1991, tuvo como resultado que Kuwait robara incluso más del enorme campo petrolífero de Rumaila, en el sur de Irak, que la primera vez.

Esto se hizo ampliando unilateralmente las fronteras de Kuwait después de la guerra. La incautación ilegal de los bienes de Irak dio lugar a muchas represalias no deseadas por parte de este país. La "nueva frontera" permitió a Kuwait, controlado por BP y Standard Oil, duplicar su producción de petróleo de antes de la guerra. El relato histórico y verídico de la creación de "Kuwait" por el ejército británico en 1921 consiste en trazar una línea arbitraria por el medio de los campos petrolíferos de Rumaila y luego llamar "Kuwait" a la tierra robada.

El siguiente texto está extraído de un artículo publicado en el Oil Analyst:"

> Se cree que Irak, que recientemente ha descubierto un yacimiento de petróleo en su desierto occidental, tendrá más petróleo que Arabia Saudí una vez que sus yacimientos sean explotados.

Antes de la invasión ilegal de Irak por parte de Estados Unidos en 2003, el país producía 3 millones de barriles diarios, la mayoría de los cuales se canalizaban hacia los mercados mundiales a través de un programa supervisado por la ONU que destinaba una pequeña parte de los ingresos a alimentos y medicinas para el pueblo iraquí en el marco del programa "Petróleo por Alimentos". Irak todavía podía exportar parte de su petróleo a Siria, que vendía como petróleo sirio.

En septiembre de 2001, el régimen de Bush comenzó a amenazar a Irak, pero en realidad el plan de contingencia para invadir Irak se había preparado varios meses antes. La amenaza estaba dirigida a Francia y Rusia. Ambos países habían comenzado a desarrollar un importante comercio con Irak y esto no le gustó nada a Dick Cheney, el nuevo príncipe imperial del petróleo. La realidad es que las empresas estadounidenses, especialmente la petrolera Haliburton de Cheney y General Electric (GE), están ganando miles de millones en Irak vendiendo bienes y servicios. No se permitirá ninguna interferencia. Antes de la guerra de 2003, Irak trató de ganarse el favor de los miembros del Consejo de Cooperación del Golfo (CCG): Bahrein, Kuwait, Omán, Qatar, Arabia Saudí y los Emiratos Árabes Unidos (EAU), con el fin de obtener apoyo para el levantamiento de las sanciones de la ONU en su contra.

Alarmados por este inesperado acontecimiento, los responsables de la política exterior de la Standard Oil pidieron al Gran Hermano Americano que amenazara a los miembros del CCG para que no permitieran la adhesión de Irak o se atuvieran a las consecuencias. Rusia comenzó a exigir una "solución global" de la cuestión de las sanciones, que incluya medidas que conduzcan al levantamiento del embargo militar contra Irak. El 24 de enero de 2002, el ministro de Asuntos Exteriores ruso, Igor Ivanov, se opuso enérgicamente a cualquier intervención militar estadounidense en Irak. La compañía petrolera rusa Lukoil y dos organismos gubernamentales rusos habían firmado un contrato de 23 años para explotar el yacimiento petrolífero de Qurna Occidental en Irak.

Según los términos del contrato, Lukoil debía recibir la mitad, Irak una cuarta parte y los organismos gubernamentales rusos una cuarta parte de los 667 millones de toneladas de crudo del yacimiento, un mercado potencial de 20.000 millones de dólares. Irak todavía debe a Rusia al menos 8.000 millones de dólares de la época de la Guerra Fría, cuando Rusia armó a Irak como Estado cliente. Pero Rusia se opuso al "imperialismo americano" por otras razones. Asqueados por la brutalidad del bombardeo nocturno de 76 días sobre Serbia a instancias de la Secretaria de Estado estadounidense Madeline Albright, los militares rusos estaban decididos a no dejar que Estados Unidos se saliera con la suya en un segundo asalto a una pequeña nación.

Las fuerzas especiales rusas se habían apresurado a llegar a Pristina, en Serbia, para asegurar el aeropuerto contra la llegada de las fuerzas estadounidenses, con la esperanza de que fueran atacadas y pudieran entonces entrar en guerra con Serbia. Sólo la moderación del comandante británico sobre el terreno impidió el estallido de la Tercera Guerra Mundial. Rusia, aún conmovida por el saqueo y la violación de Serbia, buscó venganza.

Un Washington ansioso fue de un lado a otro con Moscú para tratar de apaciguar a Rusia y, tras unas negociaciones aún secretas, la situación se apaciguó. En 2001, Rusia obtuvo 1.300 millones de dólares en contratos petroleros en el marco del programa de la ONU "Petróleo por alimentos", que permitió a Irak vender petróleo para comprar suministros para ayudar a los civiles iraquíes.

En septiembre de 2001, el Ministerio de Petróleo iraquí anunció su intención de adjudicar a empresas rusas contratos por valor de 40.000 millones de dólares adicionales en cuanto se levantaran las sanciones de la ONU.

En febrero de 2002, el ministro de Asuntos Exteriores ruso, Igor S. Ivanov, declaró que Rusia e Irak estaban de acuerdo en las cuestiones del extremismo y el terrorismo y que las sanciones contra Irak, respaldadas por Estados Unidos, eran contraproducentes y debían levantarse. A continuación, subrayó que Rusia se oponía firmemente a "la ampliación o aplicación de la operación antiterrorista internacional a cualquier Estado elegido arbitrariamente, incluido Irak". La retórica se calienta mientras Rusia intenta utilizar su poder de veto en el Consejo de Seguridad de la ONU para detener todas las sanciones contra Irak.

Luego, en 2003, el partido de guerra imperial republicano Standard Oil-Bush, respaldado por sus aliados neobolcheviques, violó groseramente la Constitución de Estados Unidos, el derecho internacional y las cuatro Convenciones de Ginebra, al precipitarse en un bombardeo sobre Bagdad. La guerra ilegal contra Irak acabó con todos los acuerdos permanentes de Irak con Rusia, Alemania y Francia. Sin que el cártel petrolero de las Siete Hermanas lo supiera, sólo tres años después se producirían graves represalias. El clamor de las naciones europeas contra Bush y el ataque neobolchevique a Irak fue inmediato.

La excusa infantil que se dio al mundo fue que Irak tenía "armas de destrucción masiva" que se preparaba para utilizar contra Gran Bretaña. La Sra. Rice, inexperta, insensata y políticamente desinformada, añadió sus ominosas advertencias de que, si no se detenía, los estadounidenses verían "nubes en forma de hongo" sobre sus principales ciudades. Seis años después, seguimos esperando que aparezcan esas "nubes". La gran mentira generada por Tavistock fue aceptada por cerca del 75% del pueblo estadounidense. A pesar de que decenas de expertos se presentaron para ridiculizar y negar las afirmaciones de Bush y Blair sobre las armas de destrucción masiva, los dos hombres persistieron en su mentira hasta que ésta se desmoronó literalmente bajo sus pies de barro. Pero no importaba. La diplomacia imperial de la Standard Oil se había impuesto, la agresión estadounidense les había asegurado el petróleo iraquí, y la guerra no iba a durar de todos modos, según se dijo al mundo. Las tropas estadounidenses cruzaban a toda velocidad el desierto desde Kuwait y pronto invadirían Bagdad.

El cambio en la lealtad de China no fue tenido en cuenta por los planificadores de Bush. Bush consideraba que China seguía vinculada al pacto entre la familia Rockefeller y Li de 1964. Pero los planes de expansión del imperialismo petrolero de la Standard Oil/Bush chocaron con el creciente interés de China por apoyar a las naciones de Oriente Medio en su lucha contra Estados Unidos. Durante la visita del rey jordano Abdullah II a China en enero de 2002, el presidente chino Jiang Zemin dijo que China deseaba estrechar los lazos con los países árabes para ayudar a promover la paz entre Israel y los palestinos. Esta declaración conmocionó al Departamento de Estado estadounidense. Para consternación del presidente Bush y de la secretaria de Estado Rice, China estaba dispuesta a intervenir si los neobolcheviques seguían adelante con su descabellado plan de atacar a Irán, sin tener en cuenta que la autoridad constitucional para comprometer a las fuerzas armadas estadounidenses en cualquier país era totalmente inexistente.

China ha dejado clara su posición al suministrar a Irán su versión del misil de crucero de salto de onda "Exocet", que tiene el potencial de causar grandes daños a la Armada estadounidense. Los imperialistas del petróleo siguen expandiendo su imperio en Oriente Medio, especialmente a través de Irak. Bolton fue instalado en la ONU, por cortesía de la Casa Blanca, mediante un abuso de poder, en un nombramiento por orden ejecutiva, a pesar de que su idoneidad para el cargo había sido rechazada por el Senado de EE.UU. (Unos años más tarde fue destituido sumariamente.) El presidente está muy lejos de estar autorizado constitucionalmente para hacer nombramientos por orden ejecutiva, excepto cuando es "necesario y apropiado" y una cuestión de emergencia. En el caso de Bolton, definitivamente no era "necesario" ni "apropiado", porque el Senado ya se había negado a confirmar a Bolton y el nombramiento en receso fue, por lo tanto, un abuso de poder y procedimiento constitucional. Pero los imperialistas de Standard Oil/Bush se negaron a dejar que esa preocupación detuviera sus planes para hacer frente a la amenaza de China en Oriente Medio. Sólo detuvieron temporalmente sus esfuerzos hasta que Bolton pudiera instalarse en la ONU. Se necesitaba a Bolton en la ONU para acosar e intimidar a las naciones para que se alinearan para apoyar las acciones de Estados Unidos en Irak y también en Irán. Además, es el agente especial del bufete de abogados Baker and Botts, responsable de hacerse cargo de las garantías de todos los préstamos dudosos que James Baker III transmitió.

El cártel petrolero imperialista estadounidense se ha hecho con el control del petróleo iraquí y ahora tiene sus ojos puestos en Siria y en el petróleo iraní. Ahora estamos en la segunda fase de la guerra contra el terrorismo: invadir países que, según Bush, albergan terroristas, con la intención real de apoderarse de las fuentes de energía de esos países. La tercera fase llegará cuando Estados Unidos se enfrente a Rusia por el petróleo del Caspio y los esfuerzos por llevarlo al mercado europeo. Puede que ese día trascendental no esté tan lejos.

Ahora los rusos han acelerado el ritmo. El 28 de agosto de 2006, el Presidente Putin visitó Atenas (Grecia) para impulsar el proyecto del oleoducto del Caspio, que lleva varios años paralizado. En Atenas, el Presidente Putin se reunió con el Primer Ministro griego Costas Karamantis y el Presidente búlgaro Gregory Parvanov. Las conversaciones tripartitas se centraron en la rápida finalización de un oleoducto desde el Mar Caspio hasta el puerto búlgaro de Burgas y desde allí hasta el puerto griego de Alexandroupolis, en la costa del Egeo. Una vez terminado, el oleoducto podrá transportar 35 millones de toneladas de petróleo al año y ahorrar al menos 8 dólares por barril en costes de transporte. El oleoducto permitirá a Rusia mantener el control del petróleo del Caspio para el mercado europeo, dejando de lado el gran oleoducto Bakú-Tblisi-Ceyhan, respaldado por Estados Unidos. Por ello, Estados Unidos ha decidido centrarse por el momento en el oleoducto norte-sur de Afganistán, que está siendo construido y vigilado por soldados estadounidenses que se enfrentan a la dura resistencia de los resurgidos talibanes, más fuertes y mejor equipados que antes de ser expulsados por la llamada Alianza del Norte. Los dirigentes talibanes están decididos a impedir que el oleoducto siga adelante. La reanudación de los combates, que comenzó en julio de 2006, alcanzó un punto álgido en agosto, y los medios de comunicación patrocinados por Estados Unidos describieron las batallas como esfuerzos de este país para aplastar los ingresos del comercio de opio que irían a parar a los talibanes. No es el caso, pero con la enorme maquinaria de propaganda a disposición de la administración Bush, es probable que sea percibido como tal por un público estadounidense atontado.

CAPÍTULO 23

Rusia se enfrenta a las Siete Hermanas

En este momento, Rusia, bajo el liderazgo de Vladimir Putin, el estratega geopolítico más astuto del mundo actual, ha decidido tirar de la manta bajo las Siete Hermanas. El ministro de Asuntos Exteriores de Rusia ha anunciado que su gobierno está a punto de frenar los grandes proyectos occidentales de inversión en petróleo y gas en Siberia, cuestionando el cumplimiento de los acuerdos suscritos con la antigua URSS en 1991.

El Departamento de Estado de EE.UU. reaccionó inmediatamente, y su portavoz Tom Casey dijo que la administración Bush estaba

> "muy preocupados por la decisión del gobierno ruso de cancelar los permisos medioambientales para proyectos de gas natural licuado de 20 millones de dólares desarrollados por Royal Dutch Shell y dos grupos japoneses en la isla de Sajalín".

La respuesta del gobierno ruso fue anunciar que estaba considerando cancelar un proyecto de Exxon-Mobil en Sajalín. EE.UU. reclamó sus derechos en virtud de un acuerdo con la antigua URSS en 1991 y 1994. Europa occidental y Estados Unidos están preocupados por el hecho de que la Rusia del Presidente Putin esté haciendo un esfuerzo concertado para afirmar el control sobre los vastos recursos energéticos del país.

El Presidente Putin realizó una visita de Estado a Francia para asegurar al Presidente Chirac que Total SA no estaba incluida en los cambios. Los observadores señalaron que durante la visita a

París, los dos líderes se acercaron.

Sin duda, Putin estaba diciendo a Estados Unidos que Francia estaba siendo recompensada por oponerse a la guerra de Irak y negarse a unirse al boicot de la ONU a Irán. El Presidente Chirac entregó a Putin una medalla -la Gran Cruz de la Legión de Honor- en una ceremonia muy pública en el Palacio del Elíseo. Durante la visita, el Presidente Putin expresó la gran preocupación de Rusia por la situación en Kosovo. Se llegó a un acuerdo para que una empresa francesa construya una autopista entre Moscú y San Petersburgo, así como un acuerdo que compromete a Rusia a comprar 22 aviones Airbus A350. El 24 de septiembre de 2006, se supo que Shell corría el riesgo de que se le suspendiera la licencia de explotación del proyecto de petróleo y gas Sakhalin-2, de 20.000 millones de dólares, al retirarle el Ministerio de Recursos Naturales los permisos medioambientales. El proyecto Sajalín-2 se ha completado en un 80% aproximadamente. Mientras tanto, Gazprom, el gigante estatal del gas, está negociando la compra de Sajalín-1. Al parecer, si no se acepta esta oferta, Sajalín-2 podría detenerse. Gazprom pretende poseer hasta el 25% de Sajalín-2, lo que significa que la principal empresa del cártel de las Siete Hermanas se convertiría en accionista minoritario. Sajalín-2 tiene unas reservas de 4.500 millones de barriles. Por lo tanto, se trata de un premio rico que Rusia seguramente reclamará. Es sólo cuestión de tiempo.

En nombre de Royal Dutch Shell, el Primer Ministro Blair expresó su profunda preocupación por el hecho de que Shell quedara excluida de las ricas bonificaciones de Sajalín-1 y Sajalín-2. El Departamento de Estado estadounidense sigue presionando a Shell y Exxon, pero Rusia puede tener otros planes. Fuentes de Gazprom afirmaron que está negociando en secreto con una empresa india, The Indian National Oil and Natural Gas Corporation (ONGG), para comprar su participación del 20% en Sakhalin-1. Si se llega a un acuerdo, Gazprom obtendrá enormes participaciones en los proyectos de petróleo y gas más productivos del mundo, dejando a los miembros del cártel de las Siete Hermanas en una posición muy débil.

Mientras tanto, la hipocresía de la "guerra contra el terror" de Bush es evidente para todos en Colombia, donde las propuestas de Bush incluyen el gasto de 98 millones de dólares para proteger el oleoducto de 480 millas de Occidental Petroleum desde el segundo campo petrolífero más grande de Colombia hasta la costa del Caribe.

Estos 98 millones de dólares se suman a los 1.300 millones de dólares que Estados Unidos ya ha entregado al gobierno colombiano, aparentemente para combatir a los "narcoterroristas" de las FARC. En 2001, el oleoducto de Cano Limón estuvo paralizado durante 266 días porque los guerrilleros de las Fuerzas Armadas Revolucionarias de Colombia (FARC) no dejaban de dinamitarlo para aumentar el importe de los sobornos. Los rebeldes de las FARC han cerrado el oleoducto a intervalos regulares durante los últimos 15 años para subrayar que sus amenazas no son vacías y para ganar más y más dinero por su "protección". Mientras tanto, los 2,5 millones de barriles de petróleo vertidos en los ríos y arroyos de Colombia superan con creces el volumen del vertido del Exxon Valdez en Alaska en 1989.

A pesar de las distracciones en los Balcanes, el Mar Caspio y Afganistán, el cártel del petróleo no ha renunciado a su intención de apoderarse del petróleo iraní. Según fuentes de la BDN (servicio secreto) alemana: la administración Bush ha elaborado planes para atacar los reactores nucleares iraníes, los emplazamientos de armas de destrucción masiva y los emplazamientos militares mediante un bombardeo intensivo de saturación, utilizando cazabúnkeres y armas nucleares tácticas. El ataque se coordinará con el sabotaje de infraestructuras urbanas y rurales críticas por parte de elementos del Mojahedin-e Khalq (MEK), unidades de operaciones especiales del Pentágono y otros grupos disidentes iraníes.

Los detalles de la información de los servicios de inteligencia alemanes que expresan su preocupación provienen de informes clasificados proporcionados por elementos de la CIA.

Aparentemente, el temor es que los neobolcheviques de la administración Bush, al atacar a Irán, desencadenen una cadena de acontecimientos que conduzcan a una guerra mundial.

Los agentes de la CIA también han transmitido información sobre los planes de Estados Unidos para atacar a Irán a sus homólogos de Francia, Gran Bretaña, Canadá y Australia. Los planes de guerra del imperialismo estadounidense contra Irán también incluyen la rápida toma de la provincia de Khūzestān, en el suroeste de Irán, donde se encuentran la mayoría de las reservas y refinerías de petróleo de Irán.

Khūzestān tiene una población mayoritariamente árabe chiíta con estrechos vínculos con sus hermanos étnicos y religiosos de Irak. Los planes de Bush prevén un ataque militar estadounidense a través de la frontera iraquí y de las fuerzas navales en el Golfo Pérsico en respuesta a la petición de ayuda de las fuerzas rebeldes del Frente Democrático Popular y de la Organización de Liberación de Al Ahwaz en Khūzestān, que declarará un estado árabe independiente de la República Democrática de Ahwaz y recibirá el reconocimiento diplomático de Estados Unidos, Gran Bretaña e Israel, así como de algunos otros aliados cercanos de Estados Unidos.

Tras la Primera Guerra Mundial, Khūzestān fue anexionada por Irán y pasó a llamarse como su antiguo nombre histórico, Persia. Se menciona muchas veces en la Biblia con su antiguo nombre. También hay planes para provocar rebeliones entre otras minorías de Irán, como los azeríes y los turcomanos de la región del Mar Caspio, rica en petróleo.

Algunos analistas creen que la Guerra del Golfo de 1991 fue iniciada por Estados Unidos como un "telón de fondo" antes del gran acontecimiento, es decir, la invasión estadounidense de Irán, apoyada por Israel, Francia y Alemania, razón por la cual Estados Unidos dio luz verde a Hussein para entrar en guerra con Irán. El propósito de empujar a Irak a atacar a Irán debería estar claro para todos: Irak e Irán librarían una guerra que los dejaría a ambos desesperadamente debilitados. Como mínimo, Estados Unidos le indicó a Hussein que era aceptable cierta agresión: que no se opondría a una invasión iraquí para retomar el yacimiento petrolífero de al-Rumaila, la franja fronteriza en disputa y las islas del Golfo, incluidos los territorios de los yacimientos petrolíferos de Bubiyan que Irak reclama como si siempre hubieran formado parte de Irak y no de Kuwait o Irán. Más tarde, una reclusa April Glaspie fue acorralada por periodistas británicos que la bombardearon con preguntas sobre su papel en el inicio de la guerra de 1991 con Irak, pero sin mediar palabra, Glaspie se subió a una limusina, cerró la puerta tras de sí y se marchó.

Dos años más tarde, durante la tercera ronda de debates presidenciales en el programa "Decision 92" de NBC News, el candidato presidencial Ross Perot fue citado diciendo:

> ... Le dijimos (a Saddam) que podía tomar la parte noreste de Kuwait; cuando la tomó toda, nos volvimos locos. Y si no se lo dijimos, ¿por qué ni siquiera dejamos que el Comité de Relaciones Exteriores del Senado y el Comité de Inteligencia del Senado vean las instrucciones escritas para el embajador Glaspie?

En este punto, (Perot) fue interrumpido por el entonces presidente George Bush padre, que exclamó:

> Tengo que responder a eso. Es una cuestión de honor nacional. Es absolutamente absurdo.

Absurdo o no, el hecho es que April Glaspie abandonó Bagdad a finales de agosto de 1990 y regresó a Washington, donde estuvo incomunicada durante ocho meses, no se le permitió hablar con los medios de comunicación y no reapareció hasta el final de la Guerra del Golfo (11 de abril de 1991), cuando fue llamada a declarar informalmente (no bajo juramento) ante el Comité de Relaciones Exteriores del Senado sobre su reunión con el presidente Hussein. Glaspie afirmó haber sido víctima de un "engaño deliberado a gran escala" y denunció que la transcripción de su reunión era "una invención" que tergiversaba su posición, aunque admitió que contenía "mucho" material preciso.

A continuación, Glaspie fue enviado a Ciudad del Cabo (Sudáfrica) como cónsul general de Estados Unidos. No se sabe nada de ella desde que se retiró del servicio diplomático en 2002. Es casi como si Glaspie se hubiera convertido en una no-persona. ¿Por qué el Senado no ha dado un paso adelante y ha hecho su trabajo? ¿Por qué el Departamento de Estado se salió con la suya ocultando y reteniendo información a la que el pueblo estadounidense tenía y tiene pleno derecho?

Tras el engaño de Glaspie, el presidente George Bush comenzó a cultivar un clima de guerra, mientras bombardeaba Irak en las llamadas "zonas de exclusión aérea" que, además de violar la soberanía de Irak, eran ilegales según la Constitución de Estados Unidos. En la ONU, Bush hizo trabajar a la delegación árabe con sus equipos de "guerra a toda costa" afirmando que si no se resolvía la invasión de Kuwait, ellos serían los siguientes en la lista de Hussein, una completa y palpable falsedad sin fundamento.

Bush consiguió que se impusiera un embargo a Irak. El 29 de enero de 1991, Bush utilizó su discurso sobre el estado de la Unión como vehículo para inflamar los sentimientos contra Iraq. Sorprendentemente, añadió los siguientes comentarios:

> "El mundo puede, por tanto, aprovechar la oportunidad de la actual crisis del Golfo Pérsico para hacer realidad la vieja promesa de un nuevo orden mundial".

El hecho de que Bush revelara la verdadera razón de la llamada "crisis del Golfo Pérsico" era ya de dominio público, pero los chacales de los medios de comunicación estadounidenses no informaron de lo que el presidente estaba hablando. El concepto de un Nuevo Orden Mundial no es nuevo, ya que se remonta al rey Jorge III, cuyos planes fueron interrumpidos por la Revolución Americana. Los planes de Bush de precipitar a la nación en la guerra de Irak eran bastante descarados, hasta el punto de que varias personas importantes en Washington empezaron a tener serias dudas y a oponerse a los tambores de guerra. Uno de ellos, el ex secretario de la Marina James H. Webb, expresó públicamente sus preocupaciones en un debate televisado el 12 de noviembre de 1990:

> El propósito de nuestra presencia en el Golfo Pérsico es promover el Nuevo Orden Mundial de la administración Bush, eso no me gusta.

Otra figura de Washington que se mostró muy crítica con la precipitación de la administración Bush hacia la guerra fue James Atkins, antiguo embajador en Arabia Saudí y destacado experto en asuntos de Oriente Medio. En un artículo firmado y publicado por *Los Angeles Times* el 17 de septiembre de 1990, acusó al Secretario de Defensa, Richard Cheney, de engañar deliberadamente al rey Fahd haciéndole creer que era inminente un ataque a Arabia Saudí por parte de Irak. Atkins también contó sus experiencias con Henry Kissinger, que se enfrentó a Atkins cada vez que atacaba los planes de guerra contra Irak.

En la escena internacional, algunos países, sobre todo Francia, están preocupados por el bombardeo sistemático y diario de Irak. El antiguo Ministro de Agricultura de Charles De Gaulle expresó su preocupación a un periodista alemán:

> Ojalá no fuera así (el atentado). Me choca profundamente el hecho de que una nación sea poderosa sólo porque tiene armas. Estados Unidos, que se encuentra en extrema dificultad económica, ha conseguido silenciar a Japón y Europa porque es militarmente débil. ¿Hasta cuándo aceptará el mundo que varios países deban pagar a un policía para imponer su propio orden mundial?

Lo que resulta inquietante para los observadores es el silencio de Rusia, que, si hubiera resistido la intimidación de Estados Unidos, probablemente habría podido evitar la guerra contra Irak. Como mínimo, Rusia podría haber proporcionado al ejército iraquí su sistema de defensa aérea de última generación "Tamara", que habría derribado aviones británicos y estadounidenses y puesto fin de forma abrupta al reino del terror aéreo que se había convertido en un fenómeno cotidiano en Irak. Ningún miembro de la oposición en el Senado y la Cámara de Representantes fue capaz de frenar las prisas por la guerra de Bush, que causó daños mucho más allá de la propia invasión de

Irak y cuyas ondas de choque aún se sienten en 2008. En una perspectiva adecuada, la invasión de Irak, por orden del Comité de los 300, tenía como objetivo imponer un Nuevo Orden Mundial en el mundo y en particular en Europa.

El caos desatado por los "300" gracias a la voluntad de Tony Blair, George Bush padre y su hijo G.W. Bush de atacar Irak, está aún por medir. En su pleno efecto, que no se manifestará hasta dentro de al menos diez años, veremos cómo se producen vastos cambios, todos ellos atribuibles a las políticas petroleras imperiales de Estados Unidos y Gran Bretaña, que comenzaron en serio con el envío por parte del presidente Wilson de marines estadounidenses a Tampico y Vera Cruz para arrebatar el crudo de México a sus legítimos propietarios.

Esta búsqueda de políticas petroleras imperiales se hizo evidente en lo que muchos miles de estadounidenses creen que fue una situación artificial, el desastre del 11 de septiembre. Si el 11 de septiembre fue realmente una situación artificial a la manera de Pearl Harbor, entonces fue esencialmente la siguiente fase de la misma presentación, una estrategia para que los EE.UU. se hagan con el control de los campos petrolíferos del mundo, especialmente los de Oriente Medio, Asia Central, Sudamérica, Malasia, Borneo y Afganistán, al tiempo que transforman a los EE.UU. de una república confederada a una dictadura del Nuevo Orden Mundial con el pretexto de "luchar contra el terrorismo."

Estados Unidos alcanzó el "punto de inflexión" en su transformación de república confederada a dictadura mundial con el ataque al World Trade Center de Nueva York, y el hecho de que lo hiciera sin apenas oposición no hace sino subrayar la importancia del papel desempeñado por este acontecimiento. Dado que, en opinión de muchos observadores astutos, era demasiado fácil ser aleatorio, este acontecimiento refuerza la creencia de muchos de que el 11-S fue una situación inducida artificialmente.

CAPÍTULO 24

La entrada de Venezuela en la ecuación

¿Cuáles son las perspectivas si la producción de petróleo alcanza su punto máximo dentro de cincuenta años? ¿Se producirá una justa aún peor, con guerras regionales en todo el mundo, o las fuerzas enfrentadas se darán cuenta de que la salvación del mundo industrializado pasa por la cooperación absoluta en el ámbito de las materias primas esenciales, especialmente el crudo? Si hemos de juzgar sobre la base del comportamiento de Estados Unidos y Gran Bretaña en los últimos 50 años, nos vemos obligados a concluir que, con el fin de las reservas mundiales de petróleo en juego, la política exterior de Estados Unidos consistirá en emprender un militarismo a la escala del Imperio Romano, mientras reprime la disidencia en casa. Esto es lo que ya estamos viendo. De hecho, el gran número de leyes que se han aprobado desde que comenzó la invasión de Irak es una prueba de la dirección tomada para reducir la oposición a las guerras del petróleo y, al mismo tiempo, minimiza la ley suprema del país al eliminar el derecho del pueblo a protestar.

Es cierto que las medidas restrictivas introducidas por la administración Bush han tenido un efecto escalofriante sobre los derechos constitucionales del pueblo estadounidense. A mediados de 2008, quedó claro que las leyes represivas aprobadas desde la llegada de las Guerras del Golfo estaban surtiendo el efecto deseado. Quizás esto es lo que ha amortiguado cualquier signo de protesta contra la política de la administración Bush hacia Venezuela y su intransigente líder, Hugo Chávez.

Dada la marcada hostilidad de Washington hacia Venezuela, no es imposible que este país sea el próximo objetivo en la lucha imperialista por el petróleo. Teniendo esto en cuenta, echemos un vistazo a Venezuela en 2008. Ha habido algunos cambios. No creo que sean espectaculares. Probablemente sea la primera vez en la historia de Venezuela que hay un gobierno que hace algo más que gestos para utilizar sus enormes recursos para ayudar a los más pobres. Esta ayuda se destina principalmente a la sanidad, la educación, las cooperativas, etc. Es difícil decir la magnitud del impacto. Pero sí sabemos cómo reacciona la gente ante ellos, que al fin y al cabo es la cuestión más importante. Lo importante no es lo que pensamos nosotros, sino lo que piensan los venezolanos. Y lo sabemos muy bien.

Hay algunas encuestadoras bastante buenas en América Latina, la principal es Latino barómetro, que está en Chile. Observan las actitudes en toda América Latina sobre todo tipo de cuestiones cruciales. El más reciente, realizado en Chile, reveló que el apoyo a la democracia y al gobierno ha aumentado mucho en Venezuela desde 1998. Venezuela está ahora casi empatada con Uruguay como país que apoya al gobierno y a la democracia.

Está muy por delante de otros países latinoamericanos en cuanto al apoyo a las políticas económicas del gobierno y también en cuanto a la creencia de que estas políticas ayudan a los pobres, a la gran mayoría, y no a las élites. Y hay juicios similares sobre otros temas, y ha aumentado bastante. A pesar de los obstáculos, ha habido cierto grado de progreso que ha sido considerado por el público como muy significativo, y esa es la mejor medida. Con el anuncio de la creación del Partido Socialista Unificado de Venezuela (PSUV) y la aceleración de su intento de tomar el control de varios servicios y empresas, ¿hay una maduración de esta revolución? No es fácil decirlo. Hay tendencias contradictorias, y la cuestión para Venezuela es cuál de ellas prevalecerá. Hay tendencias a la democratización, a la devolución del poder, a las asambleas populares, a que las comunidades tomen el control de sus propios presupuestos, a las cooperativas de trabajadores, etc. Todo ello va en la dirección de una sociedad más democrática. Todo esto va en dirección a la democracia.

También hay tendencias autoritarias: centralización, figuras carismáticas, etc. Estas políticas en sí mismas no permiten realmente juzgar en qué dirección irán. Ciertamente, es perfectamente razonable que un país controle sus propios recursos. Así que si Venezuela toma un mayor control de sus propios recursos, eso podría ser un desarrollo muy positivo. Por otro lado, podría no serlo. Así, por ejemplo, cuando Arabia Saudí nacionalizó su petróleo en los años 70, no significó que controlara su propio petróleo en lugar de las empresas extranjeras, principalmente ARAMCO. Por otro lado, Arabia Saudí está en manos de una grave tiranía. El principal y más apreciado aliado de Washington en la región es una tiranía brutal y el estado fundamentalista islámico más extremo del mundo. La historia, por tanto, depende de cómo se utilicen los recursos. Mercosur, el Mercado Común del Sur, es un grupo con las mayores economías de Sudamérica. Se basa en los acuerdos de libre mercado, como el TLCAN, y no parece avanzar hacia una alternativa a la doctrina neoliberal dominante.

Por el momento, Mercosur es más una esperanza que una realidad. Mercosur forma parte de ello, las reuniones de Cochabamba son otro paso, y hay otros pasos. La integración es un paso poderoso para mantener la soberanía y la independencia. Cuando los países se separan unos de otros, pueden ser extirpados, ya sea por la fuerza o por el estrangulamiento económico. Si se integran y cooperan, son mucho más libres del control externo, es decir, del control de Estados Unidos durante el último medio siglo, pero esto se remonta a mucho más atrás.

Así que es un paso importante, pero hay obstáculos. Uno de ellos es que América Latina también necesita desesperadamente una integración interna. Cada uno de estos países tiene una fuerte división entre una pequeña élite rica, europeizada y principalmente blanca, y una enorme masa de personas profundamente empobrecidas, generalmente indias, negras y mestizas. La correlación entre las razas no es perfecta, pero es una correlación. América Latina tiene algunas de las peores desigualdades del mundo, y estos problemas también están empezando a superarse. Queda mucho camino por recorrer, pero se han dado pasos en la dirección correcta en Venezuela, Bolivia, hasta cierto punto en Brasil, Argentina y no mucho en otros lugares por el momento. Pero la integración interna y la integración externa entre países son pasos bastante importantes, y es la primera vez desde la colonización española hace 500 años, lo cual no es poco.

Volvamos a algunas de las críticas de autoritarismo que han seguido a la ampliación de los mandatos y a la reciente llamada legislación habilitante. Estas leyes fueron aprobadas por el Parlamento. Resulta que el parlamento está dominado casi en su totalidad por Chávez, pero la razón es que la oposición se niega a participar, muy probablemente por presión de Estados Unidos. Estas leyes pueden no gustar. Su resultado depende de la presión popular. Podrían ser pasos hacia el autoritarismo. Podrían ser pasos hacia la aplicación de programas constructivos. No somos nosotros los que tenemos que decirlo, es el pueblo venezolano el que tiene que decirlo, y conocemos muy bien su opinión.

La riqueza petrolera de Venezuela ha dado al país la oportunidad de ampliar la ayuda a las comunidades pobres de Occidente, incluidas Nueva York y Londres, y le ha permitido comprar la deuda de Argentina, Bolivia y Ecuador.

Empecemos por su ayuda a Occidente, que es un poco irónica. Pero hay un contexto para esto. Comenzó con un programa en Boston. Un grupo de senadores se puso en contacto con las ocho principales empresas energéticas y les preguntó si podían proporcionar ayuda a corto plazo a los pobres de Estados Unidos para que pudieran pasar el difícil invierno en el que no podían pagar sus facturas de petróleo debido a los altos precios del mismo. Sólo obtuvieron una respuesta, la de CITGO, la empresa venezolana, y esa empresa proporcionó temporalmente petróleo a bajo coste en Boston y luego en el Bronx, en Nueva York, y en otros lugares. Eso es la ayuda occidental. Así que ahora sólo es Chávez quien da ayuda a los pobres en América.

Por lo demás, sí, Chávez compró un cuarto, o un tercio de la deuda argentina. Fue un esfuerzo para ayudar a Argentina a librarse del FMI, como dijo el presidente argentino. El FMI, que es una especie de sucursal del Departamento del Tesoro estadounidense, ha tenido un efecto devastador en América Latina. Sus programas se han seguido con más rigor en América Latina que en cualquier otra parte del mundo.

Bolivia siguió las políticas del FMI durante 25 años y el resultado final fue una renta per cápita más baja que cuando empezó. Argentina fue el ejemplo del FMI. Lo hizo todo bien e instó a todos los demás a seguir las políticas establecidas por el Banco Mundial y el Departamento del Tesoro de Estados Unidos. Pues bien, lo que ocurrió fue que condujo a una catástrofe económica total. Argentina logró escapar de la catástrofe violando radicalmente las reglas del FMI, y decidieron deshacerse del FMI, como dijo Kirchner, y Venezuela les ayudó. Brasil hizo lo mismo a su manera y ahora Bolivia lo hace con la ayuda de Venezuela. En realidad, el FMI está en problemas porque gran parte de su financiación proviene del cobro de la deuda y si los países se niegan a aceptar sus préstamos porque sus políticas son demasiado malas, no está claro qué hará.

También está Petrocaribe, un programa para proporcionar petróleo en condiciones favorables, con pago diferido, a muchos países del Caribe y otros. Otro programa se llama Operación Milagro. Utiliza fondos venezolanos para enviar médicos cubanos -los médicos cubanos están muy bien formados y tienen un sistema médico muy avanzado, comparable a los sistemas del primer mundo- a lugares como Jamaica y otros países de la región. El proyecto comenzó con la búsqueda de personas ciegas, que han perdido la vista por completo, pero que podrían ser tratadas quirúrgicamente para recuperar la vista. Estas personas son identificadas por médicos cubanos, llevadas a Cuba, tratadas en sus instalaciones médicas de alto nivel y devueltas a su país en condiciones de ver. Deja una impresión.

Al parecer, EE.UU. y México intentaron hacer algo similar, pero nunca llegó a nada. De hecho, el impacto de los programas de Chávez puede verse muy claramente en el último viaje de

George Bush. La prensa habló de su nueva reorientación de los programas hacia América Latina, pero lo que realmente ocurrió, si se observa con atención, es que Bush recogió parte de la retórica de Chávez. Así son los nuevos y maravillosos programas, tomando parte de la retórica de Chávez, pero sin aplicarla, o apenas aplicándola.

Cualquier cuento viejo -mientras promueva una causa de guerra- está de moda. Con la excepción de Hugo Chávez y el islamista iraní Mahmud Ahmadineyad, ningún otro líder mundial ha perfeccionado mejor el papel de "antagonista de Estados Unidos" que el que deja una impresión impactante. Junto con un grupo de amigos que incluye a algunos de los antagonistas más conocidos de Estados Unidos, como el anciano dictador cubano Fidel Castro y el presidente nacionalista boliviano Evo Morales, Chávez se ha convertido rápidamente en uno de los principales portavoces del movimiento global pro-nacionalista y anti-americano. En sus pocos años en el poder, Chávez ha hecho pública su actitud hacia la administración Bush.

> "Estados Unidos es el imperio más perverso, asesino, genocida e inmoral que ha visto este planeta en 100 siglos", dijo Chávez ante una audiencia del Foro Social Mundial en Caracas.

En respuesta, Washington ha descrito los arrebatos antiestadounidenses de Chávez y sus repetidas amenazas de extender una "revolución bolivariana" por toda América Latina como los desvaríos de un líder desesperado que intenta desviar la atención pública de sus fallidas políticas sociales y económicas.

Por supuesto, las políticas de Venezuela no han fracasado, y no parece que haya ninguna probabilidad de que Estados Unidos invada el país. Pero los recientes esfuerzos de Chávez por reforzar las relaciones energéticas, de defensa, nucleares y políticas con Irán pueden obligar a Washington a replantearse su pensamiento. En un apasionado discurso ante sus seguidores en Caracas, Chávez dijo:

> Tuve una estrecha relación con Mohammad Khatami,

> Presidente de Irán de 1997 a 2005, a quien considero un hermano, y ahora tengo una estrecha relación con su sucesor, el Presidente Mahmoud Ahmadinejad, a quien también considero un hermano.

Si bien esta declaración no es inusual por el entusiasmo y la franqueza de Chávez, muestra la dirección que están tomando las relaciones. Al fin y al cabo, toda nación soberana e independiente tiene derecho a elegir a sus amigos y a establecer alianzas.

En la 141ª reunión ministerial de la Organización de Países Exportadores de Petróleo (OPEP), celebrada en Caracas a finales de mayo, altos funcionarios iraníes y venezolanos discutieron una serie de acuerdos bilaterales, entre ellos la participación de la compañía petrolera estatal iraní Petropars en proyectos petroleros en la subdesarrollada Faja del Orinoco y en proyectos de gas en el Golfo de Venezuela. Se espera que los dos países inicien la exploración en una de las zonas de la Faja del Orinoco con el objetivo final de que Petropars pueda exportar el combustible terminado a Irán. Se espera que expertos iraníes lleguen pronto a Venezuela para apoyar los proyectos de ingeniería patrocinados por el gobierno. Me apresuro a añadir que Irán y Venezuela, como naciones soberanas e independientes, tienen derecho a perseguir sus propios intereses, incluso si esto es inconveniente para otras naciones. Esta es la premisa del derecho internacional. Mientras que las relaciones energéticas de Venezuela con Irán han florecido, sus relaciones energéticas con Occidente se han movido en la dirección opuesta. Chávez anunció recientemente que los impuestos a las empresas petroleras extranjeras que operan en Venezuela aumentarían del 16,7% al 33%, lo que llamó un "impuesto de extracción". Chávez ha acusado a las empresas extranjeras de explotar los recursos petrolíferos de su país sin compensar debidamente al pueblo venezolano. Esta acusación tiene fundamento.

A pesar de la subida de impuestos y de la posición de Chávez, Venezuela sigue siendo un importante socio energético para Estados Unidos. Según las estadísticas publicadas por la

Administración de Información Energética (EIA), Venezuela ocupa el cuarto lugar en exportaciones totales de crudo (1,2 millones de barriles diarios) y el tercero en exportaciones totales de productos petrolíferos (1,5 millones de barriles diarios) a Estados Unidos (Canadá es el primero, pero no lo discutimos). Dada la continua dependencia de Estados Unidos del petróleo venezolano para su supervivencia diaria y las dificultades para obtener recursos energéticos de otras partes del mundo, cualquier implicación de Teherán en el sector energético venezolano debería considerarse una amenaza para la seguridad nacional de Estados Unidos, o eso dice Washington. En primer lugar, lo que haga Venezuela no es asunto de la administración Bush. Venezuela no es el estado número 51 de la Unión.

Además de la cooperación energética, las relaciones militares y de inteligencia entre Caracas y Teherán se han intensificado. En mayo, el Departamento de Estado estadounidense acusó a Venezuela de mantener una relación de intercambio de información con Irán y Cuba, dos países que Estados Unidos ha identificado como patrocinadores del terrorismo. Esto es sólo una opinión, no necesariamente un hecho. En su informe anual sobre terrorismo internacional, el Departamento de Estado de EE.UU. citó a Chávez por compartir una "afinidad ideológica" con dos grupos guerrilleros de izquierda que operan en Colombia -las FARC y el Ejército de Liberación Nacional-, ambos considerados organizaciones terroristas por Washington. Si este es el caso, se plantea la cuestión: ¿Por qué Washington ha colaborado a menudo con estos dos grupos colombianos que son indudablemente grupos terroristas? En consecuencia, se han suspendido todas las ventas de armas y repuestos a Caracas, que ascendieron a 33,9 millones de dólares en 2005. ¿Por qué este acto de guerra? ¿Qué pruebas hay que apoyen la afirmación de que Venezuela tiene "afinidades ideológicas" con grupos terroristas? En respuesta, el general venezolano Alberto Muller Rojas, alto asesor de Chávez, recomendó que su país vendiera sus 21 aviones de combate F-16 a Irán. Aunque estos cazas de 20 años de antigüedad son obsoletos para los estándares actuales, la propuesta ha empeorado las ya tensas relaciones entre ambos países. ¿Qué le importa a Estados Unidos que otros países decidan quiénes son sus clientes y amigos? Los informes de que Irán y Venezuela han aumentado su cooperación en tecnología nuclear han hecho saltar las alarmas en Washington. Sugerimos que se obligue a toda la administración Bush a leer el discurso de despedida de George Washington, ¡y cuanto antes!

El periódico argentino *Clarín* informó de que el gobierno de Chávez había pedido a Buenos Aires que le vendiera un reactor nuclear. Al igual que el gobierno iraní, los funcionarios de Caracas dijeron que se habían mantenido conversaciones, pero añadieron que sólo se trataba de explorar "los usos científicos pacíficos del átomo." ¿Y por qué no? ¿Por qué India, Pakistán, Corea del Norte, Israel y no Venezuela?

A finales de 2005, se informó de que los depósitos de uranio venezolanos estaban destinados a Teherán como parte de un acuerdo de 200 millones de dólares firmado entre ambos países. Algunas personas, supuestamente misioneros, enviaron información a su país de que se había construido una pequeña instalación militar y una pista de aterrizaje cerca de la ubicación de los depósitos de uranio. Sean quienes sean, no parecen realmente misioneros.

Irán y Venezuela comparten una intensa aversión por Estados Unidos, lo cual es natural dada la enorme injerencia en sus asuntos internos durante décadas. No es de extrañar que busquen la forma de tomar represalias apoyando alianzas antiamericanas en Oriente Medio y América Latina.

Durante una gira de ocho días por América Latina, el presidente del Majiis iraní, Gholam-Ali Haddad Adel, afirmó que la unidad estratégica forjada entre ambos países tiene su origen en la respuesta a "las amenazas de potencias intimidatorias como Estados Unidos". Irán y Venezuela han llegado a la conclusión de que la mejor manera de lograr su objetivo común de desestabilización global por parte de Estados Unidos es unir sus fuerzas, haciendo que cualquier respuesta selectiva de Washington sea mucho más compleja y costosa.

Los esfuerzos de la administración Bush estarían mejor invertidos en la restauración de Nueva Orleans y en cerrar la brecha entre los pobres y los extremadamente ricos en Estados Unidos, un estado que ha surgido como resultado del NAFTA, el GATT y la Organización Mundial del Comercio.

Con un entusiasta Irán como socio, Chávez, el antiguo revolucionario paracaidista, ha despertado el fantasma de Simón Bolívar, con sus posiciones antiamericanas. La administración Bush tendrá que aceptarlo o arriesgarse a reavivar una guerra de 330 años en América Latina. Tal vez esa sea la idea.

En 2007 comenzó a llegar el primer lote de un total de 100.000 fusiles Kalashnikov que el presidente venezolano Hugo Chávez encargó a Moscú.

El ejército venezolano está experimentando una profunda transformación, con una importante campaña de reclutamiento y nuevas tecnologías. Es probable que esta decisión preocupe a Estados Unidos, que considera a Chávez una influencia desestabilizadora en la región.

La mayoría de los expertos en defensa coinciden en que el presidente Chávez debe revisar su obsoleto material militar. Sin embargo, Estados Unidos y Colombia, país vecino de Venezuela, consideran que la llegada de 33.000 fusiles Kalashnikov es una prueba más de que Chávez está intentando dar un golpe de efecto en la región. Los fusiles AK103, de fabricación rusa, vienen con más de medio millón de cartuchos, gafas de visión nocturna avanzadas y bayonetas. Pero lo que más preocupa a Washington son los planes de Venezuela de construir una fábrica aquí para ensamblar y exportar estos rifles Kalashnikov y balas.

El gobierno de Chávez está actualmente en conversaciones con el fabricante ruso que tiene la licencia para fabricar las armas. Estados Unidos, que recientemente ordenó la prohibición total de la venta de armas a Venezuela, ha acusado al presidente Chávez de intentar desestabilizar América Latina. Pero Venezuela insiste en que tiene derecho a comprar armas con fines defensivos. El presidente Chávez ha advertido en repetidas ocasiones que la administración Bush está planeando invadir Venezuela para hacerse con los recursos petrolíferos del país.

Sir Maurice Hankey, Primer Secretario del Gabinete de Guerra británico, dijo en 1918:

> "El petróleo en la próxima guerra ocupará el lugar del carbón en la guerra actual, o al menos un lugar paralelo al carbón. El único suministro potencial significativo que podemos obtener bajo control británico es de Persia (ahora Irán) y Mesopotamia (ahora Irak)... El control de estas reservas de petróleo se convierte en uno de los principales objetivos británicos en tiempos de guerra. "

Alan Greenspan, Presidente de la Reserva Federal, 1987-2006:

> "Independientemente de su publicitada angustia por las armas de destrucción masiva de Saddam Hussein, las autoridades estadounidenses y británicas también estaban preocupadas por la violencia en una región que alberga un recurso vital para el funcionamiento de la economía mundial. "

No podemos abandonar Irak porque los extremistas podrían utilizar el petróleo como herramienta para chantajear a Occidente... y lo harán a menos que abandonemos a Israel.

George W. Bush, 1 de noviembre de 2006:

> Si se produce un cambio de régimen en Irak, se podrían añadir de 3 a 5 millones de barriles de producción al suministro mundial.

Lawrence Lindsey, ex asesor económico jefe de George W. Bush, 2002:

> La seguridad del suministro energético es esencial para nuestra prosperidad y seguridad. La concentración del 65% de las reservas mundiales de petróleo conocidas en el Golfo Pérsico significa que debemos seguir garantizando un acceso fiable al petróleo a precios competitivos y responder rápida y adecuadamente a cualquier interrupción importante del suministro de petróleo.

CAPÍTULO 25

Estados Unidos no puede seguir librando guerras por el petróleo indefinidamente

Cuando la administración Bush-Cheney tomó posesión en enero de 2001, el precio internacional del petróleo rondaba los 22 dólares por barril. Ahora, casi ocho años después, el precio del petróleo ronda los 150 dólares por barril, lo que supone un aumento de más del quinientos por ciento. Así que, en lo que respecta al petróleo, las cosas no salieron como las habían planeado y esperado los neobolcheviques de la administración Bush-Cheney en Irak. En primer lugar, pensaron que el abundante petróleo iraquí pagaría la invasión y la ocupación del país. En cambio, se prevé que los gastos de esta aventura alcancen un billón de dólares, y que el coste total para la economía estadounidense supere los tres billones de dólares.

En segundo lugar, los precios del petróleo están en niveles récord sin que se vislumbre un pico, lo que amenaza con llevar a la economía estadounidense y mundial a una recesión económica prolongada. Esto se debe en parte a que la producción de petróleo iraquí no ha aumentado como se esperaba y es más bien inferior a la que había cuando Estados Unidos invadió y ocupó Irak en 2003. Desde una perspectiva macroeconómica, esta guerra ilegal y equivocada ha sido un desastre.

Sin embargo, a pesar de las esporádicas declaraciones piadosas sobre la salida de Irak cuando se les pregunta, la administración Bush-Cheney planea una ocupación militar estadounidense de 50 años en Irak. No quieren fijar una fecha para el fin de la ocupación de Irak, ya que la consideran una ocupación militar de duración indefinida. Esto es de esperar, ya que las verdaderas razones para invadir Irak eran perseguir el objetivo a largo plazo de controlar el petróleo de Oriente Medio y proteger al Estado de Israel de sus vecinos musulmanes. De hecho, todo el mundo sabe que la invasión militar de Irak por parte de las fuerzas estadounidenses no tuvo nada que ver con la "democracia" ni con los deseos del pueblo. Todo tenía que ver con asegurar las reservas de petróleo de Irak y eliminar a uno de los enemigos de Israel en Saddam Hussein.

El 31 de mayo de 2007, el Secretario de Defensa Robert Gates confirmó estos planes a largo plazo al afirmar que Estados Unidos quería una "presencia larga y sostenida" en Irak. Por ello, Estados Unidos ha construido la mayor embajada del mundo, en Bagdad, con 21 edificios en un terreno de 100 acres a orillas del río Tigris, que acogerá a unos 1.000 empleados. También es la razón por la que está consolidando más de 100 bases militares en ese país musulmán en 14 bases supermilitares permanentes, todas ellas diseñadas para controlar militarmente esa parte del mundo durante mucho tiempo.

Esta es también la razón por la que la administración Bush-Cheney está presionando fuertemente al parlamento iraquí para que apruebe una ley que privatice la industria petrolera iraquí. Si el actual régimen títere de Irak se niega a aprobar dicha ley, la llamada "ley de hidrocarburos", perdería más de mil millones de dólares en fondos de reconstrucción que serían bloqueados por la administración Bush-Cheney. Esta toma militar abierta de los recursos petroleros de una nación de Oriente Medio es una receta segura para alimentar el terrorismo permanente en el mundo y la guerra permanente en Oriente Medio durante mucho tiempo.

Y si los estadounidenses eligen a un presidente republicano para un tercer mandato en noviembre de 2008 votando por el presunto candidato presidencial republicano, el senador John McCain, esto es lo que ocurrirá, ya que este político está inmerso en una guerra de 100 años en esa parte del mundo. Según las encuestas, una gran mayoría de iraquíes se opone a la privatización de su industria petrolera. Sin embargo, la privatización del petróleo iraquí es uno de los principales "criterios" que la administración Bush-Cheney impone al gobierno iraquí.

Han instalado un gobierno títere en el Irak ocupado que está cumpliendo con su cometido, aunque haya sido necesaria cierta presión. El 3 de julio de 2007, por ejemplo, el gabinete de Al-Maliki, controlado por Estados Unidos, en ausencia de los ministros suníes, aprobó un proyecto de ley sobre el petróleo, respaldado por Estados Unidos, que distribuirá la riqueza petrolera de Irak entre los tres grupos principales del país, pero, lo que es más importante, permitirá a las compañías petroleras estadounidenses y extranjeras entrar en el sector petrolero de Irak y promulgar la privatización en virtud de los llamados acuerdos de reparto de la producción. Este es un objetivo político clave e incluso un "punto de referencia" establecido por la Casa Blanca de Bush-Cheney, pero hasta ahora el Parlamento iraquí se ha mostrado reacio a aprobar la controvertida legislación necesaria, debido a las protestas generalizadas, ya que muchos iraquíes son muy reacios a adoptar una política de reparto de la producción y los ingresos del petróleo con las compañías petroleras extranjeras, especialmente cuando se les ha arrebatado "a punta de pistola".

La industria petrolera iraquí está nacionalizada desde 1975, hace unos treinta y tres años. De hecho, antes de la invasión y ocupación militar estadounidense de Irak, los campos petrolíferos iraquíes estaban controlados por el gobierno iraquí a través de una empresa estatal. Esta fue la base de un nivel de vida relativamente alto en Irak, que contaba con uno de los mejores sistemas sanitarios de la región y producía más doctores per cápita que Estados Unidos. Bajo su ocupación militar de Irak y los acuerdos petroleros propuestos, gran parte de la producción de petróleo de Irak y sus ingresos pasarían a estar bajo el control de compañías petroleras extranjeras, principalmente las estadounidenses y británicas EXXON/Mobil, Chevron/Texaco, BP/AMOCO y Royal Dutch/Shell.

Una de las dos razones principales para lanzar la invasión ilegal de Irak habría sido mantener el flujo de petróleo, bajo la vigilancia de las tropas estadounidenses, la otra era la destrucción de uno de los enemigos estratégicos de Israel. Muchos observadores informados, como el ministro de Defensa australiano Brendan Nelson, han afirmado que mantener la "seguridad de los recursos" en Oriente Medio era una prioridad para la invasión y ocupación de Irak. Por eso, cuando los ejércitos estadounidenses llegaron a Bagdad a principios de abril de 2003, se les ordenó que aseguraran sólo un tipo de edificios gubernamentales, los del Ministerio de Petróleo iraquí. Todo lo demás era irrelevante.

Por último, cabe recordar que el 11 de octubre de 2002, el Senado de Estados Unidos votó 77-23 para dar a George W. Bush y Dick Cheney la autoridad para lanzar una guerra de agresión contra Irak. El actual candidato presidencial John McCain y la ex candidata presidencial Hillary Clinton votaron a favor de esta resolución. También hay que recordar que diez días antes, la Agencia Central de Inteligencia (CIA) había hecho pública una versión confidencial de 90 páginas del National Intelligence Estimate, que contenía una larga lista de consecuencias nefastas si Estados Unidos invadía Irak. El informe se puso a disposición de 100 senadores, pero sólo seis se molestaron en leerlo. Con este conocimiento, la gente tiene ahora una idea de cómo se tomaban las decisiones en Washington D.C. antes de que comenzara esta guerra. Incluso en cuestiones de vida o muerte, la improvisación se impuso a gran escala. Y ahora se han sembrado las semillas para ocupaciones militares permanentes, guerras permanentes y terrorismo permanente en Oriente Medio y en todo el mundo. En realidad, estamos luchando por el petróleo.

El precio de esta política errónea será alto y persistirá durante años. De hecho, muchos estadounidenses están empezando a ver una relación entre el gasto y el déficit relacionados con la guerra de Irak y la actual recesión y la aceleración de la inflación. Este despilfarro y los gastos de guerra reducen la cantidad de recursos financieros disponibles para financiar otros programas esenciales del gobierno nacional, desde la educación hasta las infraestructuras. Aumentan el déficit de la balanza de pagos y obligan a Estados Unidos a pedir préstamos en el extranjero. Y cuando la Reserva Federal baja los tipos de interés para aliviar la crisis bancaria, el dólar se desploma, alimentando aún más la inflación cuando suben los precios del petróleo y todos los demás precios relacionados con el transporte y las materias primas comercializadas a nivel mundial. La estanflación actual es una consecuencia directa del excesivo gasto militar estadounidense en el extranjero. Cuanto antes se dé cuenta la mayoría de los estadounidenses, mejor.

Pero en 2008, con los precios de la gasolina en niveles récord, hay una manera de salir de este lío, y es estabilizar los precios de la gasolina y estabilizar la economía estadounidense. Que el gobierno abra todas las reservas estratégicas de petróleo y cree su propia refinería para producir gasolina a un precio ligeramente superior al coste, utilizando una organización sin ánimo de lucro establecida por una ley del Congreso. Eliminar el impuesto sobre la perforación salvaje, lo que permitiría que cada vez más pequeños perforadores volvieran al negocio de la exploración petrolera en Estados Unidos. Esto reduciría la codicia de las compañías petroleras y ayudaría a frenar su insaciable apetito por obtener cada vez más beneficios.

Estados Unidos no puede seguir librando indefinidamente guerras por el petróleo, ni siquiera con el pretexto de "luchar contra el terrorismo". Por muy poderosa que sea, Estados Unidos no puede seguir agotando sus recursos indefinidamente en guerras interminables, razón por la cual la Constitución se redactó para impedirlo. Pero al pisotear la Constitución e ignorar la más alta ley del país, la administración Bush-Cheney ha puesto a Estados Unidos en un rumbo tan desastroso. El final es previsible.

Mientras tanto, la guerra en Irak continúa, a pesar de que el 87% de los estadounidenses se oponen a ella, y los demócratas en la Cámara de Representantes y el Senado parecen impotentes para detenerla inmediatamente, de acuerdo con el mandato que se les dio en las elecciones de noviembre de 2007.

¿Qué le depara el futuro a Irak? ¿Se prolongará la guerra

violando la Constitución, o la nueva administración que tomará posesión en 2009 podrá poner fin a este desastre total? Eso está por ver.

Ya publicado

OMNIA VERITAS
OMNIA VERITAS LTD PRESENTA:
Más allá de la CONSPIRACIÓN
DESENMASCARANDO AL GOBIERNO MUNDIAL INVISIBLE
por John Coleman
Todos los grandes acontecimientos históricos son planeados en secreto por hombres que se rodean de total discreción
JOHN COLEMAN
MÁS ALLÁ de la CONSPIRACIÓN
Los grupos altamente organizados siempre tienen ventaja sobre los ciudadanos

OMNIA VERITAS
OMNIA VERITAS LTD PRESENTA:
POR JOHN COLEMAN
LA DIPLOMACIA DEL ENGAÑO
UN RELATO DE LA TRAICIÓN DE LOS GOBIERNOS DE INGLATERRA Y LOS ESTADOS UNIDOS
JOHN COLEMAN
LA DIPLOMACIA DEL ENGAÑO
La historia de la creación de las Naciones Unidas es un caso clásico de diplomacia del engaño

OMNIA VERITAS
OMNIA VERITAS LTD PRESENTA
por John Coleman
LA JERARQUÍA DE LOS CONSPIRADORES
HISTORIA DEL COMITÉ DE LOS 300
JOHN COLEMAN
LA JERARQUÍA DE LOS CONSPIRADORES
HISTORIA DEL COMITÉ DE LOS 300
Esta conspiración abierta contra Dios y el hombre incluye la esclavización de la mayoría de los humanos...

OMNIA VERITAS
OMNIA VERITAS LTD PRESENTA:
LA MASONERÍA
de la A a la Z
por John Coleman
En el siglo XXI, la masonería se ha convertido menos en una sociedad secreta que en una "sociedad de secretos".
Este libro explica qué es la masonería
JOHN COLEMAN
LA MASONERÍA
de la A a la Z

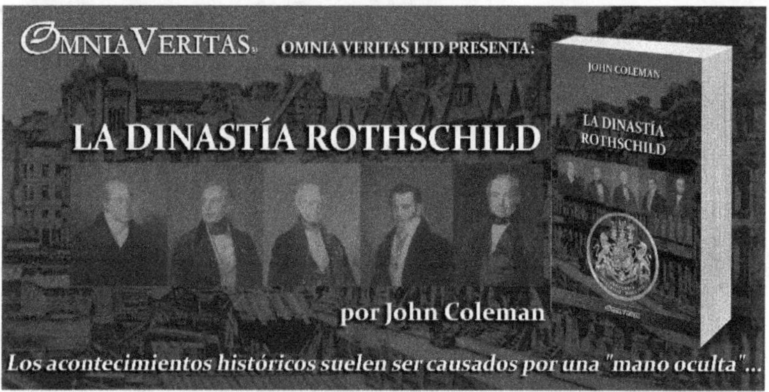
OMNIA VERITAS
OMNIA VERITAS LTD PRESENTA:
LA DINASTÍA ROTHSCHILD
por John Coleman
Los acontecimientos históricos suelen ser causados por una "mano oculta"...
JOHN COLEMAN
LA DINASTÍA ROTHSCHILD

OMNIA VERITAS
OMNIA VERITAS LTD PRESENTA:
EL INSTITUTO TAVISTOCK
de RELACIONES HUMANAS
La formación de la decadencia moral, espiritual, cultural, política y económica de los Estados Unidos de América
por John Coleman
Sin Tavistock no habrían existido la Primera y la Segunda Guerra Mundial
Los secretos del Tavistock Institute for Human Relations
JOHN COLEMAN

OMNIA VERITAS
Omnia Veritas Ltd presenta:
KEVIN MACDONALD
LA CULTURA DE LA CRÍTICA
LOS JUDÍOS Y LA CRÍTICA RADICAL
DE LA CULTURA GENTIL
Sus análisis revelan la influencia cultural preponderante de los judíos y su deseo de socavar las naciones en las que viven, para dominar mejor la sociedad diversa que propugnan sin dejar de ser ellos mismos un grupo etnocéntrico y homogéneo, hostil a los intereses de los pueblos blancos.
Un análisis evolutivo de la participación judía en los movimientos políticos e intelectuales del siglo XX

OMNIA VERITAS
Omnia Veritas Ltd presenta:
HERVÉ RYSSEN
EL FANATISMO JUDÍO
La resultante disolución de la identidad nacional los protege de un posible sobresalto nacionalista contra el poder que consiguieron, especialmente en las finanzas, en la política y en el sistema mediático.
El pueblo judío promueve un proyecto para toda la humanidad...

OMNIA VERITAS
Omnia Veritas Ltd presenta:
EUROPEA Y LA IDEA DE NACIÓN
seguido de
HISTORIA COMO SISTEMA
por
JOSÉ ORTEGA Y GASSET
Pero la nación europea llegó a ser "nación" porque añadiera formas de vida que pretenden representar una "manera de ser hombre"
Un programa de vida hacia el futuro

OMNIA VERITAS
Omnia Veritas Ltd presenta:
Historia
de los Bancos Centrales
y la esclavitud de la humanidad
de
STEPHEN MITFORD GOODSON
A lo largo de la historia, el papel de los prestamistas se ha considerado a menudo como la "mano oculta"...
El director de un banco central revela los secretos del poder monetario
Una obra clave para comprender el pasado, el presente y el futuro

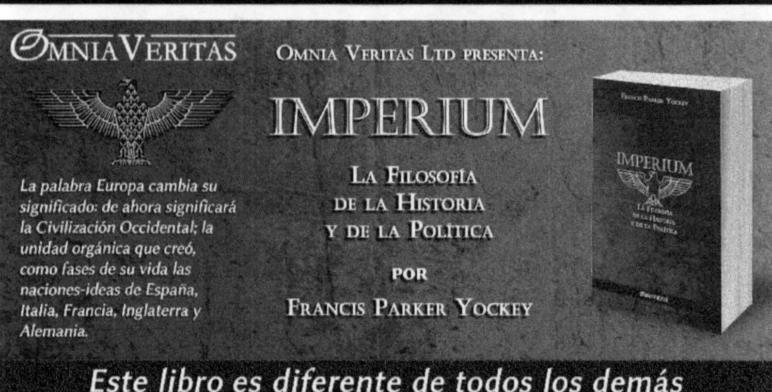
OMNIA VERITAS
OMNIA VERITAS LTD PRESENTA:
IMPERIUM
LA FILOSOFÍA
DE LA HISTORIA
Y DE LA POLÍTICA
POR
FRANCIS PARKER YOCKEY
La palabra Europa cambia su significado: de ahora significará la Civilización Occidental; la unidad orgánica que creó, como fases de su vida las naciones-ideas de España, Italia, Francia, Inglaterra y Alemania.
Este libro es diferente de todos los demás

OMNIA VERITAS
Omnia Veritas Ltd presenta:
Vladimir Putin
y Eurasia
por JEAN PARVULESCO
El advenimiento providencial del "hombre predestinado", el "concepto absoluto" Vladimir Putin, encarnando la "Nueva Rusia"
Vladimir Putin & Eurasia
Un libro singularmente peligroso, que no debe ponerse en todas las manos...

OMNIA VERITAS
Omnia Veritas Ltd presenta:
LA FINANZA, EL PODER
Y
EL ENIGMA CAPITALISTA
por
Joaquín Bochaca
"La gran paradoja de la actual crisis económica es que los hombres no pueden adquirir los bienes que efectivamente han producido..."
Joaquín Bochaca
LA FINANZA, EL PODER Y EL ENIGMA CAPITALISTA
Los beneficiarios de la demencial situación que padece el mundo

OMNIA VERITAS
Omnia Veritas Ltd presenta:
LA HISTORIA DE
LOS VENCIDOS
por
Joaquín Bochaca
"Este no es un libro en defensa de Alemania. Es un libro en defensa de la Verdad."
Joaquín Bochaca
LA HISTORIA DE LOS VENCIDOS
El suicidio de Occidente
En este libro se sostiene una opinión basada en el principio de causalidad

OMNIA VERITAS
Omnia Veritas Ltd presenta:
LOS CRÍMENES DE
LOS "BUENOS"
por
Joaquín Bochaca
"Pero yo creo, tozudamente, estúpidamente, en la Verdad. Quiero creer en la Verdad."
Joaquín Bochaca
LOS CRÍMENES DE LOS "BUENOS"
Vivimos en plena falsificación histórica

OMNIA VERITAS
www.omnia-veritas.com
INTEGRAL DE RENÉ GUÉNON 350€

OMNIA VERITAS
OMNIA VERITAS LTD PRESENTA:
HE AQUÍ UN CABALLO PÁLIDO
MILTON WILLIAM COOPER
Creo, pues, que se está jugando una gran partida de ajedrez a unos niveles que apenas podemos imaginar, y nosotros somos los peones.
Se nos han enseñado mentiras. La realidad no es en absoluto lo que percibimos.

OMNIA VERITAS
Omnia Veritas Ltd presenta:
ALBERT SLOSMAN
La trilogía de los orígenes
I
EL GRAN CATACLISMO
La historia de los antepasados de los primeros faraones...

OMNIA VERITAS
Omnia Veritas Ltd presenta:
ALBERT SLOSMAN
El libro del más allá de la Vida
La espiritualidad cuyo origen se pierde en la noche de los tiempos...

OMNIA VERITAS
Omnia Veritas Ltd presenta:
ALBERT SLOSMAN
El zodiaco de Dendera
La unión necesaria entre el cielo y la tierra...

OMNIA VERITAS
Omnia Veritas Ltd presenta:
ALBERT SLOSMAN
La astronomía según los Egipcios
Armonizar al Creador con sus criaturas y su creación...

OMNIA VERITAS
Omnia Veritas Ltd presenta:
ALBERT SLOSMAN
La extraordinaria vida de Pitágoras
Todos los ritos que le llevaron al conocimiento supremo...

OMNIA VERITAS
Omnia Veritas Ltd presenta:
ALBERT SLOSMAN
La Gran Hipótesis
Esbozo de una historia del monoteísmo desde los orígenes al fin del mundo
Un intento de evitar que las generaciones futuras renueven un gran cataclismo...

OMNIA VERITAS
Omnia Veritas Ltd presenta:
ALBERT SLOSMAN
LOS SUPERVIVIENTES DE LA ATLÁNTIDA
... ningún historiador ha investigado a los sobrevivientes de este Edén perdido...

OMNIA VERITAS
OMNIA VERITAS LTD PRESENTA:
JULIUS EVOLA
CABALGAR EL TIGRE
«Lo que se va a leer afecta al hombre que no pertenece interiormente a este mundo, y se siente de una raza diferente a la de la mayor parte de los hombres.»
El lugar natural de un hombre así, es el mundo de la Tradición

OMNIA VERITAS
OMNIA VERITAS LTD PRESENTA:
JULIUS EVOLA
SÍNTESIS DE LA DOCTRINA DE LA RAZA
Y
ORIENTACIONES PARA UNA EDUCACIÓN RACIAL
«El racismo se empeña en individualizar al tipo humano predominante en una determinada comunidad nacional...»
El muy neto sentido de las diferencias, de su dignidad y de su fuerza

OMNIA VERITAS
OMNIA VERITAS LTD PRESENTA:
JULIUS EVOLA
ESCRITOS SOBRE EL JUDAÍSMO
«El antisemitismo es una temática que ha acompañado a casi todas las fases de la historia occidental...»
El problema judío tiene orígenes antiquísimos

OMNIA VERITAS
OMNIA VERITAS LTD PRESENTA:
JULIUS EVOLA
METAFÍSICA DE LA GUERRA
Y
LA DOCTRINA ARIA
DE LA LUCHA Y DE VICTORIA
«La guerra, estableciendo y realizando la relatividad de la vida humana...»
Un conocimiento transfigurante de la vida en función de la muerte

OMNIA VERITAS
OMNIA VERITAS LTD PRESENTA:
JULIUS EVOLA
METAFÍSICA DEL SEXO
«Todo lo que en la experiencia del sexo y del amor comporta un cambio de nivel de la conciencia ordinaria...»
La investigación de los principios y de las significaciones últimas...

OMNIA VERITAS
OMNIA VERITAS LTD PRESENTA:
JULIUS EVOLA
POLÉMICA SOBRE
LA METAFÍSICA HINDÚ
RENÉ GUÉNON
«No compartimos los puntos de vista de Guenon a propósito de las relaciones que existen entre la iniciación real y la sacerdotal...»
El conocimiento metafísico es esencialmente "supra-racional"

OMNIA VERITAS
OMNIA VERITAS LTD PRESENTA:
JULIUS EVOLA
REVUELTA CONTRA EL MUNDO MODERNO
«Por todas partes, en el mundo de la Tradición, este conocimiento ha estado siempre presente como un eje inquebrantable en torno al cual todo lo demás estaba jerárquicamente organizado.»
Hay un orden físico y un orden metafísico

OMNIA VERITAS
OMNIA VERITAS LTD PRESENTA:
JULIUS EVOLA
ROSTRO Y MASCARA DEL ESPIRITUALISMO CONTEMPORANEO
«Cuando se habla hoy de lo "natural" se entiende en general el mundo físico, conocido a través de los sentidos físicos...»
Aquí comienzan los primeros dominios de un mundo "invisible"

OMNIA VERITAS®
www.omnia-veritas.com

www.ingramcontent.com/pod-product-compliance
Lightning Source LLC
Chambersburg PA
CBHW070755270326
41927CB00010B/2145
9781915278746